·上海市公共管理一流学科项目资助·

中国地方政府合作研究

——基于行政权力分析的视角

A Study on
Inter-local Government Cooperation in
China from a Perspective of
Administrative Power

彭彦强 著

中央编译出版社
Central Compilation & Translation Press

目录 Contents

序 …………………………………………………………………… 1
第一章 导论 ………………………………………………………… 1
   第一节 研究背景、问题及意义 …………………………………… 1
   第二节 文献综述 ……………………………………………… 11
   第三节 相关概念的界定 ………………………………………… 32
   第四节 研究方法、基本框架 …………………………………… 35
   第五节 本书的创新与不足 ……………………………………… 40
第二章 地方政府、行政权力与资源控制 ………………………… 44
   第一节 行政权力与资源控制 …………………………………… 45
   第二节 地方政府对资源的控制和支配权限 …………………… 54
   第三节 地方政府对资源的控制：地方政府合作的物质基础 …… 83
第三章 地方政府合作与资源的跨行政区配置 …………………… 91
   第一节 地方利益的实现与地方政府行为 ……………………… 91
   第二节 地方政府竞争与资源区域性配置的扭曲 ……………… 104
   第三节 地方政府合作与资源区域性配置的实现 ……………… 127
第四章 地方政府合作与行政权力横向协调 ……………………… 154
   第一节 行政权力对资源空间配置的嵌入 ……………………… 154
   第二节 地方政府合作中的行政权力横向协调 ………………… 163
   第三节 行政权力横向协调与地方政府合作的选择 …………… 193

第五章　以长江三角洲地区为例的实证研究……………………… 209
　　第一节　长江三角洲地区的发展与演变………………………… 210
　　第二节　长江三角洲地区地方政府竞争与资源配置…………… 217
　　第三节　长江三角洲地区地方政府合作与行政权协调………… 225
　　第四节　深化长江三角洲区域地方政府合作的政策建议……… 253
第六章　结论……………………………………………………… 264
参考文献…………………………………………………………… 269
后记………………………………………………………………… 286

序

　　随着中国经济向更高阶段和更纵深发展，经济的区域化趋势进一步明显。在经济区域化过程中，地方政府之间的合作明显增加。通过合作解决跨行政区问题、提供区域公共产品和服务，进而提高区域整体竞争力，"组团式"发展正成为地方政府积极寻求的发展策略。顺应此种趋势，最近几年来，国家相继批复了诸多区域发展规划，设立了多个跨行政区的改革试验区，这客观上也要求区域地方政府通过紧密的合作来实现区域发展规划和国家改革战略。可以预言，今后在相当长的一段时期内，地方政府合作将成为推动我国区域内乃至区域间均衡发展的强大动力之一。

　　在地方政府合作实践日益兴起的背景下，学术界有关地方政府合作方面的研究开始逐渐勃兴。尤其是近年来，一批来自政治学、行政管理学和经济学等学科的研究者，从不同的视角对地方政府合作行为进行了分析，涌现了许多研究成果。这些成果中以某个区域地方政府合作为个案的研究专著和文章为多，但也不乏对地方政府合作的理论探讨的文章，但对地方政府合作进行理论探讨的专著却并不多见，本书正是直接以地方政府合作为研究对象进行理论分析的有益尝试。

　　本书从一个新的角度对地方政府合作进行解释，即从行政权力的分析入手，理解地方政府合作。中国的经济发展模式具有明显的政府主导的特点，行政权力的运用成为政府主导作用发挥的主要途径。地方政府之间的合作涉及地方政府的行政管辖范围问题，地方政府合作的过程需要地方政府间在管辖权上相互协商，是一个地方政府间行政权力的横向协调过程。本书认为，地方政府合作客观上具有资源配置的功能，即能够优化资源的跨行政区配置，不过这种资源配置不是地方政府对资源在行政区间的直接配置，而是通过行政权力的协调借助市场机制来实现的。现阶段的地方政府合作大多体现了维护区域市场的行为取向，在合作过程中各地方对自身的和合作方的行政权力均形成了限制和约束，促使各行政辖区异质化的市场和公共政策向某种程度的同质化转变。

地方合作在区域层面优化了政府与市场的关系，地方合作过程"实质上减小了而不是增大了地方政府在资源的区域配置中的作用，在一定程度上纠正了政府的越位和错位，市场得以在区域层面发挥其正常的资源配置功能；同时，在存在市场失灵的区域性公共物品和公共服务领域，各地方政府通过合作则加强了政府的作用，弥补和改善了政府缺位状态，为区域经济活动提供了必要的公共服务环境的支撑"。这是对中国现阶段地方政府合作功能的一个重要发现。

本书提出了一系列地方合作中行政权力协调的概念，包括行政权力行使的对等约束、行政权力的跨行政衔接、行政权力的让渡、行政权力的横向转移等。本书对地方政府合作中通常涉及的有关经济要素和商品在辖区间自由流动的权力、有关产业发展规划和结构调整的权力、有关提供跨界公共服务和物品的权力进行了深入的分析。本书还构建了一个地方政府合作的连续谱系，指出地方政府合作的深化往往意味着参与合作的地方政府在合作事项方面的决策权和执行权的独立性逐渐降低。

以上这些概念、模式和观点，在国内应该是首次提出，其中难免有不完善之处，甚至有漏洞，但是从行政权力的角度研究地方合作，毕竟是一种新的分析框架，可以使我们对地方政府合作的研究有一种新的理论。我们期待学术界对本书的研究角度和观点提出批评，以利于区域治理与府际关系研究的推进。

杨龙

2011年岁末

第一章 导 论

第一节 研究背景、问题及意义

一、研究背景

1. 我国跨界公共问题及其治理问题日益突出

所谓跨界公共问题是指跨越两个及两个以上行政区域边界需要由相关政府来解决的公共问题。跨界公共问题在当前中国主要表现为两类，一是区域经济一体化问题，一是跨界公共物品和公共服务的供给问题。

区域经济一体化问题就是如何通过消除阻碍资金、劳务等经济要素和商品流动的行政壁垒和一系列新的制度与机构的构建使部分或全部商品和生产要素在区域内自由流动，从而实现资源在区域内的优化配置。从理论上讲，在一个主权国家内部，由于没有主权国家间关税等壁垒的存在，商品、劳务、资金等可以自由流动，全国应该是一个统一的大市场，不存在经济一体化的问题。但在现实中，在"以经济建设为中心"的压力下，我国地方政府直接承担了过多的市场建设和地方经济发展的任务，地方政府领导人为了在政绩考核中胜出，围绕地方经济发展展开了激烈的竞争。而地方政府在相互竞争的过程中，为了各自利益的最大化往往不顾其他地区的利益，人为地设置许多政策性障碍，一方面竭力吸引外部资源进入本地区，另一方面又千方百计防止本地资源流向外地，各地方相互封锁、画地为牢，形成了恶性竞争与地方保护，造成了区域间的市场分割，严重阻碍了商品、资源、资金、劳务等的自由流动和资源的整体的优化配置，对我国区域统一市场乃至全国统一大市场的形成以及市场建设水平的进一步提高造成了巨大损害。而随着行政区内部市场的发展和市场力量的整体增强，区域经济必然逐渐冲破行政区划的藩篱走向一体化，在这一过程中，区域经济一体化与地方政府出台的与之相悖的政策之间的矛盾会日益凸显，解决由此矛盾所导致的问题的紧迫性也随之凸显。

跨界公共物品和公共服务的供给问题主要表现为跨地区的流域治理、跨地区基础设施的规划和建设、跨地区突发性公共事件的应急、资源开发与环境保护等等。随着地方政府间横向经济联系越来越紧密，相互之间的依存度也越来越高，许多原本局限于行政区内部的公共问题在这一过程中开始跨越行政区边界，传统的"行政区行政"[①] 模式对治理这些问题显得力不从心，许多跨界公共物品和公共服务得不到有效的供给。与此同时，地方政府间的恶性竞争则又加剧了跨地区公共事务治理的失灵状态，我国各省区之间所存在的"断头路"、太湖蓝藻事件等等就是典型的例证。

对于跨界公共问题的治理，除了由所涉地方政府的共同上级政府来负责外，还可以通过地方政府合作的方式来进行，并且由于跨界公共问题本身的复杂性，在现实中这类问题也多是通过地方政府合作的方式解决的，以治理跨界公共问题为导向的地方政府合作正在中国日渐兴起。

2. 中国地方政府合作的兴起

随着我国计划经济向市场经济的转轨，特别是20世纪90年代以

[①] 所谓行政区行政，简单地说，就是基于单元行政区域界线的刚性约束，民族国家或地方政府对社会公共事务的管理是在一种切割、闭合和有界的状态下形成的政府治理形态。参见陈瑞莲：《论区域公共管理的制度创新》，载《中山大学学报（社会科学版）》，2005年第5期，第61—67页。

第一章 导 论

后，中国区域经济联系越来越紧密，区域经济一体化加速发展，正在逐步形成以珠江三角洲、长江三角洲和环渤海三大经济区为代表的内部经济联系日益紧密的经济区域，"行政区经济"①的负面作用有所弱化，地方政府间横向联系越来越紧密，合作的广度和深度都有了很大的发展。

首先，在合作领域上，地方政府合作既有经济方面的合作，也有公共行政事务方面的合作，合作领域相当广泛，涉及交通、能源、贸易、农业、金融、投资、旅游、就业服务、信息化、科教文化、环境保护、公共卫生、基础设施建设等等。例如，2004年6月3日，泛珠三角区域各方共同签署了《泛珠三角区域合作框架协议》，提出要在基础设施（能源、交通、管道）、产业与投资、商务与贸易、旅游、农业、劳务、科教文化、信息化建设、环境保护、卫生防疫十个领域展开全面合作。据报道，长三角16个城市多年来已在30多个领域开展合作，其中在规划、科技、信息、产权、人才、旅游、海关、港口、协作等九大领域取得积极进展。②

其次，在合作形式上，相关政府或部门签订了大量的合作协议。在长三角地区，2004年3月，苏浙沪三省市工商局在上海共同签订了

---

① 行政区经济是由于行政区划对区域经济的刚性约束而产生的一种特殊区域经济现象，是我国在从传统计划经济体制向社会主义市场经济体制转轨过程中，区域经济由纵向运行系统向横向运行系统转变时期出现的具有过渡性质的一种区域经济类型。它的典型特征为：企业竞争中渗透着强烈的地方政府经济行为、生产要素的跨行政区流动受到很大阻隔、行政经济的呈稳态结构、行政中心与经济中心的高度一致性、行政边界经济衰竭性等等。参见舒庆、刘君德：《一种奇异的区域经济现象——行政区经济》，载《战略与管理》，1994年第5期；舒庆、刘君德：《中国行政区经济运行机制剖析》，载《战略与管理》，1994年第6期；舒庆：《中国行政区经济与行政区划研究》，中国环境科学出版社1995年版。

② 季明、俞丽虹：《长三角区域合作在九大领域取得积极进展》，参见新华网（http://news.xinhuanet.com/fortune/2007-07/20/content_6406647.htm），2007年7月20日。

《长三角地区消费者权益保护合作协议》，在受理消费者异地申（投）诉、开发互联互通的消费维权网络平台、开展流通领域商品质量监测等方面开展紧密合作。2007年9月，苏浙沪两省一市签署了《关于加快推进长三角地区道路运输管理一体化的备忘录》，正式建立"两省一市"交通主管部门每年一次联席会议制度；长三角两省一市动物防疫及畜产品质量安全监管联席会议于2007年12月在常州召开，参加会议的苏浙沪两省一市畜牧兽医相关部门签署了"长三角两省一市动物防疫及畜产品质量安全监管区域一体化互认合作协议"。泛珠三角几乎在各个领域都签署了合作协议，如《泛珠三角城市投资促进机构合作宣言》、《泛珠区域城市科技咨询合作协议书》、《泛珠三角九省区劳务合作协议》、《泛珠三角九省区人才服务合作协议》、《泛珠三角区域安全生产合作协议》、《泛珠三角区域工商行政管理机关推进社会主义新农村建设合作协议》、《泛珠三角区域环境保护产业合作协议》、《泛珠三角区域环境保护合作协议》、《泛珠三角区域整规工作合作协议书》、《泛珠三角区域农业合作协议》、《泛珠三角现代物流发展合作协议》、《进一步加强泛珠旅游市场合作与交流协议》等等。合作协议的签署标志着地方政府在一些领域合作共识的达成，为合作事项的落实提供了重要前提。

最后，在合作机制上，许多地方政府间建立了大量的联席会议制度和合作论坛。如泛珠三角区域合作行政首长联席会议制度、泛珠三角区域劳务合作联席会议、长三角港口管理部门合作联席会议、长三角启动金融一体化建设金融发展联席会议、环渤海地区经济联合市长联席会、长株潭三市党政领导联席会议、粤港合作联席会议、闽粤赣十三市党政领导联席会议、武汉城市圈经委主任联席会议等等；合作论坛如长江三角洲旅游城市高峰论坛、泛长三角合作论坛、长三角旅游合作与发展论坛、长三角物流合作论坛、长三角检测机构发展与合作论坛、泛珠三角

第一章　导　论

区域合作与发展论坛、泛珠三角区域经贸合作洽谈会、环渤海区域经济合作高峰论坛、武汉城市圈政协主席论坛、红三角区域合作和发展论坛、长江论坛等等。

简而言之，许多地方政府不断加强与毗邻地方政府的联系，寻求经济乃至社会公共事务等方面的全方位合作，地方政府合作日益频繁并向纵深方向发展，合作正在逐渐成为地方发展和治理跨界公共问题的新战略。

二、问题的提出

尽管我国地方政府合作越来越频繁和广泛，但这并不意味着我国跨界公共问题得到很好的治理，地方政府保护、行政壁垒高筑、不合理的重复建设等依然存在，并且在短时间内很难清除，要想实现区域经济一体化，形成全国统一市场，跨行政区公共事务得到有效治理，地方政府合作还需要进一步深化。目前，针对这些问题，国内学者提出了建立区域合作组织，加强区域合作的组织协调，以及进行行政区划调整以使行政区与经济区相对应等对策建议。但在笔者看来，行政权力在跨界公共问题的形成中发挥了核心的作用，应从行政权力的角度对跨界公共问题的解决途径之一——地方政府合作本身进行深入研究。

市场化改革打破了"条条专政"，使得各地方间的横向经济联系得以发展，行政性分权改革则为地方政府发展本地经济提供了某种程度上的自主权。"随着中央行政权力逐渐向地方政府下放，地方政府逐渐拥有了制定地方经济发展规划和资源配置的权力"，[1] 在行政区划刚性约

---

[1] 张明军、汪伟全：《论和谐地方政府关系的构建：基于府际治理的新视角》，载《中国行政管理》，2007年第11期，第92—95页。

束的基础上，地方政府成为独立的利益主体，他们为了各自辖区利益和地方政府利益的最大化而展开相互竞争，财政分权与国有企业下放则加剧了这种竞争。市场化改革和地方分权改革使得地方政府既有主观动力又有实际能力通过相互竞争追求自身利益的最大化。地方政府间竞争一方面使各地方政府在辖区内部通过行政权力的自我约束为经济发展创造良好的制度环境，另一方面又使得各地方政府间相互用行政权力树立各种行政壁垒，制定各种地方保护主义政策。所以说，区域经济一体化中存在的障碍，实际上是地方政府运用行政权力对资源的市场化配置的阻隔和扭曲，体现了地方政府运用行政权力对资源的配置情况。跨界公共物品和公共服务供给中存在的问题可以看做是地方政府间竞争的延伸，反映了各地方政府为了自身利益而运用行政权力对公共资源的配置情况。由于行政权力受到行政区划的刚性约束，地方政府只在本辖区内享有管辖权，行政权力的行使受到行政区划这一刚性边界的阻隔，因而，解决跨界公共问题尤其是跨界公共物品和公共服务的供给问题首先就需要各地方政府对行政权力进行协调，从而达成对部分相关地方政府的公共资源和其他经济资源在区域层面的配置。

　　本质上，无论是地方政府竞争还是地方政府合作都可以看做是一种地方政府对资源的配置行为，行政权力都在其中发挥着核心的作用。地方保护、行政壁垒、不合理的重复建设不过是地方政府在相互竞争中运用所掌握的行政权力在对自身有利的前提下对各种资源进行配置的外在表现，而作为解决跨界公共问题基本途径之一的地方政府合作则是通过不同地方政府间所掌握的行政权力的相互调整，从而将地方政府经由行政权力所控制的资源在相互合作的辖区间进行重新配置，以使自身获得更大收益；地方政府合作的过程本质上可以看做是地方政府就行政权力相互调整达成合作的过程，是通过行政权力的相互调整来实现资源配置的一种行为方式。从深层次讲，地方政府间所签订的"合作协议"是地方政府对行政权力相互调整的结果，地方政府合作机制则是地方政府对行政权力进行相互调整的制度化形式和场所，其作用在于降低地方政府合作的交易成本。

然而，在对地方政府合作的研究中，学者们通常认为，建立一些区域合作组织或者构建多元治理网络、完善合作机制就可以有效地解决区域公共问题或者说跨界公共问题。但是，为什么地方政府合作能够解决跨界公共问题？地方政府合作是如何解决跨界公共问题的？区域合作组织、多元治理网络等治理工具解决跨界公共问题的机理是什么？这些问题实际上可以归结成一个问题，即如何理解地方政府合作。显然，对于这一问题，目前学者们还没有令人信服的解释，笔者认为，要对这一问题进行合理的解释，必须把握行政权力这一标志政府本质属性的核心要素，从行政权力的视角来审视地方政府合作——对地方政府合作的本质，行政权力在地方政府合作中扮演的角色，行政权力在资源的跨行政区配置中的正负作用，地方政府合作在优化资源跨行政区配置中的作用机理，以及如何通过行政权力的相互调整来不断推进和深化地方政府合作并最终在客观上实现资源的跨行政区优化配置进行深入探讨，在此基础上给出问题的答案，这正是本书的主旨所在。

三、研究的意义

1. 理论意义

目前，国内学者对地方政府合作和区域公共管理的研究主要集中在地方政府合作机制的研究和区域公共管理的组织的结构性变革，对地方政府合作和区域公共管理组织的结构性变革背后的权力关系关注较少，据笔者所掌握的资料，在这方面还缺乏专门性的研究。而地方政府合作和区域公共管理中的权力关系理应成为其核心内容之一，因为权力关系和权力结构是影响地方政府合作和区域公共管理实质性和有效性的关键要素，因而，对地方政府合作中的行政权力展开研究或从权力的视角来研究地方政府合作将极大地深化当前对地方政府合作的理论探讨，对于拓展区域公共管理研究的领域，丰富区域公共管理研究的内容，推动尚处于探索和形成阶段的区域公共管理学科体系的进一步完善和发展具有重要的意义。

同时，对地方政府合作的研究还能够丰富我国政府经济学和区域经济学的学科内容。政府行为是政府经济学的重要研究内容之一，尤其是在政府如何提供公共物品和公共服务方面，已有较为成熟的理论，但国内的政府经济学对于跨行政区公共物品和公共服务的提供问题较少涉及；随着我国城市进程的加快，城市群、都市圈的逐步形成以及区域经济联系的日益紧密，跨行政区公共物品和服务的地方政府间联合提供正在兴起，对此进行深入的理论探讨将有利于丰富中国特色的政府经济学的学科内容。政府的职能与行为及资源优化配置也是区域经济学的重要研究内容之一，尤其是在我国，政府行为对经济的空间结构、区域生产力布局等有着显著的影响，甚至能够产生决定性的作用，尽管在区域经济学中，学者们对地方政府竞争之于区域资源配置、区域市场的形成、区域生产力布局研究较多，但对地方政府合作对区域市场一体化、区域经济的生产力布局、区域资源合理配置等方面的影响的研究比较缺乏。本研究则在一定程度上能够充实区域经济学在这方面的理论内容。

此外，在我国当前府际关系研究中，纵向政府间关系研究较多，而横向政府间关系中，地方政府间竞争关系也已有较多的研究成果，横向地方政府间合作关系研究比较缺乏，地方政府间合作只是随着近年来区域经济的发展而日益受到关注，但现有的研究还没有形成适用于中国地方政府合作的理论框架。本书的研究不但进一步丰富了我国的府际关系研究内容，而且对于构建一个适合于分析中国地方政府合作的理论框架

2. 实践意义

地方政府合作研究不仅具有重要的理论意义，而且还具有重要的实践意义。首先，有利于政策制定者认识到在地方政府合作中对行政权力进行相互调整的重要性，进而在政策制定中突破行政区划的界限，加速我国区域经济一体化进程。

当前，我国区域经济一体化和全国统一市场的形成所面临的一个主要障碍仍然是行政区划的刚性约束所导致的市场的分割。"行政区划是国家权力的空间或者地域的分割和配置"，① 改革开放以来的行政性分权和经济性分权使得行政区划的刚性约束更为明显，"行政性分权使地方政府拥有竞争政策权，而财政体制改革使地方政府获得竞争收益权"，② 二者的结合使得地方政府既有主观动力也有实际能力来与其他地方政府展开竞争。由于缺少应有的规范，恶性竞争不断发生，各地方政府间相互设立行政壁垒，人为地割裂了经济要素的跨行政区流动，导致全国统一市场被分割为许多狭小的地方性市场，形成了"行政区经济"，其实质则是地方政府间行政权力的对立和地域性的绝对化分割。地方政府合作的关键则在于地方政府对行政权力的相互自愿性调整，从而打破权力的绝对化分割，表现之一就是行政壁垒的拆除，这无疑对于加速我国区域经济一体化进程和全国统一市场的形成具有实质性意义。通过对行政权力在地方政府合作中的重要作用的研究，可以使政策制定者意识到深化合作的关键在于行政权力之间的相互调整，有利于合作的实质性进展。

---

① 刘君德等：《中外行政区划比较研究》，华东师范大学出版社2002年版，第2页。
② 张明军、汪伟全：《论和谐地方政府关系的构建：基于府际治理的新视角》，载《中国行政管理》，2007年第11期，第92—95页。

其次，可以为地方政府间形成更加紧密的合作和有益的互动提供理论借鉴和政策指导，有利于地方政府间在政治、经济、文化、社会等各个领域形成更加紧密的联系，优化资源的区域配置，最终形成若干经济圈和城市圈，带动整个国民经济的又好又快发展。

胡锦涛同志在十七大报告中明确指出，"促进国民经济又好又快发展"，要"遵循市场经济规律，突破行政区划界限，形成若干带动力强、联系紧密的经济圈和经济带"，"以增强综合承载能力为重点，以特大城市为依托，形成辐射作用大的城市群，培育新的经济增长极"。要形成若干经济圈、经济带、城市圈，加强地方政府间的合作无疑是一条重要途径，通过地方政府间行政权力的相互调整使得行政权力所控制的资源得以重新配置，有利于优化资源的优化配置和经济的融合，强化各辖区间的经济联系。因而，以行政权力的相互调整为基础的地方政府合作将对形成经济圈、经济带和城市圈起到"加速器"的作用。

另外，对治理跨界问题的权力真空和政府缺位问题的解决具有一定的推动作用，有利于实现跨行政区公共事务的有效治理。

在一级政府的地域管辖范围内，地方政府独占本区域内的行政管辖权，其权力行使的法律效力范围限于行政区域内部，对其他无隶属关系的行政区域内部事务无权干涉，这就使得"行政区行政"具有闭合性特征，每一个行政区域的地方政府都专注于管理本行政区内部的公共事务和发展本行政区的经济，很少关注行政区划边界或跨越行政区的公共问题，从而出现诸如跨行政区环境保护、基础设施建设等等跨域公共问题和公共物品得不到有效治理和提供等等现象。与此相反，地方政府在合作过程中的权力互动为形成跨越行政区边界的公共管理权提供了基础，能够填补由于权力的地域分割导致的治理跨界问题的权力真空，从而为实现跨行政区公共事务的有效治理奠定权力基础。

第一章 导 论

第二节 文献综述

一、国内研究现状

在市场经济的推动下，我国地方政府间在相互竞争的同时，合作也得到突飞猛进的进展，理论界也给予了广泛关注。许多学者们直接以地方政府合作行为为研究对象进行了多方面的理论探讨，还有一些学者在区域公共管理、区域治理、横向府际关系、区域经济一体化等研究中广泛涉及地方政府合作的问题。

1. 地方政府合作

在地方政府合作研究中，博弈论被广泛用来分析地方政府合作行为，研究者通过构建各种博弈模型对地方政府合作与不合作的行为选择进行分析。这方面的分析从经济人理性假设出发，实际上指出了地方政府利益是地方政府合作行为选择的基础，地方政府在合作中的成本——收益计算决定了其是否参与合作。

比如，周黎安构建了一个"政治晋升博弈"模型来解释地方政府的不合作行为。他认为，"地方官员合作困难的根源并不主要在于地方官员的财税激励以及他们所处的经济竞争的性质，而是在于嵌入在经济竞争当中的政治晋升博弈的性质，或者说政治锦标赛（political tournaments）。……在政治晋升博弈中，给定只有有限数目的人可以获得提升，一个人获得提升将直接降低另一个人提升的机会，一人所得构成一人所失，因此参与人面临的是一个零和博弈。而在正常的经济竞争中，合作使得参与人实现'来自交易的收益'（gain from trade），合作博弈所对应的是一个正和博弈。'官场'竞争的逻辑将深刻改变由官员所主导的经济竞争的方式和内容。""在地方官员的行为对邻近地区存有'溢出效应'的场合,政治晋升博弈的基本特征就是促使参与人只关心自己与竞争者的相对位次,在成本允许的情况下,参与人不仅有激励做有利于本地区经济发展的事情,而且也有同样的激励去做不利于其竞争对手所在地区的事情(如阻碍外地的产品进入本地市场);对于那些利己不利人的事情激励最充分,而对于那些既利己又利人的'双赢'合作则激励不足。"① 麻挺松也认为相对收益对地方政府合作绩效有重要影响,在区域经济一体化进程中,各地方政府合作存在绝对收益和相对收益之分,当地方官员追求绝对收益最大化时,合作绩效较高,当追求相对收益最大化时,合作绩效较低。他认为从合约理论来看,这种状况产生的根本原因是在转轨时期处于单一制国家结构形式中的各地方政府职能履行所依据的是一种行政性经济代理合约的缘故。② 高伟生、许培源通过对地方政府合作的博弈分析认为,任期限制与政绩要求是导致区域经济体内各地方政府不合作的根本原因,在取消任期限制与政绩要求不现实的情况下,以合约的形式约束地方政府,对不合作者实施惩罚,能够有效地避免竞争,促进合作,提高区域经济的整体利益。③ 吴蕾构建了一个地方政府间税收合作博弈进化稳定策略模型,结论为"在完全市场经济的条件下,只要双方合作的收益大于一方合作而另一方不合作,那么即使博弈方不是完全理性,双方也会通过不断学习、适应、调整,进而实

---

① 周黎安:《晋升博弈中政府官员的激励与合作》,载《经济研究》,2004年第6期,第33—40页。

② 麻挺松:《相对收益与地方政府间的合作绩效》,载《江汉论坛》,2005年第10期,第5—8页。

③ 高伟生、许培源:《区域内地方政府合作与竞争的博弈分析》,载《企业经济》,2007年第5期,第132—134页。

第一章 导论

现进化，最终都会选择合作策略，从而实现共赢"①。肖建忠对地方政府横向博弈建立了一个三阶段模型，第一阶段是试点竞争博弈，地方政府由于比中央了解本地实际情况，会从自身偏好进行制度创新，"在市场条件下，地方政府的行为是不确定信息条件下的决策问题，在经济发展及政绩动机的驱动下，通过竞争力争获得中央政府对其制度创新的认可"；第二阶段是序贯博弈，其他地方政府通过学习来获得先行者的创新知识；在第三阶段，市场化改革到一定程度，政府可能试图通过地方保护来保护自己的政绩，但动态博弈模型分析表明，地方政府合作所获得的利益将远远大于保护所获得的利益，"模型显示最终的子博弈精炼均衡是地方合作"。② 姚莉认为地方政府合作治理公共物品存在一定的限度，她认为交流、预期、互惠策略是影响群体合作的三个因素，博弈分析的结果显示，各个地方成本和收益的衡量是存在差异的，如果没有统一的交流渠道，各地方政府很难达成一致，并且，在交流不畅的情况下，各地方政府对对方成本和收益预期的偏差，影响地方政府合作行为的选择，治理成本过大和强制性契约的缺位，也会使得地方政府不会遵循互惠的原则参与治理。③

地方政府合作模式与机制也是学者们比较关注的一个重要研究内容。研究者对地方政府合作模式从不同的视角进行了探讨，将其分为不同的类别并进行了比较研究。杨龙教授将地方政府合作机制概括为互利模式、大行政单位主导模式和中央诱导模式，并指出互利模式的基本前提条件是合作的各方均可从合作中获益，大行政单

---

① 吴蕾：《地方政府间税收合作的博弈分析》，载《华南师范大学学报（社会科学版）》，2007年第2期，第48—51页。

② 肖建忠：《地方政府行为的横向博弈模型》，载《中国地质大学学报（社会科学版）》，2003年第3期，第13—16页。

③ 姚莉：《论社会困境的治理模式》，载《新疆社科论坛》，2007年第1期，第27—31页。

位主导模式的条件是在合作中有一方获益较多，以至于它可以单独承担合作的成本，中央诱导模式是中央政府要求地方政府间合作或制定鼓励地方政府合作的政策。[①] 徐传谌、秦海林认为，地方政府间的合作既可以达到追求个人利益最大化的目标，同时也能满足区域内公共物品的提供，地方政府倾向于自发性合作；在交易费用过高以及信息不对称的条件下，地方政府也可以通过中央政府的支持与鼓励政策实现诱导性合作。[②] 杨爱平按照不同的建构目标、制度安排和运作机制将区域间政府合作模式分为"区域网络治理"下的欧盟政府间合作模式、"大湄公河"次区域政府合作模式、莱茵河流域治理中的政府合作模式、丹麦与瑞典"两国一制"的"奥瑞桑德"区域合作模式、"一国两制"下的"泛珠三角"区域政府合作模式、市长联席会议的政府合作模式。他认为每种模式都有自己的特点，但又存在共同的本质特征，即价值导向上是问题导向而非区划导向、管理机制上是多元主体而非政府单一主体、合作内容上都是合作提供区域公共产品和管理区域性"外部效应"。[③] 对地方政府合作模式的研究的意义在于鉴别不同情况下所适用的合作形式，为其他地区的合作提供格式化意义的借鉴。

就如何进一步深化地方政府合作的问题，学者们也都提出了自己的对策建议：一是在组织结构方面的变革，如建立"区域协调管理委员

[①] 杨龙：《地方政府合作的动力、过程与机制》，载《中国行政管理》，2008年第7期，第96—99页。

[②] 徐传谌、秦海林：《地方政府合作机制新探》，载《江汉论坛》，2007年第6期，第52—55页。

[③] 杨爱平：《论区域一体化下的区域间政府合作》，载《政治学研究》，2007年第3期，第77—86页。

第一章 导　论

会"、跨行政区的协调管理机构等等。① 二是合作形式上的多元化。有研究者借鉴西方的经验提出了专题项目式合作、区域/流域治理、区域行政专区、区域经济协作区、区域城市联盟等实现方式；② 更有人提出要采用"复合行政"的理念，不同辖区、不同层级的政府之间在吸纳非政府组织参与的基础上，经交叠、嵌套从而形成一种多中心、自主治理的合作机制；③ 三是在改变和规范地方政府合作行为上，完善区域合作规则，强化地方政府调控政策的规范化和法制化；④ 深化财税体制改革，建立府际合作的利益分享和补偿机制以及科学的绩效考核体系等等。⑤

另外，我国地方政府在合作过程中签订了大量的"合作协议"，这一现象引起了法学界的广泛关注。学者探讨了地方政府合作中的法制协调问题，对合作协议的性质进行了法理的解读，在一定程度上涉及行政权力的互动。例如，叶必丰对长三角经济一体化背景下的法制协调问题进行了研究，指出统一法制满足不了长三角经济一体化的需要，法制协调才是长三角地区的必然选择，长三角目前主要存在行政协议制度和磋商沟通制度两种法制协调机制。⑥ 另外，他还以长三角为例对区域政府

---

① 陈剩勇、马斌：《区域间政府合作：区域经济一体化的路径选择》，载《政治学研究》，2004年第1期，第24—34页；周义程、胡晓芳：《区域政府：概念界说及其建设构想》，载《理论与现代化》，2006年第5期，第27—31页。

② 王川兰：《从二分到合作：区域经济发展中的公共行政结构与范式》，载《学术月刊》，2007年第5期，第90—95页。

③ 王健等：《"复合行政"的提出——解决当代中国区域经济一体化与行政区划冲突的新思路》，载《中国行政管理》，2004年第3期，第44—48页。

④ 陈剩勇、马斌：《区域间政府合作：区域经济一体化的路径选择》，载《政治学研究》，2004年第1期，第24—34页。

⑤ 汪伟全、许源：《地方政府合作的现存问题及对策研究》，载《社会科学战线》，2005年第5期，第294—296页。

⑥ 叶必丰：《长三角经济一体化背景下的法制协调》，载《上海交通大学学报（哲学社会科学版）》，2004年第6期，第5—13页。

间行政协议的缔结主体、缔结程序、主要条款、行政协议的效力、履行模式、行政协议纠纷的解决等进行了较为深入的研究。① 朱颖俐对区域经济合作协议的性质进行了法理分析，认为区域经济协议是行政协定而非普通的行政合同，订立区域经济合作协议的行为是抽象行政行为，协议所形成的法律关系是公务协助关系而非一般的行政协助关系。② 喻少如认为，政府协议属于一种对等性的行政契约，具有一种准立法行为的性质，在区域合作中具有法制协调、化解纠纷与补充立法的功能。从我国行政协议现状及发展趋势来看，行政协议法制化最重要的方面是明确缔约的法律依据、推进和扩大公众在行政协议中的参与以及建构行政协议争端解决机制。③ 于立深指出，"省级协议"所代表的契约治理模式应该借鉴地方联合立法模式和洲际契约的经验，并在中央政府的规制下加以完善和推广。④

除了理论上的研究，学者们还广泛致力于对地方政府合作的实证的个案研究。这方面的研究主要集中在地方政府合作频繁的长江三角洲、珠江三角洲和环渤海三大区域；另外，近年来合作比较紧密的长株潭城市圈、武汉城市圈、川渝合作、红三角等城市圈和区域也受到了诸多研究者的关注。研究者们大多通过诊断问题，对推动地方政府开展进一步合作提出了对策建议。

2. 区域公共管理与区域治理

区域公共管理与区域治理同地方政府合作紧密相关，在区域公共管

---

① 叶必丰：《我国区域经济一体化背景下的行政协议》，载《法学研究》，2006年第2期，第57—69页。

② 朱颖俐：《区域经济合作协议性质的法理分析》，载《暨南学报（哲学社会科学版）》，2007年第2期，第86—90页。

③ 喻少如：《区域经济合作中的行政协议》，载《求索》，2007年第11期，第96—98页。

④ 于立深：《区域协调发展的契约治理模式》，载《浙江学刊》，2006年第5期，第138—145页。

第一章 导 论

理和区域治理的过程中涉及最多的就是地方政府之间的合作关系。

国内区域公共管理研究遵循的是治理的路径,在国外则直接称为"区域治理"。区域公共问题是区域公共管理的动因和出发点,区域公共问题的解决需要由政府为核心的公共部门或第三部门甚至私人部门来对公共事务实施多中心合作治理和分层级复合治理,而治理的基本方式则是生产和提供大量公共物品,管理各种外部经济效应,以此来实现社会公共利益的最大化。[①] 区域公共管理不同于传统的"行政区行政",后者是基于单位行政区域界限的刚性约束,民族国家或国家内部的地方政府对社会公共事务的管理,是在一种切割、闭合和有界的状态下形成的政府治理形态。在行政区行政模式下,政府是社会公共事务的唯一主体,强调政府管理权力运作的单向性和闭合性,在治理机制上惯用官僚制,排斥和拒绝市场、伙伴和自组织等多元机制;而在区域公共管理模式下,社会公共事务治理的主体是多元的,涵盖了区域内的民族国家间政府、中央政府、地方政府及其联合体,以及区域性的多元化非政府组织,公共权力的运行向度是多元的、分散的、上下互动的,彼此间是合作网络和交叉重叠的关系,治理机制上则是借助于科层制、市场机制、合作机制、组织间网络、自组织机制等混合机制进行"多中心"治理。[②] 区域公共管理研究的兴起源于经济全球化下区域主义和区域竞争的崛起、经济市场化下区域竞争的加剧和区域公共问题的大量出现,未来的区域公共管理应该是"多中心治理"和"多层次治理",在区域公共管理的方式和机制上,必须走出传统单边行政和封闭行政的误区,倡导开放社会下的合作行政和多样化治理方式。[③] 目前来看,我国在区

[①] 陈瑞莲:《区域公共管理导论》,中国社会科学出版社2006年版,第9页。

[②] 杨爱平、陈瑞莲:《从"行政区行政"到"区域公共管理"》,载《江西社会科学》,2004年第11期,第23—31页。

[③] 陈瑞莲:《论区域公共管理研究的缘起和发展》,载《政治学研究》,2003年第4期,第75—84页。

域公共管理中存在诸多制度缺陷，必须在治理理念、治理机制、制度基础、区域政策等方面进行创新。① 但区域公共管理创新所面对的复杂的制度供求会使我国区域公共管理改革呈现出必然性、渐进性与多样性、不平衡性及一定的不稳定性等特征；② 期间充斥着治理理念、中央政府与地方政府、地方政府之间的博弈，最终形成的制度则是相关因素充分博弈后的契约格局。③ 由于区域公共管理与区域行政有着本质的区别，其理论基础是网络治理理论，结构要素则包括体制框架、运行机制和组织机构。④ 区域公共管理不同主体之间的关系，尤其是他们之间的权力结构和位置，是区域公共管理的根本内容，将决定不同主体在模式中所处的位置和所获得的权力，区域公共事务的治理需要各政府组织、非政府组织的通力合作、协同共治，做到这一点的关键就是要在它们之间形成一种规范化的权责关系。⑤ 区域公共管理主体的核心部分仍然是政府，加上由于它所解决的问题是区域性公共问题而不是局限于某个辖区内的问题，区域公共管理主体间的关系的核心也仍然是地方政府间的合作关系。

在区域公共管理或者区域治理中，一个重要的方面就是如何实现国内区域经济一体化以及治理外部经济效应。国内研究者对区域经济一体化中所存在的问题的原因以及外部经济效应产生的根源进行了剖析，提

---

① 陈瑞莲：《区域公共管理的制度创新》，载《中山大学学报（社会科学版）》，2005 年第 5 期，第 61—67 页。

② 金太军、沈承诚：《区域公共管理趋势的制度供给分析》，载《江海学刊》，2006 年第 5 期，第 113—117 页。

③ 金太军：《从行政区行政到区域公共管理》，载《中国社会科学》，2007 年第 6 期，第 53—65 页。

④ 芮国强、郭风旗：《区域公共管理模式：理论基础与结构要素》，载《江海学刊》，2006 年第 5 期，第 211—215 页。

⑤ 刘文祥、郑翠兰：《区域公共管理主体间的核心关系探讨》，载《中国行政管理》，2008 年第 7 期，第 92—95 页。

出了各种治理之道。如政区地理学者刘君德及其带领的团队通过对行政区划的深入研究，出版发表了一系列重要论著，首次提出了"行政区经济"的概念和分析范式，用以分析我国转型期凸现的由行政区划所导致的区域分割现象。他们认为，解决区域分割、推进区域经济一体化有三种可供选择的区际关系调控模式：一是行政（主要是省级政区）——经济区调控；二是市场——经济区调控模式；三是中心城市——经济区调控模式。在行政区经济运行下，省级政区和中心城市调控模式是区际关系调控的重要载体和手段，市场——经济区调控模式应成为我国区际关系调控的主要方向。① 安树伟提出了"行政区边缘经济"的概念，认为省级交界地带经济发展缓慢主要原因之一是交易成本过高，"跨区管理"可以有效降低交易成本，从而为区域合作与跨区管理提供了理论基础。② 实际上，无论是"行政区经济"还是"行政区边缘经济"，深层所反映的都是当代中国区域经济一体化与行政区划的冲突问题，本质上是地方政府之间的利益矛盾问题。王健等人认为，区域经济一体化与行政区划冲突的根本原因不在于行政区划本身，而是政府职能转变尚未完全适应市场经济的发展要求，要解决这一问题，必须跳出行政区划调整的传统思路，加快政府职能转变，引入"复合行政"的新理念。③ 陈剩勇、马斌则提出，区域间政府合作是实现区域经济一体化的一种路径选择。④ 朱锡平、刘鸿翔从产权的角度对区域协调进行了研究，提出现有行政区划是一种产权初始界定的产物，要克服既有行

---

① 刘君德：《中国转型期凸现的"行政区经济"现象分析》，载《理论前沿》，2004年第10期，第20—22页。
② 安树伟：《行政区边缘经济论》，中国经济出版社2004年版。
③ 王健等：《"复合行政"的提出——解决当代中国区域经济一体化与行政区划冲突的新思路》，载《中国行政管理》，2004年第3期，第44—48页。
④ 陈剩勇、马斌：《区域间政府合作：区域经济一体化的路径选择》，载《政治学研究》，2004年第1期，第24—34页。

政区划区域经济协调发展的障碍：一是重新划分行政区划，二是转变政府职能；前者从空间维度上重新界定产权，后者是对初始界定的产权进行分割或转让，转变政府职能实质上就是改变政府现有的权利结构，实现区域协调发展就意味着有关各方要让渡部分权利。可以通过东西部企业间产权重组促进东西部区域间经济社会的协调发展。[①] 洪银兴指出，统一市场实际上是改革政府的过程，统一市场的前提是统一政策，统一各个地区干预市场的政策。[②] 有些研究者在对欧盟和一些国际组织研究的过程中指出，区域经济一体化均存在着主权让渡的行为。[③] 实际上，这些研究所蕴含的一个重要内容就是行政权力在区域经济一体化过程中的重要作用。

此外，孙兵较为全面地探讨了区域治理的参与者、区域治理的权威性、区域治理的运行、区域治理的模式等问题。他认为，区域治理的参与者主要包括政府、企业、非营利组织、居民等，这些参与者掌握着不同的资源和权力，同时也受到不同的约束，他们在治理中结成了各种关系，形成了区域治理参与者的自主协调机制；区域治理权威的可能来源则包括三个：中央政府的授权、地方政府的契约以及区域治理组织职能的履行。[④] 我国台湾学者林水波、李长晏则试图建构一个广泛参与、公平公开、对等协商及问责监督的机制和平台，使得公私部门与民间团体形成协力伙伴关系，以致力于解决跨领域、跨行政区和跨部门共同面对

---

① 朱锡平、刘鸿翔：《区域形成机制、区域合作秩序与区域协调的基础》，载《美中经济评论》，2007 年第 2 期，第 1—9 页。

② 洪银兴：《论我国转型阶段的统一市场建设——兼论区域经济一体化的路径》，载《学术月刊》，2004 年第 6 期，第 83—91 页。

③ 周建平：《欧洲一体化政治经济学》，复旦大学出版社 2002 年版；汤碧：《区域经济一体化模式比较》，载《南开经济研究》，2002 年第 3 期，第 54—56 页；魏惠萍、刘建宏：《区域经济一体化与国家主权让渡》，载《太原城市职业技术学院学报》，2006 年第 3 期，第 6—7 页。

④ 孙兵：《区域协调组织与区域治理》，上海人民出版社、格致出版社 2007 年版。

的难题。① 这些观点和思想都为本书的研究提供了重要的基础。

3. 横向府际关系

横向府际关系是指互不具有行政隶属关系的地方政府之间的关系，包括地方政府间竞争关系和合作关系。这里主要对地方政府合作关系作一简要回顾。

国内对地方政府间横向关系的研究最早的是林尚立，他将国内政府间关系分成纵向和横向两个纬度，认为纵向政府间关系主要是政治关系，地方政府间横向关系主要具有经济意义。② 谢庆奎则认为中国府际关系正在由垂直联系为主发展为横向联系为主，地方政府之间、地区政府之间以及政府部门之间的横向联系正在蓬勃展开，西北集团、西南集团、华南—西南集团、上海经济区以及几个政府之间、企业之间的协商和合作正在加强。③ 陈振明指出了政府间关系网络化发展趋势。④ 杨宏山对府际关系中的逐级分权、地方自治、互赖合作和多中心治理展开了研究。⑤ 陈国权、李院林在对长三角一体化进程研究过程中提出了磨合式一体化、整合式一体化、融合式一体化、竞合式一体化四种范式，分别对应着四种长三角政府间关系，即无为低治、有为低治、无为高治、有为高治，而竞合式"有为高治"的治理之道对目前长三角的发展最具有意义。这一研究突出了地方政府的职能定位和互动关系。⑥ 沈荣华

---

① 林水波、李长晏：《跨域治理》，台湾：五南图书出版有限公司2005年版。
② 林尚立：《国内政府间关系》，浙江人民出版社1998年版，第24页。
③ 谢庆奎：《中国政府的府际关系研究》，载《北京大学学报（哲学社会科学版）》，2000年第1期，第26—34页。
④ 陈振明：《公共管理学——一种不同于传统行政学的研究途径》，中国人民大学出版社2003年版。
⑤ 杨宏山：《府际关系论》，中国社会科学出版社2005年版。
⑥ 陈国权、李院林：《论长江三角洲一体化进程中的地方政府间关系》，载《江海学刊》，2004年第5期，第92—98页。

认为,"地方政府间关系其实就是地方政府间的权力利益关系,都是由地方政府间权力利益配置所引起的,其中的权力利益是否合理合法和科学往往决定着地方政府间关系协调与否"。① 这一认识实际上指出了地方政府关系的核心决定因素,把握住了分析地方政府间关系的关键环节。对于横向府际关系的协调问题,刘祖云认为我国政府间关系是一种"十字型博弈"关系,提出要采用协商机制和论坛规则的新途径来进行府际治理。② 张紧跟运用交易费用理论和组织间网络理论对当代中国地方政府间横向关系的协调问题进行了深入研究,认为在当代中国地方政府间横向关系协调中,复杂社会问题的有效解决通常需要综合运用市场、科层制和组织间网络等多种协调机制;任何治理机制都不是万能的,如果不把其他治理机制考虑在内,而是只依靠其中一种,都不能真正解决问题;对于具体问题的解决,应该遵循交易费用理论的"区别性组合"逻辑,根据不同条件选择不同的治理机制。③

我国台湾学者对府际关系的研究尤为重视。赵永茂、孙同文、江大树等对府际关系的理论和西方主要发达国家的府际关系进行了研究和较为详细的考察,认为西方各国府际关系正在朝着全国、区域的共同规划、共同导航、共同生产、合作管理及公私合作等新府际关系体制转变。④ 欧信宏、史美强等探讨了府际关系与区域发展问题,指出区域发展常跨越几个地方行政辖区,为了解决区域性公共问题,政府间通常采用邻近地区合并、建立单一特别事业区、府际协调、府际联盟、府际委员会、共同计划、府际协议、都会联盟、越区管辖等管理体制。⑤ 史美

---

① 沈荣华:《中国地方政府学》,社会科学文献出版社2006年版,第178页。
② 刘祖云:《政府间关系:合作博弈与府际治理》,载《学海》,2007年第1期,第79—87页。
③ 张紧跟:《当代中国地方政府间横向关系协调研究》,中国社会科学出版社2006年版。
④ 赵永茂、孙同文、江大树:《府际关系》,台湾:元照出版有限公司2001年版。
⑤ 欧信宏、史美强、孙同文、钟起岱:《府际关系:政府互动学》,台湾:国立空中大学2004年版。

强运用历史制度主义理论和网络理论不但研究了纵向府际关系，而且研究了横向地方政府间关系，认为台湾的府际关系应以网络合作关系来加以解读。①

二、国外研究现状

1. 地方政府合作

交易成本理论和网络理论是西方学者研究地方政府合作最常用的两大理论基础和研究视角。西方学者一方面运用网络理论来分析府际合作的现实，另一方面则运用交易成本理论解释地方政府合作中的网络化发展趋势以及地方政府间发展合作网络的原因，得出了许多颇有价值的结论。例如，美国学者罗伯特·阿格拉诺夫、迈克尔·麦圭尔以网络理论为基础，提出了"协作性公共管理"的概念，认为这是地方政府发展的新战略，在横向协作关系中，地方政府可以通过联合政策制定、付费服务协定或联合服务协定、通过融资项目从其他地方获得资源以及基于项目的工作来达到问题的解决。② 埃里克·L. 克鲁格（Eric L. Krueger）构建了一个城市政府合作选择模型，从交易成本的视角对地方政府合作进行了研究，他的理论模型表明，合作是交易成本的函数，它随着城市的不同的制度安排和城市间的竞争程度而变化。研究表明，当城市面对高的交易成本和高强度的竞争时，城市参与合作的可能性就越小，合作的程度也较浅。在各种环境因素中，资源因素是最重要的因素，它为城市提供了为获得效率而合作的动力，对城市间是否选择合作以及合作的

---

① 史美强：《制度、网络与府际治理》，台湾：元照出版有限公司2005年版。
② [美]罗伯特·阿格拉诺夫、迈克尔·麦圭尔：《协作性公共管理：地方政府新战略》，李玲玲、鄞益奋译，北京大学出版社2007年版。

深度都有影响。① 马努基·K. 什雷斯塔（Manoj K. Shrestha）也从交易成本视角指出，在美国，碎片化的地方政府是通过自愿的政府间服务协议来处理公共服务的规模不经济和外部性问题的，但政府间合作受到资产专用性和测量难度的影响，地方政府合作行为与资产专用性成正比，与测量难度则是倒 U 型关系。为了降低交易成本，地方政府会选择网络化的合作方式而不是只依赖于某一个提供者。② 约翰·T. 克罗克（John T. Crocker）通过大量的案例研究，发现在跨界交通基础设施和服务提供方面存在着"第三方组织"、"合同制"、"一次一付费制"（fee for services）三种类型的组织安排，并且这三种安排存在于所有治理层次；研究还发现，涉及服务的复杂性与财政控制层级有着某种关系，作为治理工具的独立组织的运作越复杂、服务越简单，直接的公众参与也就越多。③ 西蒙·A. 安德鲁（Simon A. Andrew）将美国地方政府间协议分为限制性契约和调适性契约两类，垂直政府间关系通常运用的是限制性的形式而不是调适性的形式。他通过对公共安全的经验性研究证实，地方政府通常倾向于建立一系列联结密集的制度化纽带以提高它们执行契约义务的能力，当物品和服务的结果难以测量的时候，则需要地方政府以调适性契约安排为基础来建立制度纽带。④ 海伦·沙利文（Helen Sullivan）和克里斯·斯凯尔彻（Chris Skelcher）在《跨越边界的治理：公共服务中的合作》一书中，对合作的驱动者、合作的形式、

---

① Eric L. Krueger, "A Transaction Costs Explanation of Inter—local Government Collabration", Ph. D. disseration, University of North Texas, 2005.

② Manoj K. Shrestha, "Decentralized Governments, Networks and Interlocal Cooperation in Public Goods Supply", Ph. D. dissertation, Askew School of Public Administration and Policy, 2008.

③ John T. Crocker, "Organizational Arrangements for The Provision of Cross—boundary Transport Infrastructure and Services", Ph. D. dissertation, Georgia Institute of Technology, 2007.

④ Simon A. Andrew, "Institutional Ties, Interlocal Contractual Arrangements, and The Dynamic of Metropolitan Governance", Ph. D. dissertation, Askew School of Public Administration and Policy, 2006.

合作的领域、跨越公私部门的合作、合作能力的建设、合作的动力、对合作的治理、公民参与合作、对合作的评估等等进行了深入、详细的研究和探讨。① 朱莉·森休勒·奥尔伯丁（Julie Cencula Olberding）对合作规则与经济发展中的区域伙伴关系的形成之间的关系进行了研究，通过对美国所有都市区的调查数据得出：尽管合作规则似乎对经济发展中的区域伙伴关系产生了影响，但它对区域伙伴关系的形式和内容影响有限，此外，合作规则对区域伙伴关系的组织结构和过程的影响似乎也很小。②

2. 区域主义与区域治理

区域主义产生于20世纪的美国，是对城市化过程中的郊区化、地方政府碎片化以及可持续发展等经济社会问题的如何应对的都市治理的思想和观点。区域主义有老区域主义和新区域主义之分，前者又有传统改革主义者和公共选择理论的区别。传统主义改革者强调结构主义的改革，认为管辖区域的合并有助于政府规模的合理化，应将大量的分散化的小政府代之以单一、全功能、管理整个都市区的政府。在都市治理体制上，传统主义者的观点主要表现为市县合并、兼并和联盟制三种结构性的政府改革。③

从经典经济学原理出发，公共选择学者认为，都市治理的分散体制要优于整合成一个区域政府，因为它更民主，也更有效率，它允许居民

---

① Helen Sullivan, Chris Skelcher, *Working Across Boundaries: Collaboration in Public Services*, Palgrave Macmillan, 2002.

② Julie Cencula Olberding, "Does Regionalism Beget Regionalism? The Relationship between Norms and Regional Partnerships for Economic Development", in *Public Administration Review*, Vol. 62, No. 4, Jul.—Aug., 2002, pp. 480–491.

③ 林水波、李长晏：《跨域治理》，台湾：五南图书出版有限公司2005年版，第41页。

在众多的提供不同的服务和不同税收水平的辖区选择他们的居住地。①他们主张多中心或多核心的政治体制,各中心在复杂体系下各自发挥不同的作用,可能通过地方政府间协议、公私伙伴关系、职能转移、区域联合会等方式来处理区域性的问题。②"从通常的经济福利的角度来说,都市整合只有在以相同的总成本提供更多的任何一种服务而没有减少其他任何一种服务时才是合理的。"③

所谓新区域主义就是要在地方政府、社区组织、企业组织以及非营利组织之间建立都市治理的策略性伙伴关系,它是传统改革主义与公共选择相互对话下的产物,认为在解决都市区问题时,竞争与合作两种体制应同时兼顾运用。例如,萨维奇(H. V. Savitch)和沃格尔(Ronald K. Vogel)提出了五种都市政府合作的组织模式:合并主义、多层级政府、功能联合、网络综合体、公共选择;福斯特(Foster)发展出了一个区域促进架构理论;汉密尔顿(David K. Hamilton)提出了都市成长应对模式,地方政府为了缓解都市成长的压力,通常会采取两种措施,一种措施是合并众多地方政府为单一区域政府,另一种措施是采取多元地方政府治理模式;米勒(David Y. Miller)则将以上三种府际合作模式整合成四种区域主义模式,即协调型区域主义、行政型区域主义、财政型区域主义和结构型区域主义。④

除了区域主义之外,国外其他关于区域治理的文献也相当丰富。如

---

① Frances Frisken, Donld F. Norris, "Regionalism Reconsidered", in *Journal of Urban Affairs*, Vol. 23, No. 5, pp. 467 – 478.

② 林水波、李长晏:《跨域治理》,台湾:五南图书出版有限公司2005年版,第42页。

③ Charles M. Tiebout, "The Pure theory of Expenditures", in *The Journal of Political Economy*, Vol. 64, No. 5 (Oct., 1956), pp. 416 – 424.

④ 李长晏:《新区域主义与府际合作治理策略》,见《地方政府、第三部门与永续发展学术研讨会论文集》,台湾:国立暨南国际大学,2006年11月4日。

第一章 导 论

玛莎·德西克（Martha Derthick）在《在州与联邦之间：美国的区域组织》[①] 一书中对田纳西河流域管理局、特拉华河流域委员会、阿巴拉契亚区域委员会、第五条款区域经济发展委员会（The Title V Commissions for Regional Economic Development）、第二条款大河流域规划委员会（The Title II Commissions for Basin Planning）、联邦区域委员会的形成过程、结构框架、运作效果、它们各自所呈现的府际关系等方面给予了详细介绍。这些区域组织的形成过程充满了州与州之间、州与联邦之间权力与利益的交易。她认为区域组织是对规模问题的反应，也是解决协调问题和集权化问题的方法。[②] 邦尼·林德斯特罗姆（Bonnie Lindstrom）研究了芝加哥地区九个政府委员会的运作情况和工作效果，认为它们代表了区域组织发展的新形式，它们强调的是在交通规划上的合作、固体垃圾的处理、规制政策的标准化以及政府间协议，也就是整个区域的可持续发展，而不是对乡村和城市问题分别制定政策。[③] 针对权力与地方边界紧密相连所导致的溢出效应、财税差距、地方政府间的冲突的问题，理查德·波瑞福特（Richard Briffault）提出了治理的"混合战略"，认为在这种体制下，地方政府仍然保留对地方事务决策的权利，但是包括土地利用、财税使用等区域性的政策必须从整个区域的利益角度来制定和实施，这样既减弱了地方边界的副作用，又能以一种民主的整合的方式来处理重大的区域事务。[④]

[①] Martha Derthick, *Between State and Nation: Regional Organizations of The United States*, The Brookings Institution, 1974.

[②] Martha Derthick, *Between State and Nation: Regional Organizations of The United States*, The Brookings Institution, 1974, p. 8.

[③] Bonnie Lindstrom, "Regional Cooperation and Sustainable Growth: Nine Councils of Government in Northeastern Illinois", in *Journal of Urban Affairs*, Volume 20, Number 3, pp. 327 – 342.

[④] Richard Briffault, "The Local Government Boundary Problem in Metropolitan Areas", in *Stanford Law Review*, Vol. 48, No. 5, May, 1996, pp. 1115 – 1171.

此外，国外学者还非常注重对跨行政区的流域治理的实证研究，如美国密西西比河流域、科罗拉多河流域和田纳西河流域的治理与开发，英国泰晤士河的污染及治理，巴西亚马孙河流域的治理，欧洲的多瑙河与莱茵河流域的治理等等。对这些跨区域河流的治理一个共同点就是对河流的综合开发利用。通过科学论证，以综合开发和规划为目标，建立由政府、企业、研究机构以及民间组织共同参与的跨地区的合作机制，设立合作机构，运用法律手段进行综合治理。①

3. 府际关系

府际关系是西方政治学者研究的一个重要领域。"在20世纪80年代以前，西方学者的研究主要关注于中央和地方关系，但在20世纪80年代以后，府际关系的研究范式出现了新变化，即从关注宪政规范转而关注动态运作，大大拓展了府际关系的研究视野"②，"并提出了地方政府间横向关系网络化的发展趋势"③。如保罗·R. 多梅尔（Paul R. Dommel）在《管理地方政府间关系》一书中，对美国政府间的横向和纵向关系进行了系统研究。他认为，纵向政府间关系基本是两个体系的综合，即宪法和法律体系；横向政府间关系可以被看做是由地位对等的地方政府形成的分散体系，而且这些地方政府被竞争与协商的动力所驱动。④ 文森特·奥斯特罗姆等从治理的视角研究了美国的地方政府，认为"美国地方政府的特征是，为满足不同利益团体同时提出的要求

---

① 郭培章、宋群：《中外流域综合治理开发案例分析》，中国计划出版社2001年版，第2—3页。
② 杨宏山：《府际关系论》，中国社会科学出版社2005年版，第21页。
③ 张紧跟：《当代中国地方政府间横向关系协调研究》，中国社会科学出版社2006年版，第15页。
④ Paul R. Dommel, *Intergovernmental Relations*, in *Managing Local Government*, SAGE Publication, Inc. 1991.

第一章 导 论

而产生了大量的地方单位，它们履行着各种不同类型的服务"①。为了实现更好的服务，有些地方政府单位实行了联合或合并，在公共服务方面，各地方政府单位之间存在着大量的合作关系的安排。

菲利普·J.库珀在《二十一世纪的公共行政：挑战与改革》一书中也探讨了横向政府间关系与合作问题。他认为，"最常见的一种政府间关系结构，是允许两个或多个政府达成合作安排的结构"，"一个辖区的政府可能会因一个问题而与其他各级政府发生联系"。洲际关系主要包括州的政府部门与州的职业协会之间的相互影响、为某些问题的解决而推行全国统一标准的努力、洲际协议；州的政府部门与州的职业协会之间的紧密联系，实际上是全国性和地区性州政府组织繁荣发展的结果，如州政府委员会"通过'展示具有开创意义的州和地区的行为；建立政府组织内部和政府组织之间的合作关系；促进洲际多边协作'来发展政府间关系"，而"各州为争取统一性而进行的合作大多是通过国家统一各州法律专员委员会来实现的"，洲际协议则是一种独特的打造政府间关系的宪法性安排，是州政府间约束性最强的合作形式。他还指出，地方政府是政府间合作中最具活力的因素，地方政府会通过合作协议来实现互助，"尽管还存在着法律和政治方面的限制，但这类合作协议迅猛增长的势头迄今还没有出现减弱的迹象"。此外，"地方政府间的新型服务共享安排和其他类型的合作都已付诸实施，其中最常见的一种结构形式为政府委员会。"② 从库珀的研究来看，美国的府际关系呈现出的是一种多维度网络关系的特征。罗纳德·J.奥克森在区分公共物品和服务的供应和生产的基础上指出，分散的美国地方政府是与地

---

① ［美］文森特·奥斯特罗姆等：《美国地方政府》，井敏、陈幽鸿译，北京大学出版社2004年版，第12页。
② ［美］菲利普·库珀：《二十一世纪的公共行政：挑战与改革》，王巧玲、李文钊译，中国人民大学出版社2006年版，第93—117页。

方公共经济的高绩效相联系的，地方公共经济的供应单位正趋于多样化，一种服务相关的供应职能可以由一个单位来承担，但共同供应也是一种合理安排，邻里单位之间以合同的方式提供服务也大量存在。总之，协调这些供应单位在地方公共经济中的关系的"一种方法是给市民广泛的组织选择范围，让他们进行选择，使市民能够以各种方式联合起来采取集体行动并取得相关的平衡"①。他的这一思想实际上指出了地方政府间关系协调的决定者问题。

三、对已有研究的评价及本书的理论假设

从国内研究情况来看，直接研究地方政府合作的文献还相当零碎，且重复性研究比较多。虽然可以从区域治理、府际关系等其他相关研究领域获得一些理论资源和政策借鉴，但这些借鉴往往存在"拿来主义"的弊病，这种"拿来主义"的弊病在借鉴西方区域主义、区域治理以及府际关系研究成果和西方政府间关系治理实践时表现得尤为明显。许多研究者在对我国地方政府合作提出政策建议时，经常直接把西方的做法嫁接到中国，而不对中国现实作深入剖析，不考虑中国政治制度和行政体制对我国地方政府合作形式的约束，缺乏对地方政府合作中的权力关系的研究，使得政策建议至少在现阶段难免失之于不切实际。

从国外研究情况来看，虽然有关都市和区域治理、府际关系和府际管理的文献汗牛充栋，但对地方政府合作的研究并没有成为一个专门的研究领域，直接以地方政府合作为研究对象的文献数量有限。与西方政治、经济、社会以及文化环境相适应，尽管政府在公共事务和公共问题的治理中发挥着重要作用，但企业、第三部门、居民个人的作用也不可

---

① [美]罗纳德·J. 奥克森：《治理地方公共经济》，万鹏飞译，北京大学出版社2005年版。

忽视，尤其是第三部门的崛起及其在公共事务和公共问题的治理中扮演的重要角色。这种状况使得西方学者更强调政府、企业、第三部门、居民个人等多元主体之间的分工治理以及就某些公共问题领域如何形成合作共治方面的研究。并且，西方地方政府的职能主要是提供公共物品和公共服务，并没有中国地方政府如此大的经济管理权力，因此，在西方，行政权力在很大程度上是以公共服务为依归的，通常不会成为合作的障碍，其研究的重点也就自然落在了如何通过行政权力的协调来更好地为居民提供公共物品和公共服务上。

从整体研究情况来看，对地方政府合作的分析主要集中在用博弈论和制度经济学来分析地方政府合作行为、以组织间网络理论为理论基础提出地方政府合作的对策建议等方面。但遗憾的是，学者们在将"伙伴关系"和"组织间网络"作为解决地方政府合作困境的万能工具的同时，并没有考虑到地方政府间"伙伴关系"和"组织间网络"的权力之基。也就是说，这些研究很少从权力的角度来对地方政府合作进行分析研究，或者说很少把权力作为地方政府合作研究的核心来对待，由此可能出现的情况则是，提出的地方政府合作的建议很大程度上只不过是学者们的良好愿望而已。

在笔者看来，如果缺乏对地方政府合作中权力（主要是行政权力）的深入研究，那么所提出的许多地方政府的建议和对策就犹如无本之木、无源之水，就会缺少坚实的权力基础。在府际关系中，并不是有了利益的相互依赖就会产生合作关系，尤其是在地方政府合作问题上。由于利益通常附着在权力之上，权力支配着各种资源，而权力又恰恰是地方政府所拥有的最核心的资源，地方政府间通常是通过处理、调整相互的权力关系来协调相互间的利益关系的。因而，可以这么认为，地方政府间关系首要的和最核心的关系就是权力关系，解决不好地方政府间的权力关系，地方政府间就不会有真正的利益合作关系。尤其是在我国这样一个一直以来政府占据主导地位的大的制度背景下，如果不洞悉地方政府间合作中的权力互动关系，那么我们在进一步推动地方政府间深化合作方面将难有作为。在这种意义上，我们可以说，研究地方政府间合作就是要研究地方政府间横向的行政权力互动关系。

为此，笔者提出：①地方政府合作源于地方政府运用行政权力对资源的控制，正是地方政府对资源的控制使得地方政府可以在某种程度上按照自己的偏好来配置资源，从而也使得地方政府合作可以在一定地域范围内和一定程度上实现资源的优化配置；②地方政府合作本质上可以看做是地方政府间通过对行政权力的自愿性协调而对资源进行跨行政区配置的行为，地方政府间正是通过行政权力的相互自愿性调整来实现资源的跨行政区优化配置的；③地方政府合作的程度受到地方政府间行政权力协调程度的影响，可以通过深化地方政府间行政权力的协调程度来深化地方政府合作的程度，从而不断改进资源的跨行政区的配置状态。

第三节 相关概念的界定

一、地方政府

本书所指的地方政府首先是与中央政府相对的概念，是指一国为了政治、经济、社会、文化等方面的管理的需要，"由中央政府依法设置的、治理国家部分地域或部分地区某些社会事务的政府"。①"地方政府所辖的空间仅仅是国土的一部分；而管辖事务的限度只与地方公众利益

---

① 李文良：《中国政府职能转变问题报告：问题、现状、挑战、对策》，中国发展出版社2003年版，第352页。

相关，不涉及国家整体利益和全国公众利益。"[1] 我国中央政府以下的所有层级的政府都是地方政府，包括各省（自治区、直辖市）、市（副省级城市、地级市）、县（包括县级市）、乡镇四级地方政府。考虑到我国地方政府间合作主要发生在省、市和县三个层次，本书的地方政府也主要是指这些层级的政府。另外，在联邦制国家，地方政府是指联邦组成单位内的各层次政府，联邦成员政府（如美国的州）不是联邦的地方政府，联邦政府与联邦成员政府之间不存在上下级隶属关系。为了研究的需要，联邦成员政府也会被作为分析的对象之一。

政府有广义和狭义之分，广义政府是指由立法、行政、司法等机关构成的整体，狭义的政府单指行政机关。按照我国1982年宪法第105条的规定："地方各级人民政府是地方各级国家权力机关的执行机关，是地方各级国家行政机关。"这里的地方政府就是指狭义上的政府，即地方各级行政机关。此外，地方政府又是由各职能部门组成的，文中将不对地方政府和地方政府各职能部门作严格区分。

二、地方政府合作

从合作主体来说，本书研究的地方政府合作是指互不具有行政隶属关系的地方政府之间的合作，既包括横向同一行政级别的地方政府之间的合作，如省级地方政府之间的合作、地级市政府之间的合作、县级政府之间的合作等等，还包括斜向地方政府间的合作，如省级政府与县级政府之间的合作等等；那些地方政府与单独的某个企业集团或第三部门的合作不作为地方政府合作的研究范围。即这里所指的地方政府合作的双方或多方都是地方政府。此外，单纯

---

[1] 沈荣华：《中国地方政府学》，社会科学文献出版社2006年版，第5页。

的具有行政隶属关系的上级地方政府与下级地方政府所形成的"伙伴关系"以及由上级政府安排的"对口支援"不属于本研究中的地方政府合作的范畴。

从合作领域来看，地方政府合作非常广泛，既包括经济领域的合作，也包括跨行政区公共问题的治理和公共物品的提供，如区域地方政府间为解决经济壁垒、恶性竞争等进行的合作、江河湖泊污染的治理、跨行政区公路、大桥等公共基础设施的建设等等之间的合作都属于本书研究的范围。

三、绝对收益与相对收益

绝对收益（absolute gains）是指地方政府通过合作所能够获得的实际收益，是一种相对于成本的所得，体现的是地方政府在合作中自己所支付的成本和收益之间的对比关系，如果自己支付的成本大于自己的实际所得，则收益为负；反之，则收益为正。

相对收益（relative gains）则是指各地方政府通过合作所能够获得的相对于其他参与者的收益，它是一种合作参与者之间从合作成果中所分的收益相互比较的结果，强调的是相互间的不平衡。如果合作收益在参与者之间分配不均，某合作参与者从合作中所分得的收益多于自己分得的收益，那么自己收益为负，也即自己在合作中的利益是相对受损的。绝对收益与相对收益对地方政府是否参与合作以及参与合作的程度具有重要影响。

第四节 研究方法、基本框架

一、研究方法

1. 文献研究法

文献研究法主要指搜集、鉴别、整理文献，并通过对文献的研究，形成对事实的科学认识的方法。我国地方政府间在合作的过程中签署了大量的合作框架协议、合作意向书、合作规划以及合作备忘录等等合作文件，其中珠江三角洲、泛珠江三角洲、长江三角洲、武汉城市圈、长株潭城市圈以及成渝都市圈区域地方政府间合作文件的数量相当可观，这些合作文件为研究地方政府间合作提供了大量一次文献。通过对这些地方政府间合作文件内容的进行深入的分析研究，可以洞悉地方政府间合作的动因、合作的模式、合作的领域、合作机制以及合作中的行政权力互动关系等等。因而，本书的文献研究法主要侧重于对地方政府间所达成的一系列合作文件的分析研究。

2. 案例研究法

案例研究法作为社会科学研究的一种基本方法，在于通过对典型案例的具体分析、解剖来验证理论或对理论有所贡献以更好地解释案例。我国地方政府间合作行为在珠江三角洲、泛珠江三角洲、长江三角洲、环渤海地区等区域非常密集，其中，长江三角洲地区由于其重要的经济地位、合作的复杂性和广泛性以及合作的深度而备受关注。本书将以长江三角洲地区为典型案例，对之从地方政府间权力互动的视角进行全面的考察和深入的解读，并对长江三角洲区域地方政府间如何进一步深化合作提出对策建议。

3. 比较研究法

比较研究法旨在通过对不同事物或者同一事物的不同阶段的情况进行对比分析，来观察和认识事物，找寻事物相互间的异同，从而探索事物的本质或规律，寻求解决问题的办法。国外地方政府间合作也十分广泛，并且通常存在形式多样的、比较成熟的合作机制和模式，通过将中国地方政府间合作与美国、日本等国家的地方政府间合作的比较研究，可以探究地方政府间合作中行政权协调的一般形式。另外，通过考察国外地方政府间合作的实践经验，也可以为进一步促进中国地方政府间合作提供借鉴。

二、分析思路与基本框架

本书从权力这一基本概念出发，分析了行政权力在地方政府掌控资源中的作用，进而提出行政权力实际上是地方政府掌控资源的关键中间变量，而地方政府经由行政权力及其行使从而掌控大量资源构成了文章研究的基点。正是由于地方政府对部分资源的控制，才使得这部分资源需要政府通过合作的方式来进行配置。地方政府竞争具有优化行政辖区内部资源配置的一面，也有扭曲跨行政区资源配置的一面；而地方政府合作则可以通过内部化地方政府竞争的外部效应，在不同程度上实现资源跨区域配置的优化。地方政府竞争中所导致的资源跨行政区配置的扭曲源于地方政府竞争中的权力冲突与对抗，地方政府合作则通过对横向行政权力关系进行协调来作用于资源的区域配置，使资源的跨行政区配置得以优化。图1.1展现了文章的主要变量之间的关系。从图中可以看出，整体上，地方政府间的行为关系对资源配置状态的影响，都是通过地方政府间横向权力关系这一中介发挥作用的。探求地方政府合作对于资源配置发挥作用的内部机理，重点应该对地方政府之间是如何协调相互间的权力关系进行深入分析。

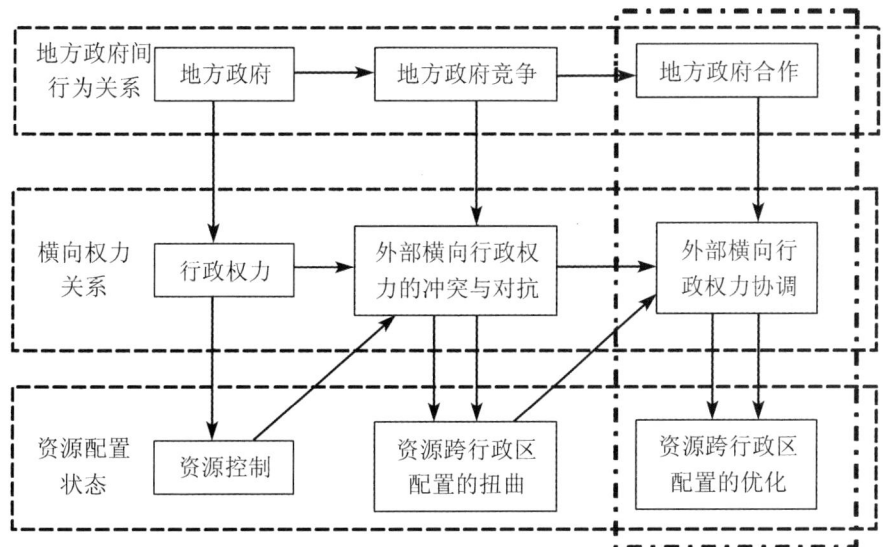

图 1.1　文章主要变量之间的关系

基于以上的分析思路和主要变量关系，本书的基本框架安排如下：

第一章，主要阐述研究的背景、问题和意义，对相关文献进行梳理，对本书中主要的概念进行了简单的界定，介绍了书中使用的研究方法、研究框架以及本书的创新点。

第二章，对地方政府和行政权力进行了探讨，指出行政权力作为政府的一种核心资源，它实质上是对资源的控制力。不同层级的地方政府在不同历史时期其对资源的控制权限是不同的，地方政府控制和支配资源的权限的大小对地方政府间合作具有重要影响；并且地方政府经由行政权力对资源的控制构成了地方政府合作的物质基础。

第三章，明确地方政府合作具有优化资源跨行政区配置的作用，认为地方政府间竞争所导致的外部性可以通过地方政府合作来将其内部化。地方政府竞争在改善行政区内部制度环境的同时，也在区域层面导致资源的辖区化控制和资源跨行政区配置的阻隔等不良效应，资源配置受到扭曲，导致跨界公共问题解决的困难；地方政府合作则是通过相互间顾及彼此的利益需求，使合作各方在一定程度上考虑相互间的成本与收益，对彼此的行为施加一定的限制，使得相互间的决策和内部执行形成一种合意状态，从而将地方政府竞争的负效应内部化，改进资源在更大区域层面的配置状态。另，不同层级和范围的地方政府合作，分别在不同层次和程度上对跨界公共问题的解决和资源的跨区域配置产生了不同的影响，并且，处于不同阶段的地方政府合作对资源的配置的影响也是不同的。

第四章，地方政府合作对资源的区域配置状态的改进是通过地方政府相互间对行政权力的自愿性协调来达到的，它构成了地方政府合作的权力基础，地方政府合作是通过行政权力自愿性协调的方式改变竞争状态下地方政府间行政权力关系进而实现资源的再配置的。本章对行政权力行使的对等约束、行政权力的跨行政区衔接、行政权力的让渡、行政权力的横向转移等几种权力协调模式，以及地方政府合作中通常涉及的有关经济要素和商品在辖区间自由流动的权力、有关产业发展规划和结构调整的权力、有关提供跨界公共服务和物品的权力三个方面的权力进行了较为深入的具体分析。另外，本章还构建了一个地方政府合作的连续谱系，指出地方政府合作的深化往往意味着参与合作的地方政府在合作事项方面的决策权和执行权的独立性的逐渐降低乃至丧失；提出了深化地方政府合作的"边际调整"的原则，以及对交流与互访、合作论坛、行政协议、区域联合会、专区与共同机构、多功能大行政区等合作形式进行"区别性组合"的基本思路。

第五章，以长江三角洲为例的实证研究。选择长江三角洲地区为例是因为该地区地方政府间合作非常复杂,既有省级地方政府合作,也有省级地方政府与地级市甚至县级市政府之间的合作,市与市、县与县之间的合作十分频繁;合作领域也十分广泛,从经济领域到公共事务领域都存在或松散或紧密的合作;此外,该地区合作机制和合作组织也较为多样,并且该地区合作的深度已经达到了一定的程度,在地方政府合作方面具有典型意义。长江三角洲地区经济发展具有典型的政府主导的特征,政府直接和间接控制着大量的资源,这就使得该区域地方政府按照自己的偏好配置资源的倾向较为明显,在竞争的作用下,重复建设等资源配置的负效应大量存在;不过,研究同时表明,该区域的产业结构优化、产业分工的合理化以及经济一体化程度的提高,与该区域地方政府合作的不断深化具有时间序列上的一致性,并且长三角的各地方政府通过对行政权力行使的对等约束、行政权力的跨行政区衔接、行政权力的让渡、行政权力的横向转移等多种形式的权力协调,对资源在该区域的优化配置具有直接的积极效应。为进一步推进长三角地方政府合作的深化,文章提出长三角区域要整合现有的合作组织,建立长江三角洲区域委员会,提高决策权和执行权的让渡程度以及使区域合作事项监督权的区域化,同时继续通过对行政权力行使的对等约束、跨行政区对接等方式限制政府在资源配置中的作用,更大程度地发挥市场的作用,率先实现区域经济一体化。

第六章,结论。对全书的主要观点进行了总结。

第五节 本书的创新与不足

一、本书的主要创新

(1) 研究视角的创新——行政权力的视角,并从这一角度考察了地方政府合作的过程和机制等问题,从而对这些问题提出了新的认识。

从行政权力的角度来研究地方政府合作是本书的一个重要创新,构成了其他创新点的基础。行政权力是地方政府的核心资源,地方政府本身就是围绕行政权力组织起来的,不了解地方政府行政权力之间的互动关系,就很难对地方政府间关系进行深入的把握和真正的理解。从权力的角度对地方政府的合作关系、合作活动进行研究,使得我们能够对地方政府间合作产生不同于经济学、管理学视角的全新的认识。

一般文献中对地方政府间合作的过程与机制的研究通常就过程而谈过程、就机制而谈机制,缺乏从一个具体的视角对合作过程和机制本身进行研究。本书从权力的角度认为,地方政府间合作的过程其关键内容是关于行政权力协调的讨价还价或曰协商,地方政府间合作机制和合作组织实际上既是行政权力协调的结果,同时又是地方政府间进一步进行行政权力协调的一种制度化、组织化方式,它对地方政府合作过程中行政权力协调行为的选择具有重要的影响。

(2) 本书提出,地方政府合作实质上可以看做是参与合作的地方政府,通过相互间行政权力的自愿性协调在区域层面间接配置资源的行为,地方政府合作在一定地域范围内和一定程度上有利于资源的跨行政区的优化配置。

从本质上讲,地方政府竞争与合作都可以看做是地方政府按照自己

第一章 导 论

的偏好对资源进行间接配置的行为。这种资源配置方式与市场配置的不同就在于它的配置主体是政府，它涉及地方政府运用行政权力对资源的间接配置问题，并且是地方政府通过对行政权力的自愿性协调来对资源实现再配置的。地方政府合作通过参与合作的地方政府之间的交易，可以将地方政府竞争的外部不经济内部化。在这一过程中，地方政府间通过对行政权力行使的对等约束、行政权力的跨行政区衔接、行政权力的让渡、行政权力的横向转移等诸多形式的权力协调，打破行政壁垒对资源流动的阻隔，市场在资源配置中将发挥更大的作用，从而在一定程度上优化资源的区域配置。

（3）本书提出，地方政府间行政权力的相互自愿性协调构成了地方政府合作的权力基础。

由于地方政府间合作是指互不具有行政隶属关系的地方政府间的合作，那么可以把具有合作关系的各地方政府视为平等的合作主体，行政权力可以视为地方政府所掌握的一种特殊的资源，这种资源的特殊性就在于它能够控制和支配其他资源，如对财政资金的控制和支配、对稀缺自然资源配置的控制等等。本书提出，地方政府间的实质性合作一般都会涉及行政权力的相互调整，否则，地方政府间几乎不可能产生实质性的合作。这是因为，由于行政区划的客观原因，再加上分权改革以来所激发的地方政府间竞争，使得地方政府间的权力关系表现出很强的分割性和对抗性，从而导致跨行政区公共事务得不到有效治理，而这一问题在区域经济一体化和边界公共问题的治理方面表现得尤其明显。地方政府在合作的过程中，通过对行政权力的自愿性调整，使得原本处于分割状态的行政权力相互融合从而获得了对跨界公共事务的共同管理的权力和权利，也就解决了治理跨界问题的权力真空和政府缺位问题。因而，地方政府间对行政权力的自愿性协调构成了地方政府合作的权力基础。

（4）本书认为，与地方政府竞争具有规范地方政府在本辖区内的行政权力行使的功能、促进单个行政辖区内部市场生长一样，地方政府合作也具有在区域层面对地方政府的行政权力进行自我规范的功能，其客观作用在于对地方政府在资源流动和配置中的作用进行自我限制，更大程度地发挥市场在资源配置中的作用。

在地方政府竞争过程中，为了赢得竞争优势，各地方政府会对自身的某些权力行使进行自我约束和规范，为市场主体创造良好的市场环境，从而促进市场力量的生长；地方政府合作中对行政权力的自愿性协调可以看做是地方政府间不通过上级政府或其他外在途径对行政权力进行约束的自我式治理，尤其在区域经济一体化过程中，地方政府对那些阻碍一体化进程的权力及其运作的对等约束，直接表现为对行政权力在区域层面的自我规范，抑制了地方政府竞争中行政权力的不规范行使和滥用。地方政府竞争和地方政府合作之间的这种张力有利于进一步理清政府与市场的界限，加快政府职能转变，使得市场在资源配置中发挥更大的作用。

二、研究存在的不足

本书探讨了影响地方政府合作的主要体制性因素，但对纵向府际关系、法制环境、政府职能等对地方政府合作的影响只是初步思考，未作深入分析。其实，参与合作的地方政府的共同上级政府尤其是中央政府在地方政府合作中发挥着极为重要作用；从国外来看，法制环境通常限定了地方政府合作行为的选择空间，对地方政府合作模式的选择和权力互动关系既有积极也有消极影响，今后需要加强在这些方面的研究。

地方政府合作是一个十分复杂的问题，涉及政治学、行政学、组织学、社会学、区域经济学等众多学科，本书从行政权力的视角对地方政府合作进行了初步解读，但仍需要发展出一个综合性的理论框架来对地方政府合作进行解释，探讨地方政府合作对各地方经济、社会发展的影响等等。

另外，对于什么样的地方政府合作适合于不同阶段的区域经济发展，本书也缺乏深入的解释。处于不同经济发展阶段的区域对区域公共产品和区域公共服务的需求是不同的，这就要求不同的地方政府的合作模式和机制与之相契合，从而探讨不同经济发展阶段的哪些因素影响地方政府合作的模式和机制是十分必要的。对地方政府合作过程的研究也是一个重要的课题，地方政府合作行为受到哪些因素的影响、地方政府在合作过程中的博弈、地方政府合作的利益补偿机制等等都需要进一步深入研究。

第二章　地方政府、行政权力与资源控制

近年来，地方政府合作可谓方兴未艾，各个层级的地方政府几乎都存在着或多或少的政府间合作关系。地方政府间日益紧密和频繁的合作在我国地方经济、社会发展中发挥了巨大的作用，尤其是在解决跨行政区的公共问题方面显示了其独有的工具性价值。但是，为什么地方政府合作能够在地方经济发展和跨行政区公共问题的解决中发挥如此重要的作用呢？在区域经济合作中，为何"企业唱戏"需要"政府搭台"呢？对这些问题进行合理的解答，需要深入分析地方政府、行政权力和资源控制之间的关系。一个简单的答案是：因为地方政府通过行政权力的行使在自己的辖区范围内控制了大量的资源，使得必须通过地方政府合作才能使这些资源实现在区域层次的配置，地方政府通过行政权力对资源的控制构成了地方政府合作的物质基础。另外，地方政府对资源的控制源于行政权力所具有的对资源控制的特性，不同层级的地方政府所拥有的行政权限是不同的，从而决定了不同层级的地方政府对资源控制数量和范围的差异。

第二章 地方政府、行政权力与资源控制

第一节 行政权力与资源控制

一、权力与资源控制

对于权力，加尔布雷斯这样说："很少有什么词汇像'权力'一样，几乎不需要考虑它的意义而又如此经常地被人们使用，像它这样存在于人类的所有时代。"① 的确，权力的存在是如此普遍和重要，以至于在社会、政治、经济、文化等各个领域都渗透它的影响，每个人都要和"权力"打交道。虽然在日常生活中人们在使用权力概念的时候似乎就其一致性达成了默契，但从学术上来说，众多学者还是从不同的视角和侧重点对权力进行了探讨，并且这些认识存在或多或少的差异。

在马克斯·韦伯看来，"权力是某种社会关系中一个行动者将处于不顾反对而贯彻自己意志的地位的概率，不管这种概率所依据的基础是什么。"② 这里，韦伯所强调的是权力所具有的强制性，也就是说，权力是一种强制力。一个行动者不管采用何种手段，只要能使自己的意志得以实现，那么这个行动者就是有权力的。彼德·布劳认为，陶奈的定义除了明显地把人们的注意力引向权力关系的不对称性之外，也同样集中于把某个人的意志强加于其他人："权力可以被定义为一个人（或一群人）按照他所愿意的方式去改变其他人或群体的行为以及防止他自

---

① ［美］K. 加尔布雷斯：《权力的分析》，陶远华、苏世军译，河北人民出版社1998年版，第1页。
② ［德］M. 韦伯：《社会组织和经济组织的理论》，上海译文出版社1981年版，第152页。

己的行为按照一种他所不愿意的方式被改变的能力。"① 他进一步指出，无论是韦伯还是陶奈，他们的权力定义都没有包括交易中通过给予报酬的方式来诱使他人答应自己的愿望的情况②，因而，"权力的定义应该加以扩大，应该写成：它是个人或群体将其意志强加于其他人的能力，尽管有反抗，这些个人或群体也可以通过威慑这样做，威慑的形式是：撤销有规律地被提供的报酬或惩罚，因为事实上前者和后者都构成了一种消极的制裁"。③ 彼德·布劳的权力概念除了强制又加入了诱导的因素。同样，罗伯特·达尔认为："对于权力，我的直觉看法是：在 A 能使 B 做 B 本不愿做的事情范围内，A 对 B 拥有权力。"④ 这种看法也表明了权力的强制性。

与韦伯等人从权力的冲突性质和把权力仅仅看成是行动者的属性不同⑤，帕森斯从一致性和系统的角度来认识权力，他把权力看成是一种系统资源，"当根据各种义务与集体目标的关系而使期望义务合法化时，在如果遇到顽抗就理所当然会有消极情景制裁去强制执行的地方，权力是一种保证集体组织系统中各单位履行相互约束力的义务的普遍化能力"。⑥

波朗查斯从阶级的视角出发，认为"权力是一个社会阶级实现其

---

① ［美］彼德·布劳：《社会生活中的交换与权力》，孙非、张黎勒译，华夏出版社 1988 年版，第 135 页。
② 同上，第 135 页。
③ 同上，第 137 页。
④ ［美］R. A. 达尔：《论权力》，见《社会科学国际百科全书》，上海译文出版社 1987 年版，第 407 页。
⑤ 朱启才：《权力、制度与经济增长》，经济科学出版社 2004 年版，第 7 页。
⑥ ［美］T. 帕森斯：《社会行动的结构》，张明德、夏遇南、彭刚译，译林出版社 2008 年版，第 642 页。

第二章 地方政府、行政权力与资源控制

特殊的客观利益的能力"①。

综合以上看法可以看出，有些学者强调权力是主体之间的一种具有强制性和/或诱致性的社会关系，有学者认为权力是行动主体的一种潜在能力，是实现自身利益的工具和手段。韦伯对权力的理解实际上在表明权力是一种个人之间的关系的同时，表明了这种以权力为特征的人与人之间的关系所具有的衍生性，即权力的产生和存在是需要基础的，"不管这种概率所依据的基础是什么"恰恰表明权力基础的广泛性；社会中个人之间的这种强制和支配关系本质上产生于个人对各种物质和精神资源的不对称占有和支配，也就是说，通过控制一定的资源，个人就可能获得一定的权力。丹尼斯·朗认为："在最一般意义上的权力是把它视为对外部世界产生效果的事件或动原。它的应用十分广泛，适用于一切物质世界……包括其中的人类参与者。作为产生效果的能力，权力可以赋予该动原以意向性，即使在行动中并不显露这种能力。"② 这种权力也就是他所说的"行动力"。他认为，"行动权"应该区别于"作为特定社会关系的权力"③，也即"控制权"，"控制权无疑是行动权的特例"④。

可见，与将权力理解为一种社会关系相比，将权力理解为一种能力和工具是对权力的一种更宽泛的理解，它不但蕴含人与人的关系，而且包括人与自然的关系。当资源变得日益稀缺的时候，人对自然资源的占有和支配关系对人与人之间的社会关系具有决定性作用。在讨论资源配

---

① [希腊]尼科斯·波朗查斯：《政治权力与社会阶级》，叶林等译，中国社会科学出版社 1982 年版，第 108 页。

② [美]丹尼斯·朗：《权力论》，陆震纶、郑明哲译，中国社会科学出版社 2001 年版，《引言》第 3 页。

③ 同上，第 12 页。

④ 同上，第 14 页。

置的时候,这种宽泛的理解有时候是非常必要的。罗德里克·马丁这样说:"就最广义而言,权力关系产生于相互依赖,它改变资源占有关系。……在对权力的任何一种解释中,主要的因素都是行动者的目标和为实现这种目标所需要的资源分配。"① "如果不能支配资源,权力就没有任何意义,没有任何价值,权力就不成为权力了。正是因为能够支配资源,权力本身就成为一种稀缺资源。"② 有学者认为,从最一般的关系上对权力可以这么定义,"即权力是权力主体对资源的控制力。在这里,资源可以是物,如生产资料、货币、资本、自然资源等;也可以是人,如人力资源;或可以是政治资源,或也可以是经济资源或社会其他资源。这样,权力的大小就是指主体控制资源数量的多少或质量高低。由此可见,权力与所控制的资源成正比关系,即所控制的资源越多,权力越大;反之,则权力越小"。③ 权力与资源具有不可分割的联系,它是对资源的控制权、支配权和使用权,市场经济条件下权力的表现形式和使用过程必须依赖资源的有效控制、合理支配和高效率使用才能实现。④

无论是将对资源的占有和支配看做是权力本身抑或将之作为权力的基础来说,对资源的控制于权力而言具有极其重要的意义,它是权力能否产生作用力的基本要求,亦是权力运行的关键环节。此种性质对行政权力而言同样如此。

---

① [英]罗德里克·马丁:《权力社会学》,丰子义、张宁译,生活·读书·新知三联书店1992年版,第111页。
② 沈荣华:《行政权力制约机制》,国家行政学院出版社2006年版,第30页。
③ 朱启才:《权力、制度与经济增长》,经济科学出版社2004年版,第9页。
④ 卞谦:《资源与权力——市场经济条件下权力的实质及其合理配置》,载《广西公安管理干部学院学报》,2002年第1期,第3—7页。

第二章　地方政府、行政权力与资源控制

二、作为政府对资源的控制力的行政权力

通常的观点,行政权力是指国家行政机关执行法律,管理国家和社会公共事务的权力。"行政权力作为政治权力的一种,它是国家行政机关依靠特定的强制手段,为有效执行国家意志而依据宪法原则对全社会进行管理的一种能力。"[①] 对行政权力这种认识是与立法权力和司法权力相比较的结果,是从行政权力所发挥的功能与作用的角度的理解。不可否认的是,行政机关对全社会公共事务管理能力的发挥必定以对资源的控制为基础。人们总是在行政权力所发挥的功能和作用的角度来使用这一概念,并且很少有人深究行政权力发挥这些功能和作用的前提和基础的个中原因大概在于公共权力的概念已然给予了探讨,而行政权力正是公共权力的一种。

行政权力是权力的一种,更确切地说是公共权力或政治权力的一种。"公共权力是基于公共利益产生,是为满足公共需要而进行资源配置的一种手段"[②],"政治权力是以暴力作为后盾、在各阶级之间分配利益和配置资源的强制性手段"[③]。随着社会政治的发展进步,政治权力的"公共性"在不断增强,尤其是作为管理社会公共事务的行政权力,在整个社会经济发展,满足公共需要、增进公共利益中的作用日益凸显。行政权力由政府机构来掌握,控制和支配资源是政府为了履行职能的需要,也就是说,政府履行职能必须通过行政权力来控制和支配足够数量的资源。行政权力作为政府直接对社会进行管理的基础,客观上它

[①] 张国庆:《公共行政学》,北京大学出版社2007年版,第88页。
[②] 沈荣华:《行政权力制约机制》,国家行政学院出版社2006年版,第30页。
[③] 同上,第31页。

都是一种对各种资源包括对人本身的控制力和支配力。

政府通过行政权力对资源的控制可以分为直接的强制性控制和支配、间接的诱导性控制和支配。政府对资源的直接的强制性控制和支配在权力形式上主要包括财政权、政府对公共企业、事业的直接管理权、征税权、行政处罚权、行政检查权、行政强制权、各种行政审批权等等权力。有人认为，从经济的角度、资源配置的角度看，公共权力运行可以归结为财政问题，但不止于财政问题，财政是以公共权力进行的资源配置，是政府职能的经济体现。[1] 财政权是政府对资源进行直接控制和支配的权力重要表现之一，通过政府的财政收入和支出可以大体判断政府的主要职能。中央和地方的财政收入和支出比例大体反映了中央和地方在公共资源控制和配置中的地位，财政权力的划分通常是根据中央和地方的事权来划分的，科学合理的财权和事权划分是保证各级政府正常运转和对政治、经济、社会公共事务进行有效管理的重要保证。财政权和征税权密切相关，广义上的财政权包括征税权，税收在任何一个国家都是政府财政收入的最重要部分，税收权力的大小直接关系到地方各级政府的财政收入，对一级政府的财力起着决定性的作用。征税权是政府将资源从私人支配直接无偿地、强制性地转为国家控制和支配的权力，其特征就是强制性的单方面转移，因而税收是政府控制和支配资源的最基本形式和最重要的手段，对各层级政府的利益具有决定性的影响。政府对公共企业、事业的直接管理权则是源于国家将财政收入的一部分投资于企事业单位，形成了国有产权，政府对企业中的国有投资部分享有支配和收益权，政府参与企业的重大决策；对国有独资企业和事业单位，政府任命委派具有一定行政级别的重要的管理人员进行直接管理。行政处罚权、行政检查权、行政强制权、行政审批权等权力虽然不是政

---

[1] 沈荣华：《行政权力制约机制》，国家行政学院出版社2006年版，第32页。

第二章 地方政府、行政权力与资源控制

府对资源的一种强制性的支配权力,却是对资源的命令式的强制控制,它是政府根据相关法律赋予的权力,通过制定行政法规或规章,以行政命令等方式对行政相对人的社会、经济等行为进行直接的干预和强力控制,从而将行政相对人及其行为方式和行为后果等限制在一定的时间、空间范围内或一定的标准之内,主要手段包括计划、许可、禁止、制定标准、审查登记等形式。实际上,通过各种形式对行政相对人的行为的规范和控制,最终影响的将是资源的流动和配置,在一定程度上体现了政府对资源配置的偏好。

诱导性的资源控制和支配主要是采用一些经济性手段,政府利用价格、税收、产权、补贴等经济杠杆对各种资源相关的活动产生间接的激励或限制,以改变资源的流向。例如,政府可以通过税率的降低、税收的减免等优惠政策来吸引各种经济资源流向本地辖区来发展本地经济,通过直接的奖励或者补贴来吸引人才进入本地区域、促进企业节能减排等等。政府诱导性的资源控制其作用途径是通过改变个人或企业行为的成本或收益来改变个人或企业的决策,以引导资源流向。政府通常采取制定、出台各种税收优惠政策和奖励措施、制定产业发展规划、提供信息等方式来诱导个人或企业将资源投入到政府所希望的领域和行业。

如果说政府对资源的直接控制和支配体现了政府利益本身的话,诱导性的资源控制则是政府实现自身利益和辖区利益的重要手段。公共选择理论揭示出,"经济人"假设在政治领域仍然具有其适用性,人的自利本性并不会因为处于政治领域而改变,"当个人由市场中买者或卖者转为政治中的投票者、纳税人、受益者、政治家或官员时,他们的品性不会发生变化"[1]。对于由个人组成的政府而言,也就摆脱不了经济人

---

[1] [美]詹姆斯·M. 布坎南:《宪法经济学:市场社会与公共秩序》,生活·读书·新知三联书店1996年版,第341页。

的特性,"地方政府作为有着自身财政利益的'经济人',它必然要追求自身财政利益的最大化"。① 为此,地方政府会千方百计诱导资源的流入,控制资源的流出。一方面,除将一部分财政资源用于科教文卫体、社会保障补助支出、外交国防治安支出、道路桥梁建设支出以及政府和事业单位各种办公费用等公共性支出外,地方政府还将相当比例的财政资源用于基本建设、企业挖潜改造、地质勘探、科技三项费用、流动资金、农业支出、林业支出等生产型投资以获得盈利。地方政府固定资产投资总量和所占整个固定资产投资比例从2001年的23414.6亿元、占78.0%跃升至2005年的65984.1亿元、占87.9%,年平均增幅达到29.8%,远远超过同期中央政府8.4%的年平均增幅;2001年,地方政府生产性投资占地方政府投资总量的75.2%,而公共性投资仅是它的1/3。② 另一方面,地方政府通过设置关卡、行政审批等强制性手段来阻止外地商品的流入和本地重要资源的流出;通过税收减免、给予奖励和补贴等方式来树立和扶持所谓"支柱产业",限制外来竞争者的进入,同时吸引外地企业来本地落户。总之,地方政府总是以最有利于自身的方式来控制资源的,即无论是直接的强制性控制还是间接的诱导性控制都是为了追求自身财税利益的最大化。

在我国,经济中心与行政中心的高度一致性是地方政府运用行政权力对资源控制的重要表现。"一般而言,行政中心与经济中心在某种程度上表现出一定的关联性。"③ 在我国,这种"关联性"则表现为经济中心与行政中心的高度一致性,而与之形成鲜明对比的则是美国各州行政中心与经济中心的高度分离。我国各省的首府通常也是各省的经济中

---

① 洪银兴、刘建平:《公共经济学导论》,经济科学出版社2003年版,第252页。
② 夏涌、何旭东:《地方政府生产性投资膨胀的机制及其治理》,载《地方财政研究》,2006年第12期。
③ 舒庆:《中国行政区经济与行政区划研究》,中国环境科学出版社1995年版,第29页。

第二章 地方政府、行政权力与资源控制

心,"中国的省区,绝大多数都只有一个最大的中心城市,由这个中心城市建立与外部的联系。省区内的其他二级或三级城市或乡镇都按自己的行政级别,一级一级地逐渐与这个城市发生不同程度的联系。省区内的这个最大的中心城市,通常就是这个省区的政治、经济、文化与交通中心"。① 省内的二级、三级城市则往往是地级市驻地所在城市。我国地方的经济发展基本上是围绕不同行政级别的行政中心展开和扩散的,"在横向关系上,资源分布密度以行政中心为中心,距离行政中心越近分布越密,距离行政中心越远分布越疏;在纵向关系上,从省到地区再到县乡,行政层级越高,可供支配的资源越多,行政层级越低,可供支配的资源越少"。② 由于高层级的行政中心具有较强的资源尤其是优质资源的控制和获取能力,其经济发展往往较快;相反,低层级的行政中心由于控制和获取资源的能力有限,经济发展能力也就相对较弱。也就是说,不同级别的地方政府造就了不同发展水平的行政区域经济。地方政府存在优先发展本级政府驻地所在地的经济的偏好,几乎在每一个行政辖区内,经济开发都是以一定行政级别的行政中心为核心向周围扩散,高层级的行政中心从低层级的行政中心不断汲取财税资源来发展自己直接控制的区域,这种情况在地级市与其管辖的县市(县级市)表现的比较突出,矛盾也比较大。另外,我们也可以看到,行政中心的转移往往会导致经济中心的转移,如安徽的合肥市在确定为省会以后立即成为安徽城市和经济发展的重点,并逐渐超过淮南、芜湖,成为安徽的经济中心。简而言之,经济中心与行政中心的高度一致性是行政权力对资源的控制、支配的前提下,地方政府存在优先发展本级行政中心所在地的偏好的结果。

---

① 童中心:《失衡的帝国》,贵州人民出版社2000年版,第183页。
② 荣跃明:《区域整合与经济增长:经济区域化趋势研究》,上海人民出版社2005年版,第222页。

第二节　地方政府对资源的控制和支配权限

地方政府对资源的控制和支配权限在不同的历史时期是不同的，不同行政级别的地方政府对资源的控制权限也存在着较大的差异，这主要取决于行政权力的纵向配置和和调整；地方政府控制和支配资源的权限大小对地方政府间合作具有重要影响。

一、新中国建立以来地方政府对资源控制的权限的演变

地方政府对资源控制权限的演变可以分为三个重要的历史时期：一是从新中国成立到 1978 年计划经济体制时期；二是改革开放以来到 1994 年分税制的实施；三是 1994 年分税制实施至今。

1. 新中国建立到 1978 年计划经济体制下地方政府对资源的控制权限

由于这一时期实行的是计划经济体制，整体上来说地方政府对资源的控制和支配权限比较有限。在行政上，中央政府高度集权，中央政府是全国范围内行政管理的唯一独立责任主体，是一切行政管理权的至高源泉；地方政府并不是法律上独立的行政管理主体，而是中央政府在地方的代表。[①] 在一般情况下，地方政府只是按照中央政府的命令、指示、政策，来对地方事务进行管理。地方政府并不是地方利益的代表者和地方建设事业的组织者，一切政策皆出于中央政府，地方政府的行政管理活动受到中央政府的严格管制。在财政上，中央政府预算集中了全

---

① 徐邦友：《中国政府传统行政的逻辑》，中国经济出版社 2005 年版，第 343 页。

第二章 地方政府、行政权力与资源控制

国的主要财政收入和支出，对地方预算资金的适用范围和方向具有完全控制权。地方政府在税收征集和财富的支配两方面都没有自主权，各省必须把所有财政收入按事先规定的比例上缴中央，并且分享比例确定的决定权完全由中央政府掌握。地方政府的一些必要的开支也要得到中央政府的批准。中央政府负责再分配资源，满足社会的各种利益要求，地方政府只是一级财政核算单位，而不是具有相对独立性的财政资金管理实体。① 在经济发展计划方面，中央对资源配置、国民经济活动的组织和策划负完全责任，它以全面计划为基础，实行高度集中的指令性计划体系，其计划包括国民经济活动的各个方面。中央通过完整的指令性计划网络决定地方政府的行为，对地方实行严格的经济控制。地方政府实际上成为中央政府的派出机构，成为中央计划的执行者。② 除了几次权宜之计的放权，地方政府对资源的控制和支配权力有所扩大之外，在整个计划经济体制时期，地方政府的资源控制权和对本地社会政治、经济的管理权力是相当有限的。所以，有学者认为，计划经济体制时期是一种高度集权的体制，"是一种由中央运用行政权力和行政办法集中地配置社会资源的管理体制。其根本特征是决策由中央一级作出，保证中央指令性计划的贯彻和落实，是地方的根本任务，地方不具有相对独立的职责"。③

在这一时期，中央根据形势对中央和地方的权力关系有过几次调整，对构建合适的中央与地方关系进行了探索，但在计划经济体制下，这种调整最终陷入权力收放循环的怪圈，中央放权时，地方政府对资源的控制和支配权限就大一些，收的时候又会导致地方政府对资源的控制

---

① 谢庆奎：《中国地方政府体制概论》，中国广播电视出版社1998年版，第62页。
② 同上。
③ 周光辉：《当代中国政治发展的十大趋势》，载《政治学研究》，1998年第1期，第29—42页。

和支配权限极其有限。

新中国成立初始便面临着财政赤字和物价高涨等情况。为了解决这些问题，1950年3月，政务院便颁布了《关于统一国家财政经济工作的决定》，要求统一全国财政收支，财政收支的主要部分集中到中央。全国各地所收公粮，除地方附加外，全部归中央财政部统一调度使用；除批准征收的地方税外，所有关税、盐税、货物税、工商税等一切收入均由中央财政部统一使用。在物资使用方面，各地国营贸易机关业务范围的规定与物资调动，均由中央贸易部统一指挥。企业管理方面，归国家所有的工矿企业分为归中央直接管理、暂时委托地方政府或军事机关管理、划归地方政府或军事机关管理三类，一切公营企业，均需将其折旧金和利润的一部分按期解交财政部和地方政府。金融方面，统一全国现金管理和货币发行，中国人民银行成为指定的现金调度的总机构。

这个《决定》成为我国第一次明确地划分中央与地方经济管理权限的文件。[①] 按照这一规定，地方政府还是有一些管理权限的，如对农业生产，在中央统一的政策、方针下，由地方组织领导；财政收入中的地方税和附加粮由地方支配；部分企业由地方政府进行管理。

但是，到1950年底，财经统一工作基本完成之后，地方政府对资源控制和支配的权限就变得相当有限了。仅从财政金融方面来看，地方财政金融基本上成为中央财政金融的延伸，地方政府在财政金融方面几乎没有什么权力，是单纯执行性的。地方财政收支项目、程序、税收（包括附加税）制度、供给标准、行政人员编制等财政制度和财政政策均由中央统一制定。地方财政收入只有房地产税、契税、使用牌照税、屠宰税、特种行为消费税等小笔税收附加和规费等小笔收入。地方财政

---

① 辛向阳：《百年博弈——中央与地方关系100年》，山东人民出版社2000年版，第157页。

第二章　地方政府、行政权力与资源控制

支出均由中央统一审核，逐级拨付，地方财力十分有限。①

在权力向中央过度集中的过程中，地方权力的缩小极大地限制了地方发展生产的积极性。从1951年便又开始探索放权的问题。

1951年5月，政务院通过并公布实施了《1951年度财政收支划分的决定》和《划分中央与地方在财政经济工作管理职权上的决定》。一部分国营企业和财经业务划归地方管理，地方工业、财政、贸易、交通等经济事业，除保证政策、方针、重要计划和重要制度的统一外，经营管理工作和政治工作都由地方负责，鼓励和支持各级地方政府办工业。财经体制上，在中央的统一领导下，实行中央、大区和省市三级分权管理。除已经规定的地方税外，货物税、工商税等一部分税种和烟酒专卖利润实行中央和地方按比例留成，依率计征的农业税超过部分也实行分成，地方工业利润在一定时期内解除上缴国库的任务，用来发展地方工业。

1954年取消大区制后，大型国有企业陆续收归中央各工业部直接领导和经营管理，绝大部分基本建设项目都由中央各工业部管理，投资和建设任务由中央各工业部门直接安排，少数诸如地方工业和城市建设等地方建设项目也分别由中央的地方工业部和城市建设部直接安排；生产计划上实行"统一计划、分级管理"，中央（各主管部）和地方（省、市、自治区）分别编制计划，再由国家计委汇总，以中央计划为主进行综合；财政体制上实行"统一领导、划分收支、分级管理"，全国划分为中央、省（自治区、直辖市）和县（县级市）三级财政，由财政部统一领导，分级管理，层层负责；物资管理上实行"统一分配、统筹统支"。全国重要的生产资料均由中央统一分配，按其重要性又分为由国家计委平衡分配的统配物资和由中央各部门主管分配的部管物

---

① 辛向阳：《百年博弈——中央与地方关系100年》，山东人民出版社2000年版，第158页。

资,此外还有一部分由地方安排产销、大部分由企业自行产销的三类物资;商业体制上实行"统一领导、三级管理",即第一级为专业总公司在全国集中生产的城市和进口口岸设立的采购供应站,第二级为省公司按经济区在主要城市和交通枢纽城市设立的批发站,第三级为市县公司设立的批发商店和零售店。经过一系列调整,中央和"条条"的权力得到强化,地方政府的各种资源的支配和控制权力受到极大限制。这种高度集中的计划管理——资源再分配——利益满足体制对地方管得太多、太严,地方经济活动自主权及财权过小,无法活动。①

1956年,针对权力过度集中于中央,地方权力过小,缺乏生产积极性的情况,我国进行了经济管理体制改革的探索。毛泽东在《论十大关系》中提出要在中央统一领导的前提下,给地方扩权,发挥中央和地方两个积极性的问题。中共八大则在原则上明确规定省级政府有一定范围的计划、财政、企业、事业、物资、人事的管理权;关系到全局性的企事业单位由中央管理,其他企事业单位尽可能交由地方管理;改进和推进企事业单位的中央为主、地方为辅的双重领导体制;改变过去许多主要指标由各部门条条下达,中央管理的主要计划和财务指标由国务院统一下达;扩大人事管理权和计划指标权。

1957年10月,中央制定了关于改进工业、商业、财政管理体制的三项规定,调整了现有的企业的隶属关系,把由中央各部直接管理的一部分企业下放给省级政府;扩大了地方的财权、物资分配权、计划管理权以及人事管理权;商业价格实行分级管理。

1958年,受到"大跃进"的影响,从中央到地方都希望建立独立完整的工业体系,经济管理权限开始大规模下放。一是大批下放中央各部属企业。中央各部企事业单位从1957年的9300多个减少到1958年

---

① 谢庆奎:《中国地方政府体制概论》,中国广播电视出版社1998年版,第63页。

的1200个，下放了88%。① 二是下放计划管理权。地方对本地工农业生产指标可以进行调整和安排，对本地建设规模、建设项目、投资使用等方面进行统筹安排，可以调剂使用本地物资，对重要产品超产部分可以按比例自行使用。整个计划程序改为自下而上逐级编制，进行综合平衡。三是下放基本建设项目审批权。限额以上项目，地方只需将简要的计划任务书报送中央批准即可，其他设计和预算文件由地方审批；某些与中央企业没有协作关系、产品不需全国平衡的限额以上项目，由地方审批，报中央备案；限额以下项目，完全由地方自行决定。四是下放财税权。中央企业利润开始与地方分成；实行"以收定支，五年不变"；印花税、利息所得税等七种税收划为地方固定收入，并且地方获得了这些税收税目、税率的加减免税权；对于商品流通税等四种中央税，实行中央与地方分成，并且地方有权减税、免税或加税。五是下放商品流通和物资管理权。物资管理实行"以地区管理和地区平衡为主的物资调拨制度"。条条为主的管理体制变成块块为主的管理体制。

"大跃进"造成的严重经济后果使得中央重新考虑收权，对国民经济进行"调整、巩固、充实、提高"，并采取了一系列相关措施，如扩大了计划指标，加强了计划和基本建设的集中统一管理，上收了基本建设审批权限，规定大中型建设项目一律由国务院或国家计委批准；重新上收了一批企业；财政、信贷向中央、大区和省三级集中，一部分物资管理权也被收回。

"文革"期间，在"打到条条专政"的口号下，权力又开始大规模下放。一大批企业被下放给地方管理，少部分为双重领导，中央部属企业所剩数量寥寥；商业部也将所属一级批发站全部下放给省，省则将二级批发站下放给专区；对地方实行"块块为主、条块结合"的计划管

---

① 关山、姜洪：《块块经济学》，海洋出版社1990年版，第4页。

理体制，地方的计划权扩大；实行财政收支包干、物资分配包干、基本建设投资包干体制；一部分税收管理权也下放到了地方。

"四人帮"被粉碎以后，1977年起中央对经济体制进行了局部调整，加强了铁路、邮电、民航等部门的集中统一领导；上收一批大型骨干企业，未上收的大中型企业在中央统一计划的前提下由地方管理为主；上收了部分财政、税收、物资管理权。

通过以上简单回顾我们可以看到，传统计划经济体制完全是一种权力经济，整个社会的所有资源都在政府行政权力的直接的强制控制和支配之下，并且这种直接的强制性控制和支配权力主要集中于中央政府，地方政府所具有的对资源的控制和支配权力基本上只是中央政府权力的"剩余"，至于"剩余"权力的大小完全取决于中央政府对整个经济发展形势的判断和计划平衡的考虑。因而，地方政府在这一时期对资源控制和支配权限的扩大和缩小基本上只是直接的强制性控制和支配权力，完全无涉对资源的诱导性控制的权力。并且，在我国传统经济体制中，因为企业不是独立的经济法人，也没有独立的经济利益，更无力通过市场实现人财物、产供销的平衡，因此计划权力大多掌握在各级地方政府主管部门手里，成为这些部门实现自己的经济目标的手段。[①]

实行市场经济改革和分权改革后，随着整个政府体系对资源的直接强制性控制和支配权力范围的全面收缩，地方政府对资源的强制性控制和支配权限同样受到了极大限制，尽管如此，与在传统计划经济体制下，地方政府所拥有的只是中央政府的"剩余"权力不同，地方政府对资源的控制和支配权力的自主性不断增强，实际上不但直接强制性控制和支配资源的权力相对增强，而且诱导性控制和支配资源的权力的出现增加了地方政府权力行使的弹性空间。

---

① 关山、姜洪：《块块经济学》，海洋出版社1990年版，第135页。

第二章　地方政府、行政权力与资源控制

2. 改革开放以来地方政府资源控制和支配权限的演变

十一届三中全会确立了"以经济建设为中心",确定了以市场经济为取向的经济体制改革。直至今天,就中央和地方的关系来看,改革不断推进和深化的过程,也是地方政府对资源控制和支配的权限的自主性不断增强的过程。

（1）财税体制改革

从 1980 年起开始实行新的财政体制,由中央"一灶吃饭"改为中央与地方"分灶吃饭",实行"收支挂钩、全额分成、比例包干、三年不变"的新办法。1983 年起,除广东、福建外,其他各省区实行收入按固定比例"总额分成"包干。1985 年起,在第二步"利改税"的基础上,全国各省、市、区一律实行"划分税种、核定收支、分级包干"。地方政府的分成比例或上交、补助数额一定五年不变。1988 年到 1990 年间,中央对不同地区采取了不同的包干办法,包括"收入递增包干"、"总额分成"、"总额分成和增长分成"、"上解递增包干"、"定额上解"、"定额补助"。除去分成上缴部分,地方政府基本上可以自由支配本地资源。

1988 年以来的财政包干制在扩大地方政府财权和财力的同时,中央财力严重弱化。1992 年中央财政收入只占全国财政收入的 38.6%,中央政府的宏观调控能力受挫。为扭转这种局面,1994 年开始实行分税制。分税制的主要内容是在合理划分中央和地方事权的基础上合理划分税种,把税种划分为中央税、地方税、中央和地方共享税,以此确定中央和地方的收入范围,实行中央对地方的税收返还制度。建立中央税和地方税收体系,前者负责征收中央税和共享税,后者负责征收地方税。

在事权上,中央负责中央统筹的基本建设投资、中央直属国有企业的技术改造和新产品试制费、地质勘探费等,国防费用、武警经费、外交和援外支出、中央级行政管理费和文化、教育、卫生费等各项事业费支出，以及应由中央负担的国内外债务的还本付息。地方主要负责地方统筹的基本建设投资、地方国有企业的技术改造和新产品试制费、支农支出、城市维护和建设经费、地方文化、教育、卫生等各项事业费和行政管理费、价格补贴以及其他支出。

税收征收范围上，将一些关系到国家大局和实施宏观调控的税种划归中央，主要包括关税、消费税、海关代征的消费税和增值税、中央企业所得税、铁道部门、各银行总行、各保险公司总公司集中缴纳的收入等；一些与地方经济和社会发展关系密切以及适合于地方征管的税种划归地方，主要包括营业税、地方企业所得税、城镇土地使用税、固定资产投资方向调节税、城市建设维护税、房产税、车船使用税、印花税、屠宰税、耕地占用税、农牧业税、农业特产税、契税、国有土地有偿使用收入等；收入稳定、数额较大、具有中性特征的增值税等划为中央与地方共享收入，主要包括增值税、证券交易税、资源税（其中海洋石油资源税归中央）。

在分税的同时，中央对地方实行税收返还，税收返还数额以1993年为基期年核定1994年以后，税收返还额在1993年基数上按照全国增值税和消费税增长率的1∶0.3系数确定增长率。

分税制的实施标志着中国中央与地方财政和事权的关系开始纵向规范化，它对于市场体制改革的进一步深化、资源的优化配置具有重要作用。但国有企业所得税按照隶属关系征收的做法，也使得地方政府热衷于将财政资源投资于竞争性生产领域，挤占了公共服务和公共物品方面的投入，诱发了地方政府间过度竞争，加重了地方保护。2001年12月31日，国务院发布了《所得税收入分享改革方案》，决定从2002年1月1日起实施所得税收入分享改革，企业所得税不再按照行政隶属关系划分，对企业所得税和个人所得税收入实行中央和地方按比例分享。

第二章 地方政府、行政权力与资源控制

此外，为了减轻农民负担，我国从2000年开始对农村税费进行改革，2006年农业税全部取消。县乡财政受到农业税取消政策的影响较大，使得原本财政就比较困难的县级政府和乡镇政府更加吃紧，这两级政府能够直接控制和支配的资源比较有限。

另外需要说明的是，在我国，无论是中央政府还是地方政府都掌握着巨额的预算外资金。预算外资金是指不纳入国家预算管理，由各部门、各地区、各单位根据国家法律、法规和规章自收自支、自行支配的财政性资金，包括地方财政部门掌握的预算外资金（如企业的折旧基金），行政事业单位的收费收入以及各企业掌握的各项专用资金，它相当于地方可以自由支配的"小金库"。[①]

除在"大跃进"以及20世纪70年代地方发展"五小工业"的短时期占预算内的比例比较高之外，预算外资金在改革开放前并没有成为地方政府的重要资金来源。但在改革开放后，预算外资金却日益成为地方政府各项支出的重要来源。以预算外收入占预算内收入的比例来看，这一比例从1982年的61%一路攀升到1988年的92%，与预算内收入基本持平，达到了历史最高点，然后逐步下降。除1993年开始由于国有企业的预算外资金不再列入地方预算外收入范围，以及为了获得分税制下的高的税收返还基数，各地区采取了非常规手段大幅增加了当年的预算内收入而达到35%外，此后很长时期一直维持在一个较高的比例，2005年这一比例仍然达到34%。[②] 尽管比例呈现下降态势，但由于经济不断发展，预算外资金的绝对规模一直在不断增长。

面对规模巨大的预算外资金，中央从1996年开始对之进行了一系

[①] 周黎安：《转型中的地方政府：官员激励与治理》，格致出版社、上海人民出版社2008年版，第179页。

[②] 同上，第181页。

列改革，预算外资金逐步实现了预算内管理。但就性质而言，预算外资金是国家为了刺激各地方政府发展经济的积极性，留给地方政府和各部门的机动财力和财权，地方政府和部门对这部分资源享有充分的控制和支配权限。

表2.1　地方预算外收入及其变化：1982—2005年　　　单位：亿元

年份	地方预算内收入	地方预算外收入	地方预算外收入占预算内收入的比例	地方预算外收入占中央预算外收入之比
1982	865.5	532.0	0.61	1.97
1983	876.9	607.8	0.69	1.69
1984	977.4	717.9	0.73	1.53
1985	1235.2	893.9	0.72	1.41
1986	1343.6	1020.7	0.76	1.42
1987	1463.1	1200.8	0.82	1.45
1988	1582.5	1453.6	0.92	1.60
1989	1842.4	1586.6	0.86	1.48
1990	1944.7	1635.4	0.84	1.52
1991	2211.2	1862.2	0.84	1.35
1992	2503.9	2147.2	0.86	1.26
1993	3391.4	1186.6	0.35	4.83
1994	2311.0	1579.2	0.68	5.57
1995	2985.6	2088.9	0.70	6.58
1996	3746.9	2945.7	0.79	3.11
1997	4424.2	2680.9	0.61	18.48
1998	4984	2918.1	0.59	17.78
1999	5594.9	3154.2	0.56	13.69
2000	6406.1	3578.8	0.56	14.45
2001	7803.3	3953	0.51	11.39

第二章　地方政府、行政权力与资源控制

年份	地方预算内收入	地方预算外收入	地方预算外收入占预算内收入的比例	地方预算外收入占中央预算外收入之比
2002	8515	4039	0.47	9.18
2003	9850	4187.4	0.43	11.04
2004	11893.4	4348.5	0.37	12.40
2005	15100.8	5141.6	0.34	12.77

资料来源：周黎安：《转型中的地方政府：官员激励与治理》，格致出版社、上海人民出版社 2008 年版，第 180—181 页。

(2) 计划审批权改革

我国经济体制改革在一定意义上就是对计划审批权的改革，"传统审批制度由于审批权和审批程序设置上的缺陷，形成了以政府为圆心的差序性企业地位结构，微观市场主体交易权利的实现并不完全取决于其市场交易行为而是取决于政府意志"。① 对政府资源控制和支配权限具有重要影响一项改革是计划审批权的改革，它得各种资源摆脱政府的直接的强制性控制。

商品经济和市场经济体制改革极大地改变了几乎所有计划都出自中央的局面。在计划体制上开始实行计划调节与市场调节相结合，市场经济体制一步步得以建立和完善，宏观调控方式从主要依靠指令性计划和行政手段的直接控制为主，向主要通过经济手段、法律手段以及必要的行政手段的间接控制为主的方向转变。一是指令性计划指标被削减，范围日益缩小，逐步为市场的发展腾出空间。计划重点从定指标、列项目、分投资、分物资，逐步向抓发展战略、重大比例关系、产业政策、

---

① 蔡林慧：《我国行政审批制度改革现状及难点分析》，载《南京师大学报（社会科学版）》，2003 年第 6 期，第 32—37 页。

分配政策等的研究和制定的方向转变。二是计划管理权限从高度集中向合理划分中央、地方的计划权限,扩大地方的计划权限转变,实行计划(规划)分级管理,各司其职。在中央统一规划和安排经济社会发展的战略目标、经济增长速度、各种主要比例关系、固定资产投资规模、重大建设项目和生产力布局等的前提下,地方政府可以自主安排地方的工业、农业、商业、交通等事项,地方政府获得了大量的固定资产项目投资审批权、对外贸易和外汇管理权、工资调整权、物价管理权等等。

为了进一步完善市场经济体制,减少政府对市场的干预,1998年开始,从中央到地方对行政审批项目进行了大规模的削减。并且,为了有力推进行政审批制度改革,2001年9月,国务院成立了行政审批制度改革工作领导小组。2001年10月,国务院召开会议,对行政审批制度改革作出全面部署。2001年11月7日,国家计委宣布取消第一批五大类投资项目审批。截止到2007年6月,国务院部门共取消和调整行政审批项目1806项,占总数的50.1%,各省、自治区、直辖市也陆续取消和调整了半数以上的审批项目。[①] 2007年10月,国务院又取消和调整186项,其中取消128项,调整58项。[②] 除了数量上的削减外,我国还进行了行政审批制度的制度化、规范化和法制化改革,2004年7月1日实施的《行政许可法》即为重要标志。

2008年10月,国务院办公厅向各省、自治区、直辖市人民政府、国务院各部委、各直属机构转发了监察部、国家发改委等中央有关部门制定的《关于深入推进行政审批制度改革的意见》,要求达到"行政审批事项进一步减少,审批行为实现公开透明、规范运作,行政审批相关

[①] 《国务院部门取消调整行政审批项目1806项 占50.1%》,见中国政府网(http://www.gov.cn/zfjs/2007—06/19/content_653291.htm),2007年6月19日。

[②] 姜洁:《国务院作出决定 取消和调整186项行政审批项目》,载《人民日报》,2007年10月15日,第4版。

制度和制约监督机制较为健全"等目标。"2012年9月，国务院出台了《国务院关于第六批取消和调整行政审批项目的决定》（国发〔2012〕52号），决定第六批取消和调整314项行政审批项目，要求各地区、各部门要按照党中央、国务院的部署和要求，在现有工作基础上，积极适应经济社会发展需要，坚定不移地深入推进行政审批制度改革，可以预见，新一轮审批制度改革将进一步展开，政府与市场乃至与社会的关系将会得到进一步优化。"

（3）国有企业与国有资产管理体制改革

1978年十一届三中全会到1993年十四届三中全会，我国以国有企业制度为重点对国有资产进行了改革。这一时期的改革主要是通过放权让利、利改税、经营承包责任制等方式扩大企业自主权来搞活国有企业。这一阶段的改革局限于国家对企业计划管理方式上有所松动，是一种经营管理权限的调整，并未从根本上触动计划经济体制。1988年8月成立的国有资产管理局只是开展资产清算、资产评估、产权登记、股份制试点和组建企业集团等基础性工作，当时的国有企业出资人身份分散在行业主管部门和财政部等部门，国有资产管理局只承担了部分国有资产管理职责。[①]

1993年十四届三中全会到2002年十六大，我国围绕国有企业产权进行了改革。1993年11月，中共中央十四届三中全会作出《中共中央关于建立社会主义市场经济体制若干问题的决定》，提出要将"政府的社会经济管理职能和国有资产所有者功能分开"的改革原则，建立产权清晰、权责明确、政企分开、管理科学的现代企业制度。十五大否定了把国有经济比重的大小等同于一个国家社会主义性质的观点，明确规定公有制为主体、多种所有制共同发展是社会主义初级阶段的基本经济

---

① 管跃庆：《地方利益论》，复旦大学出版社2006年版，第138页。

制度，个体和私营经济是社会主义市场经济的重要组成部分，国有经济只需要在关系国民经济命脉的关键领域和重要行业占支配地位，在其他领域，则可以通过资产重组来实现布局的调整，提出了"抓大放小"，对国有企业实施战略性改组的方针。十五届四中全会重申和具体化了十四届三中全会和十五大的改革方针，进一步提出"国家所有、分级管理、分工监督、授权经营"的国有资产管理体制的方针。这一时期，占国有企业总量90%以上、处于困境的中小企业通过出售等方式被放开搞活。

在此期间，我国进行了行政机构改革。1998年，国家国有资产管理局被撤并到财政部。机械、化工、内贸、煤炭等15个专业经济部门裁撤为国家经贸委的"局"，不再直接管理企业。收益及产权变更职能由财政部行使，重大投资、技改投资的审批及产业政策的制定、国有企业的破产、重组、兼并、改制等职能由国家经贸委行使，选择经营者的职能由大企业工委或金融工委行使，基本建设投资管理职能由国家计委行使，企业工资总额审批由劳动部负责。这种多头管理使得国有产权不清的现象非常严重，直接导致了国有资产经营效益低下，国有资产流失严重。

2002年党的十六大报告提出："继续调整国有经济的布局和结构，改革国有资产管理体制是深化经济体制改革的重大任务。在坚持国家所有的前提下，充分发挥中央和地方两个积极性。国家要制定法律法规，建立中央政府和地方政府分别代表国家履行出资人职责，享有所有者权益，权利、义务和责任相统一，管资产和管人、管事相结合的国有资产管理体制。关系国民经济命脉和国家安全的大型国有企业、基础设施和重要自然资源等，由中央政府代表国家履行出资人职责。其他国有资产由地方政府代表国家履行出资人职责。中央政府和省、市（地）两级地方政府设立国有资产管理机构。"按照十六大的要求，2003年，国务

第二章 地方政府、行政权力与资源控制

院设立了国有资产监督管理委员会，公布实施了《企业国有资产管理暂行条例》。其后，省、市（地）两级地方政府相继设立了国有资产监督管理机构。国务院国资委成立初期，中央政府将196家国有大中型企业（现已整合为136家）划归其管理，其他国有资产由各级地方政府享有管理权和收益权。

国有企业和国有资产管理体制改革对地方政府的资源控制和支配权限影响很大。国有企业的市场化改革一方面使得国有企业通过产权变更的方式转变为私营企业，原来归属于政府的资源一部分资源游离于政府行政权力的直接强制性支配和控制之外，不再是政府的财产。另一方面，从整个政府体系来看，行政权力对资源的直接控制和支配范围由于国有企业的市场化改革而收缩。国有企业具有了相对独立性，开始成为独立的市场主体，具有独立的经济利益，可以通过市场来实现人财物、产供销的平衡，自主经营，自负盈亏。这样一来，政府把国有企业作为实现自身经济目标的手段的做法受到极大限制。尽管如此，我们也必须看到，虽然国有企业不再是政府的附属物，在资产上具有了相对独立性，原则上政府不能随意控制和支配企业的资源，但作为国有资产的所有者，各级政府的国有资产监督管理机构承担着管资产、管人和管事的职责，政府通过国有资产监督管理机构对国有企业仍然具有相当的控制力和支配力。

"中央与地方的国有资产分割，直接关系到地方政府对资源的支配力。"[1] 在传统的计划经济体制下，中央政府支配了绝大部分的社会资源尤其是经济资源，地方政府对资源的支配范围和自由度非常有限。市场体制下的国有资产的划分，使得地方政府控制和支配了相当数量的和规模的国有资源，并且从中央和地方关系的角度来看，地方政府对其所

---

[1] 管跃庆：《地方利益论》，复旦大学出版社2006年版，第146—147页。

有的国有资产享有所有者的一切权利，相对独立于中央政府对其所有的国有资产享有控制和支配的权力。

(4) 金融体制改革

在计划经济时期，我国银行的功能是核算、结算等，是财政体系的一部分。1978年，人民银行开始从财政部独立出来，成为国务院领导的直属机构。此后，中国农业银行、中国银行、中国工商银行相继恢复。1984年之前，人民银行不但承担了领导、监督和管理全国金融机构的职责，而且经营工商信贷，直接办理金融业务。1986年，人民银行开始在全国按照行政区域设立了众多分支机构，并且各分支机构都有一定的资金审批权；另外，国有商业银行的贷款审批权也不断下放，地方分支行都有相当大的资金审批权。在人事关系上，1978年到1997年，人民银行在地方分支行一直实行的是总行与地方政府双重领导体制。1997年之前，商业银行在各地方的分支机构实行的也是总行与地方政府的双重领导体制，包括党组织关系都在地方。由于分支行领导的任命一般须经过地方的同意，而且分支行执行货币政策必须依靠地方政府的支持和配合，甚至分支机构的日常运营（如供水供电）、员工的正常生活、子女教育等都需要地方政府配合才行，因而地方政府形成了对人民银行分支行强力影响。为了发展当地经济，促使银行对本地企业发放贷款，为政府项目提供资金以及弥补财政赤字，地方政府便不断向人民银行和各商业银行的分支机构施加压力，使得银行的金融资源按照地方政府的偏好进行配置。[①] 统计显示，各地汲取金融能力在90年代都有不同程度的加强。[②]

[①] 王瑞敏：《由乱而治：中国人民银行与地方政府的关系》，载《现代商业》，2008年第8期，第70—73页。

[②] 周立：《渐进转轨、国家能力与金融功能财政化》，载《财经研究》，2005年第2期，第26—37页。

第二章　地方政府、行政权力与资源控制

1998年起，我国对人民银行和商业银行实行了重大改革。中国人民银行和各商业银行成立了党委，总行与分支行的党的关系实行垂直领导，干部实行垂直管理。中国人民银行撤销省级分行，设立跨省的大区分行。此外，四大国有商业银行也撤销了一部分分支机构，上收了分支行的贷款审批权限，相对减弱了地方政府的干预。

在金融体制改革的过程中，一些地方性商业银行逐渐发展起来。地方政府一般是地方性商业银行的最大股东，对其经营具有决策参与权，此外，地方银行的领导人一般由地方政府任命。即使地方政府在一些金融机构如信用社等单位没有任何股权，地方政府仍然可以干预地方银行领导人的任免。其权力来源于政府对重要经济机构的管理权。[1] 在这种情况下，地方政府对地方性商业银行就具有很强的控制力，在相当大的程度上决定了金融资源的流向。为了满足自身发展的需要，地方政府通常会要求地方性商业银行向地方政府选定的项目或企业提供贷款或担保贷款，以获取地方经济增长；强令向已处于困境的企业提供贷款以维护社会稳定或收取税金；要求地方银行兼并经营已经处于困境的地方金融机构，以维护经济社会稳定；要求缴纳一定的政治"捐献"以补充地方财政支出；强制性要求购买某些资产；拒绝其他银行如股份制银行的兼并要求等等。[2] 实际上，地方政府与地方性商业银行是一种相互需要的关系。地方政府可以从地方性商业银行获得地方发展所需要的资金，而地方性商业银行则需要地方政府的财政性存款、各类社会保障基金、属地公务员代发工资等等作为资金来源，通过资产置换降低银行的不良资产比率，以及通过地方政府来庇护其超范围和违规操作等等。这种相

---

[1]　辛子波、张日新：《地方政府干预地方银行行为分析》，载《财经问题研究》，2001年第12期，第29—31页。

[2]　同上。

互需要的关系在某种程度上更加强化了地方政府对地方性商业银行的控制和支配能力，使得地方性商业银行在某种意义上成为地方政府的"钱袋子"。

除了政府财政之外，通过控制银行来获得地方发展所需要的资金是地方政府的便宜选择，因而，"地方政府为了实现其经济和社会发展目标，在投融资体制改革中，逐渐加强了对当地金融机构的控制，也强化了金融业的财政作用，金融业扮演了'第二财政'角色"[1]。

二、现阶段不同层级的地方政府对资源的控制权限

我国是单一制国家，政府体系是一种金字塔式的严格的层级体制。我国地方政府层级结构以四级结构为主流，即省级政府（省、自治区、直辖市）——地级政府（地区行署、自治州、盟）——县级政府（县、县级市、市辖区、自治县、旗、自治旗）——乡级政府（乡、镇、民族乡、苏木、民族苏木），其他还有香港、澳门特别行政区的一级制，直辖市——区（县、自治县）——乡（镇、民族乡）、省（自治区）——地级市——区政府、省——县（自治县、县级市）——乡（镇）等结构的三级制，以及仅有的新疆维吾尔自治区——伊犁哈萨克自治州——行署——县（市）——乡（民族乡、镇）结构形式的五级制。不同行政层级的地方政府所拥有行政权力的大小、范围以及行使权力的自由空间是不同的，因而，不同行政层级的地方政府对资源的控制和支配权限自然也是不同的，通常随着行政层级的降低而缩小。

---

[1] 周立：《渐进转轨、国家能力与金融功能财政化》，载《财经研究》，2005年第2期，第26—37页。

第二章　地方政府、行政权力与资源控制

1. 省级政府对资源的控制和支配权限

省级政府是我国地方政府体系中最高行政级别的政府。在从事经济现代化建设的过程中，省政府是所辖区域的政治中心和经济统帅，是实现中央集中宏观调控与地方分散管理相结合的中介。[①] 省级政府对自己行政辖区内的政治、经济、社会、文化等享有全面管辖权，通常控制和支配着辖区内最多的资源。我国所进行的行政性分权改革主要是中央政府与省级政府之间的分权，中央政府只是将原来高度集中于自己手中的各种权力授予省级政府，省级政府与其下级地方政府之间的权力关系在很大程度上是由省级政府决定的。

《中华人民共和国地方各级人民代表大会和地方各级人民政府组织法》规定，省级政府具有行政执行权，即执行本级人大及其常委会的决议，执行国务院下达的决定和命令，执行国民经济和社会发展计划及财政预算；行政领导权与管理权，即领导所属工作部门和下级政府的工作，全面管理本行政区内的经济、社会、文化等各项工作；地方行政立法权与制令权，即根据法律、行政法规和地方性法规，执行行政规章，规定行政措施和发布决定和命令；行政监督权、人事行政权、行政保护权等。

其中，执行国民经济和社会发展计划财政预算意味着省级政府财政权力的实际行使。省级政府通过制定和执行国民经济社会发展规划，确定财政支出的方向和数额，向本辖区提供公共服务和公共物品，引导社会所掌握的资源的流向。从根本上说，国民经济社会发展规划和财政预算表明了省级政府所控制和支配的公共资源的配置情况，通过执行国民经济社会发展计划和财政预算具体将政府所掌握的资源配置到经济社会发展不同的领域，支持和引导相关领域发展建设。具体说来，地方政府

---

① 周平：《当代中国地方政府》，人民出版社2007年版，第67页。

支出由资本建设、流动资本、技术改造、地质勘探、工商运输、农业、教科文卫、社会救济与福利、国有企业亏损、价格补贴、政府管理等项目构成，不同项目的支出比例表明了政府的发展重点。

有学者认为，我国在分权改革的过程中，财权通常是与经济管理权一同被中央下放给地方的，因为在一个计划体制下，地方即便被赋予了一定的财力，这些资源能否真正变成地方能够自由支配的资源，还取决于中央垂直管理部门对地方所从事的经济活动的管制力度。换句话说，名义上属于地方政府的支出不一定由地方全权决定和支配，有许多项目需要中央部委的审批。所以，当中央真正想给地方放权时，一定是财权和经济管理权一同下放，从而使得地方政府能够自己决定上什么样的基建项目。① 改革开放以来，地方政府尤其是省级政府在很大程度上拥有了财政、税收、信贷、价格等工具以及其他广泛的经济管理权，从而使地方政府掌握了相对独立的对地方经济的调控权。江苏省在2009年对55个省级部门行政权力清理的过程中，在原有的8000多项权力基础上清理掉了1021项"不该有"的权力，包括行政许可107项，行政处罚631项、行政征收38项、行政强制92项、其他行政权力153项。② 这从一个侧面反映了省级政府权力的广泛性。另外，由于省级政府还具有制定行政规章的行政立法权，加上地方性法规中有相当一部分是通过行政委托立法的形式制定的，省级政府可以通过这些方式增加自身的权力数量，扩大自身的权力范围，这也就是为什么会存在那么多的"不该有"的权力以及违法的规章和政策层出不穷的客观原因之一。

财政体制的"联邦化"以及中央下放给地方政府的大量的社会资

---

① 周黎安：《转型中的地方政府：官员激励与治理》，格致出版社、上海人民出版社2008年版，第169页。

② 衡晓春、任昌辉、石小磊：《江苏砍掉千余"不该有的权力"》，载《扬子晚报》，2009年7月21日，第A2版。

第二章　地方政府、行政权力与资源控制

源的配置权力，使地方政府拥有了独立的财权，得以根据自己的利益结构和效用偏好来配置其实际控制的资源。① 广泛的权力实际上意味着对资源的广泛控制和支配，而权力和资源在省级政府的集中使得许多跨省的市县政府间的合作通常需要省级政府参与才能实现。

2. 地级政府对资源的控制和支配权限

在我国，由于实行市管县体制，地级城市政府具有管理农村和城市的双重职能，地级市政府不但全面领导本辖区的城市建设与社会经济发展，而且全面领导辖区内各县级政府的各项工作。

市管县管理体制无疑加强了地级城市政府的资源汲取和控制能力。一是县级政府的经济、社会管理权限受制于地级城市政府，县级政府的审批权要得到地级城市政府的批准或认可。从市县权力关系来说，权力集中于地级市政府，县级政府没有固有的权力，县级政府具体权力的大小通常取决于省级政府和地级城市政府的政策。地级城市政府相对于县级政府权力的集中也使得资源相对集中地控制在了地级城市政府，地级城市政府往往利用权力优势汲取县级政府的资源，将资源用于中心城市的发展。因而，有学者认为，"行政层级较高的地方政府在发展本地经济时，除了受到本地资源禀赋、地方区位的因素制约之外，相对有着较多资源可供支配，而可供支配的资源通常都是通过纵向集中的方式配置在行政中心地区。这种纵向集中的行政体制特点，决定了经济发达地区为扩大本地区经济发展空间和资源基础，在行政关系上，把力争提升本地区的行政级别以获取更多的可控资源作为重要手段。"②

二是在财政体制上，尽管纵向分权给予了地方政府较大的地方经济

---

① 何显明：《市场化进程中的地方政府行为逻辑》，人民出版社 2008 年版，第 293 页。
② 荣跃明：《区域整合与经济增长——经济区域化趋势研究》，上海人民出版社 2005 年版，第 222 页。

调控权，但分税制只是中央和省级地方政府两级政府的权力配置和职能划分作了重新调整，在省及以下地方政府间关系方面基本沿用原有制度形式。省级政府与所属下级政府之间没有建立起分级财政体制，地方经济仍然是以省级行政区为单位的集权管理的运行模式。[①] 省管市财政使财政资源由市向省集中，财税分享比例由省决定；市管县财政使县的财政资源向市集中，财税分享比例由市决定。

现阶段，我国已有 20 余省市试点"省管县"体制，其中主要是"省管县财政"。2009 年 7 月，财政部出台了《关于推进省直接管理县财政改革的意见》，要求 2012 年底前，力争全国除民族自治地区外全面推进省直接管理县财政改革，近期首先将粮食、油料、棉花、生猪生产大县全部纳入改革范围。民族自治地区按照有关法律法规，加强对基层财政的扶持和指导，促进经济社会发展。《意见》确定了"省直管县财政"具体内容：

实行省直接管理县财政改革，就是在政府间收支划分、转移支付、资金往来、预决算、年终结算等方面，省财政与市、县财政直接联系，开展相关业务工作。

（1）收支划分。在进一步理顺省与市、县支出责任的基础上，确定市、县财政各自的支出范围，市、县不得要求对方分担应属自身事权范围内的支出责任。按照规范的办法，合理划分省与市、县的收入范围。

（2）转移支付。转移支付、税收返还、所得税返还等由省直接核定并补助到市、县；专项拨款补助，由各市、县直接向省级财政等有关部门申请，由省级财政部门直接下达市、县。市级财政可通过省级财政

[①] 荣跃明：《区域整合与经济增长——经济区域化趋势研究》，上海人民出版社 2005 年版，第 221 页。

继续对县给予转移支付。

（3）财政预决算。市、县统一按照省级财政部门有关要求，各自编制本级财政收支预算和年终决算。市级财政部门要按规定汇总市本级、所属各区及有关县预算，并报市人大常委会备案。

（4）资金往来。建立省与市、县之间的财政资金直接往来关系，取消市与县之间日常的资金往来关系。省级财政直接确定各市、县的资金留解比例。各市、县金库按规定直接向省级金库报解财政库款。

（5）财政结算。年终各类结算事项一律由省级财政与各市、县财政直接办理，市、县之间如有结算事项，必须通过省级财政办理。各市、县举借国际金融组织贷款、外国政府贷款、国债转贷资金等，直接向省级财政部门申请转贷及承诺偿还，未能按规定偿还的由省财政直接对市、县进行扣款。

"省直管县财政"改革将使地级市政府汲取县级政府的财政资源的能力受到极大限制，但如果不对行政管理权进行配套改革，地级市政府就仍然掌握有足够的权力来控制和支配县级政府的资源。总之，较大的经济调控权和较多的财政资源使得地级城市政府成为在地区经济发展中最为活跃的利益主体之一，也是地方政府合作中最活跃的主体。

此外，在我国政治实践中，还存在两类比较特殊的城市政府，即副省级城市和省会城市。副省级城市是在原有的计划单列市基础上建立起来的。从1984年开始，我国陆续将重庆、武汉等14个城市确定为计划单列市。计划单列市享有省一级的经济管理权限，国民经济和社会发展计划在国家计划中单列户头，财政收入直接上缴中央，不与省分享。1993年，除重庆、深圳、大连、青岛、宁波、厦门外，其他八个省会城市不再实行计划单列。1994年，为了发挥中心城市的经济发展带动作用，广州等16个城市被定格为副省级城市，包括原有的14个计划单列市和济南、杭州。1997年重庆直辖后，我国目前共有15个副省级城市,其中深圳、大连、青岛、宁波、厦门仍为计划单列市。副省级城市享有单独编制经济计划、财务单列不纳入省内计划的权力,较大的权力决定了副省级城市较强的资源聚集能力。

省会城市除少数是副省级城市之外,其余皆为地级市政府,但在政治实践中,由于省会城市通常是一省的政治、经济、文化中心,在一省的经济社会发展中具有战略意义,因而,省会城市的地位要比地级城市政府的地位高得多。省会城市掌握了所在省大多数的行政权力和资源配置权,尽管省会城市在行政级别上与地级市平级,但从我国近年来的政治实践来看,省会城市往往比本省内的地级市要能够得到更多的发展机会和资源配置,在特殊的条件下,省会城市有着经济发展的优先权,周边地区和省内、区内其他城市要服从省会城市的发展战略,为其提供辅助性发展便利和支持。①

另外,我国在法律上还存在"较大的市"。《中华人民共和国立法法》明确规定,省(自治区)人民政府所在地的市、经济特区所在地的市、经国务院批准的其他城市为"较大的市"。目前有49个,包括27个省会、首府城市,深圳、厦门、珠海、汕头四个经济特区,以及青岛、唐山、苏州等18个国务院特批城市。"较大的市"的人大及其常委会根据本地的具体情况和实际需要,在不同宪法、法律、行政法规和本省(区)的地方性法规相抵触的前提下可以制定地方性法规,报省(自治区)人大常委会批准后施行;其政府可以根据法律、法规和地方性法规,制定规章。"较大的市"所享有的立法权有利于这些城市因地制宜管理本地事务,发展地方经济,为制度创新提供了较大的空间,对资源在辖区内的按照地方政府的偏好进行配置具有重要影响。

---

① 周平:《当代中国地方政府》,人民出版社2007年版,第112—113页。

第二章　地方政府、行政权力与资源控制

3. 县级政府对资源的控制和支配权限

由于社会经济管理权力和财政上的纵向集中，县级政府直接掌握的财政资源和社会经济管理权限比较有限。

从1994年分税制改革以来，我国县乡可支配财力就在不断减少。2006年取消农业税以来，县乡财政更加困难，财政负债问题日趋严重。从以前的改革来看，地方政府上下级之间存在财权上收、财政支出责任下移的现象。分税制的特点在于上下两级地方政府之间收入划分的决定权都在上一级政府，上一级政府往往将数额较大、较稳定的税种划归自己或实行共享，留给下级政府尤其是基层政府财政的基本是一些零散、数额小、征收成本高的税种，或以定额上缴、增量分成等多种形式集中下级财力，县级财政缺乏可持续的主体税种，仅能获得来自本地经济较大税种收入的小部分。在分税制下，省级政府面对中央政府的财政压力时会把压力的一部分转嫁给市级政府，市级政府在面临省级政府的财政压力时，又会将这部分压力转移给县财政，市管县体制正好加强了市对县的财政汲取能力。[1]

社会经济管理权也主要集中在上级政府，尤其是对辖区经济发展作用极其重要的项目审批权在地方上主要集中在省、市两级政府，县级政府的许多重要项目往往需要省级政府或市级政府的审批才能上马，自身拥有的审批权很小。省级政府是中央政府宏观调控政策的直接作用对象，地方违规项目责任的直接承担者，一旦地方的违规项目被中央查处，省级官员将直接承担相关责任，因而，近年来，随着中央宏观调控的深入实施，基层政府的许多项目审批权不断上收到省、市级政府。[2]

---

[1] 周黎安：《转型中的地方政府：官员激励与治理》，格致出版社、上海人民出版社2008年版，第186页。

[2] 马斌：《政府间关系：权力配置与地方治理》，浙江大学出版社2009年版，第106—107页。

但从改革的动向来看，县级政府资源控制和支配权限有扩大的趋势。

一是绝大部分省市开始试点"省管县财政"体制。财政部也于2009年7月出台了《关于推进省直接管理县财政改革的意见》，要求2012年底前，力争全国除民族自治地区外全面推进省直接管理县财政改革，明确提出了改革的几个方面。虽然有关省市"省管县财政"体制改革的具体做法不同，但都在很大程度上增强了县级政府的财权和财力。

吉林省2005年出台的《吉林省人民政府关于实行省管县财政体制改革的通知》中，根据财权与事权相结合的原则，按照税种对省、市、县固定收入进行了划分，县（市）级固定收入主要包括城市维护建设税、房产税、城镇土地使用税、资源税、印花税、农业特产税（烟叶）、耕地占用税、契税、县（市）级企业上缴的国有资产经营收益和国有企业计划亏损补贴、行政性收费收入、罚没收入、其他收入等。另外，明确了省与市、县（市）共享收入的税种和分享比例，较为详细列举了省、市、县三级政府的支出责任。

2006年，陕西省出台的《陕西省人民政府关于实行省管县财政体制改革试点的通知》中确定了"六到县"，即"体制确定到县"、"各项转移支付补助到县"、"专项补助资金分配下达到县"、"财政结算到县"、"资金调度到县"、"工作安排到县"。其中，"体制确定到县"是指"省与县财政收入范围不作调整，市级不再参与县级税收收入分享，不再集中县级新增财力。即，除现行体制规定属于省的收入外，其他收入全部作为县级固定收入，市级不再参与分享县级收入，全部下放县级"。

江苏省2007年出台的《江苏省政府关于实行省直管县财政管理体制改革的通知》确定了"直接报解财政收入"、"直接下达专项资金"、

第二章 地方政府、行政权力与资源控制

"直接办理资金调度"的财政往来制度,"实行省直管县财政管理体制后,市不得将应属于县级收入范围内的收入划归市级;不得以任何方式集中县级财政收入(包括单项税种或单项收入)和资金;不得下放或转嫁应由市级承担的支出责任。按照财权与事权对等的要求,今后省级在对县(市)安排项目资金或出台政策时,一般不要求市级配套;市对县(市)不能随意开减收增支的政策口子,或要求县级配套资金。各市对县(市)出台增加支出政策时要相应安排补助资金"。

二是经济社会管理权向县级政府下放。财政权力的下放必须与经济社会管理权一同下放才能使县级政府将财政资源通过各种方式转化为发展地方经济的可持续能力。在同时具有较大的财权和经济社会管理权的前提下,县级政府就可以在一定的财力的支撑下,不断打造经济发展的良好环境。

现阶段,许多省份也正在进行"强县扩权"的试点,以解除县域经济发展的体制性障碍。一直实行"省管县财政"的浙江省已经进行了四轮"强县扩权"改革,目前正在进行第五轮"扩权强县"改革。1992年,浙江省出台了扩大萧山、余杭、鄞县、余姚、慈溪等13个县(市)部分经济管理权限的政策,扩大了其基本建设和技术改造项目审批权、外商投资项目审批权、简化相关的审批手续等四项权力;1997年又在萧山和余杭两个县级市进行了扩大管理权限的试点,同意萧山、余杭试行享受地一级部门经济管理权限,主要内容有基本建设和技术改造项目审批管理权限,对外经贸审批管理权限、金融审批管理权限、计划管理权限、土地管理权限等11项;2002年又实施大规模的放权改革,绍兴县、温岭市、慈溪市、义乌市、海宁市、桐乡市、富阳市、东阳市、平湖市、玉环县、临安市、嘉善县17个经济强县以及杭州市的萧山区、余杭区和宁波鄞州区三个区被确定为放权对象,扩权的范围和内容涵盖了计划、经贸、外经贸、国土资源、交通、建设等12大类313

项本来属于地级市的经济管理权限；2006年，浙江省出台了《关于开展扩大义乌市经济社会管理权限改革试点工作的若干意见》，将472项原先只有地级市享有的权限扩大到义乌市；2009年8月1日，我国首个"扩权强县"的省级政府规章——《浙江省加强县级人民政府行政管理职能若干规定》正式实施，将原属地级市的443项经济社会管理权限下放到所有县（市、区），义乌市则在保留原有524项扩权事项的基础上，新增加94项与经济社会管理密切相关的权力。

四川省2007年也开始向县级政府下放经济社会管理权的试点改革，扩权试点县（市）获得了包括计划直接上报、财政审计直接管理、税收管理权部分调整、项目直接申报、用地直接报批、资质直接认证、部分价格管理权限下放、统计直接监测发布等八个方面的56条权限。2009年，四川扩权试点县由2007年的27个增加到59个。

2005年，广东公布了《广东省第一批扩大县级政府管理权限事项目录》，向县级政府下放了包括市场准入、企业投资、外商投资、资金分配和管理、税收优惠、认定个人的技术资格及部分社会管理等方面共214项权力；2009年8月，广东省政府对顺德扩权，顺德将在经济、社会、文化事务等方面享有地级市权限。

2009年6月，安徽省开始在全省61个县（市）全面推开扩大县级经济社会管理权限改革，提出了"对该放的坚决放，对该管的切实负责管好"的总体要求。除国家法律、法规有明确规定的以外，原由市审批或管理的经济社会管理事项，均由县（市）自行审批、管理，报所在市备案；需经市审核、报省审批的，均由县（市）直接报省审批，报所在市备案。对国务院及国家有关部门规定须经市审核、审批的事项，采取省、市政府委托或授权等方式予以下放。市级要求保留的审批、审核事项，需报经省政府法制办核准。

在政府权力化和利益地方化的制度设定下，政府的行政权力已成为行政区经济发展最重要的"资源"。行政区等级越高,政府权力积聚越多,地方政府直接进行资源配置及调控市场运行的动力就越强。[①]"省管县财政"和经济社会管理权向县级政府的下放,无疑将极大地限制市级政府对县级政府的资源汲取,扩大了县级政府控制和支配辖区资源的权限,对于提高县级政府在经济发展中的竞争力,扩大县级政府横向经济、社会事务的合作空间以及提高合作的自主性具有重要意义。

第三节 地方政府对资源的控制:地方政府合作的物质基础

处于转型期的中国地方政府在改革的过程中获得了相当程度的资源支配的自主性和权力运用的自主性。大量资源被政府掌控,以及地方政府运用行政权力对市场配置资源的诸多干预从而使资源的市场化配置受阻,使得地方政府不得不通过合作的方式来对资源进行跨行政区域的配置。

一、政府主导与地方政府对资源的控制

政府主导就是指政府在经济运行和发展中起"定向"、"导向"和"协调"作用,即政府一方面通过决策的方式为经济的发展确定目标和努力方向,另一方面以强有力的手段积极介入经济运行使经济发展实现

---

① 郭茜琪:《区际交易拓展:对政府与市场分野的思考》,载《中南大学学报(社会科学版)》,2008年第3期,第372—377页。

确定目标。① 也就是政府在市场经济的基础上，政府不但是"裁判员"，在一定程度上也是"运动员"，充当经济活动的主体。政府主导意味着政府对经济运行和发展采取强力干预措施，这种干预超出了弥补"市场失灵"的范围。政府调节经济的手段不但包括财政政策等间接手段，而且包括各种计划手段、产业政策、投资政策以及直接的行政干预或者经营，通过一系列的政策、措施和干预来指导国民经济各部门的经济活动和市场运作，控制和诱导经济社会的资源配置，从而把经济发展纳入到政府所期望的轨道。

经济学家达成共识的一点是，在中国，即使是改革开放三十多年的今天，政府仍然起着主导作用。其中，地方政府的作用尤为关键。政府不仅直接通过财政和其他行政活动来影响和控制经济，而且还通过大量的国有企业来主导经济。② 并且，20世纪90年代以后，虽然我国已经进行了十多年的改革并且开始由计划经济转向市场经济，但是政府在投资和经济建设方面的主导作用非但没有减弱，反而有进一步强化的趋势。如果我们把政府财政支出和国有经济的固定资产投资之和看做是政府所主导的经济份额的话，则从1995年到2005年，政府主导的经济占GDP的比重由28.4%上升到34.4%。另外，如果再加上政府的预算外支出的话，则政府主导的经济份额就会更大。③

"政府主导型发展模式是我国由计划经济向市场经济、全能政府向有限政府渐进性转型的必然产物。计划经济体制下政府几乎掌握了全部

---

① 吴柏均、钱世超：《政府主导下的区域经济发展》，华东理工大学出版社2006年版，第19页。

② 周业安：《政府主导的经济增长可持续吗》，载《理论前沿》，2009年第6期，第8—12页。

③ 张进铭：《论中国经济发展中的政府主导及其弊端》，载《经济评论》，2007年第6期，第56—77页。

的经济社会资源,这些资源在改革的过程中是被逐渐释放到社会的,在这一过程中,政府仍然掌控着大量的资源,包括直接控制和支配的资源和间接控制和支配的资源,所以,政府主导在一定程度上意味着政府对资源配置的主导,市场机制发挥的只是基础性作用。表2.2列出了在资源流量中政府实际支配的份额,1986年到1999年间,在资源流量中政府实际支配的份额基本上都在30%以上,也就说,至少在此时期,政府基本上可以按照自己的偏好来配置社会总资源流量的30%以上的资源。其实此后政府掌握的资源也并没有减少多少,许小年在'2012财新峰会'上发言时称,在过去十年间,国进民退,政府越来越大,政府掌握的资源越来越多,各级政府总体财政收入占GDP的比重,包含卖地收入,2011年政府财政收入占GDP比重已经达到30%,已经重回计划经济年代。① 由此可见政府在资源配置中的作用。"

有学者认为,由于地方政府是管理国有资本和城镇土地等要素的所有者,对农村土地也有实质上的垄断支配权,这决定了地方政府可以通过所有或所支配的要素的运作主导区域经济发展。② 其实不止如此,地方政府还通过各种产业政策、经济规划、财税政策以及直接的行政干预来对各种资源进行诱导性控制和支配,并且由于地方政府具有广泛的行政审批权,即使是对资源的诱导性控制和支配也通常带有某种程度的强制性。当然,在拥有大量财政资源的同时,地方政府对国有资产和土地的控制和支配,是地方政府在某种程度上按照自己的偏好配置资源的基础。

---

① 许小年:《财政收入占GDP比重再上30% 重回计划经济年代》,http://finance.ifeng.com/news/special/cxfh2012/20121117/7312507.shtml。

② 吴柏均、钱世超:《政府主导下的区域经济发展》,华东理工大学出版社2006年版,第25页。

表2.2 在资源流量中政府实际支配的份额(估算数)　　　单位:%

年份	政府通过各种收入形式支配的资源占 GNP 的比例	政府通过金融机构支配的资源占 GNP 的比例	政府支配的资源(流量)占 GNP 的比例
1986	38.9	4.2	43.1
1987	35.7	4.9	40.6
1988	31.5	3.4	34.9
1989	33.1	5.7	38.8
1990	31.9	7.2	39.1
1991	28.6	6.9	35.5
1992	25.5	6.6	32.1
1993	23.4	7.0	30.4
1994	20.9	9.5	30.4
1995	20.1	9.9	30.0
1996	20.6	9.3	29.9
1997	22.1	7.4	29.5
1998	24.4	6.9	31.1
1999	26.7	5.4	32.1

资料来源: 胡家勇:《一只灵巧的手:论政府转型》,社会科学文献出版社2007年版,第50页。

二、地方政府资源控制与合作需求

从组织学角度讲,正是组织间的合作行为使得两个相对独立的组织之间的能量和资源的交易得以达成。地方政府对资源的控制和支配使得资源在跨行政区流动时客观上需要地方政府合作,这正如企业之间资源交换一样,资源或要素从一个企业转移到另一个企业,需要企业之间达成协议进行交易,企业之间的这种交易行为本质上也是企业之间的合作行为。受到地方政府控制的资源的流动总绕不过地方政府这一利益相对独立的主体,对这些资源进行控制本身就是地方政府利益的一部分。

对此,我们大体上可以从两方面进行考察:一是由地方政府所掌握的国有资源、国有资产、财政收入等,二是在地方政府辖区内、非国有、受到地方政府管理的各种资源。

在地方政府所掌握的国有资源、国有资产、财政收入等资源中,由于地方政府代表本辖区民众享有所有权,这部分资源的跨行政区流动和配置必须要征得地方政府的同意,通常需要地方政府之间达成合作协议才行。例如,地方政府通过政府投资形成了大量的国有资产,在竞争性领域主要是隶属于各地方政府的国有企业,地方所属的国有企业的资产变动,如跨地区兼并、合并以及项目式合作将使地方政府实际控制的资源增加或者减少,会影响地方政府利益,因而,国有企业的跨地区兼并或合作就不只是企业之间的事情。这就需要地方政府间就企业的合作达成一致,形成了"政府搭台,企业唱戏"的现象。再如跨地区的基础设施的建设。除中央政府投资兴建的跨地区基础设施之外,大量的跨地区的基础设施一般由相关地方政府财政投资建设,地方政府之间首先必须进行规划衔接,然后出资兴建,一般桥梁等不可分开建设的基础设施由相关地方政府共同出资建设,一些公路、高速、城市轨道交通则可以签订合作协议,各自建设本辖区内的部分,然后在行政区边界对接。相反的例子则是,如果地方政府之间不能就道路等交通基础设施达成合作协议并执行,就会出现大量的"断头路",现在很多地方都存在政府间协调不顺而产生的"断头路"现象。

另外,像一些区域性的环境污染治理由于地方政府具有财政资源和管理权力的优势而需要相关政府间进行合作治理。通常治理污染一方面需要大量的财政投入,另一方面则需要政府通过所具有的管理权对污染企业进行规制,而其他组织则都很难同时具备这两个优势。跨地区公共事务一般都要涉及政府的公共行政权力,并且政府是行政权力的唯一合法垄断者,因而跨地区公共事务通常只能由地方政府间合作或其共同上级政府解决,市场组织或社会组织很难独自承担此类任务。

在某地方政府辖区内的非政府所有的资源由于受到地方政府的干预,其跨区性的自由流动也存在困难。这主要是地方政府对市场干预过度、政府行政审批权过大造成的。地方政府的经济行为,主要是由于其作为一级政权机构而在中国特定的社会经济格局中所必然产生的经济要求导致的,但是各种不同的经济行为方式则受到各级地方政府的不同经济管理权限的重大影响。[1] 过大的行政审批权与地方政府利益相结合使地方政府既有能力也有动力加强对企业的控制,通过行政壁垒进行地方保护。各地方政府在自己的行政区划里,为了各自的既得利益,他们利用所拥有的干预经济的权力和组织、调控经济的多种工具,动辄可以凭借市场管理机构,采用技术性的壁垒阻止同等外地企业的竞争,以过高的成本吸引资本的流入,并人为地阻断生产要素的流动。[2] 如某省政府农林厅就具有对"外省审定的主要农作物品种引种"的行政许可权和"未经同意在本省经营、推广相邻省、直辖市主要农作物种子和主要林木良种的处罚"的行政处罚权。实际上农作物优良品种的选择完全可以通过市场的机制来实现,在政府拥有农作物品种引进的行政许可权和行政处罚权的情况下,市场机制的作用难以发挥,需要地方政府间就农作物品种可以在相互辖区间自由销售和推广协调一致,农作物优良品种的选择就不仅是市场主体的行为,还成了政府行为。另外,在地方政府具有各种行政审批权的情况下,企业的跨区域活动也受到极大限制,像

---

[1] 关山、姜洪:《块块经济学》,海洋出版社1990年版,第9页。
[2] 纪晓岚:《长江三角洲区域发展战略研究》,华东理工大学出版社2006年版,第80—81页。

企业的外迁就会受到地方政府的阻挠，使得企业对最优区位的选择受到限制，一些企业不得不通过化整为零的方式偷偷地搬迁，然后改变注册地址。

另外，不同层级地方政府所拥有的不同资源控制和支配权限，意味着不同层级地方政府合作对资源的优化配置具有不同程度的影响，而不同种类资源的优化配置则需要特定级别的地方政府相互合作才能实现。省级政府由于掌握着地方政府最高的权力，所拥有的资源也最为广泛，因而，区域内的省级政府之间的实质性合作将对资源的跨行政区流动和配置产生广泛的影响。比如，省级政府间关于区域铁路、公路、水路等交通网络建设的合作，一方面政府可以将政府直接控制的公共资源用于区域交通公共产品的供给，客观上优化了区域公共资源配置；另一方面，通过改善区域交通环境，加快了区域市场资源的流通，同样促进了市场资源在区域层面的优化配置。再如省级政府之间关于卫生防疫互认方面的合作，省级政府之间签订的合作协议将对省级行政区域内的所有地方政府具有约束力，因而，卫生防疫互认后的商品将不需要重复认证，这将大大降低生产商的交易成本，改善资源配置效率。实际上，地方政府之间有关制度、政策方面的合作，积极推进政策一体化或行政一体化方面的共同努力，是地方政府合作的核心内容和关键环节，其在此方面合作的深度决定了地方政府合作能够在多大程度上发挥优化区域资源配置的客观功效。当然，地方政府合作并不意味着地方政府在资源的跨行政区配置中发挥越来越大的作用，相反，地方政府通过政策和制度方面的合作，恰恰对自我权力的行使形成一种自我约束，客观上降低了政府在资源配置中的作用，更大程度上发挥市场在区域资源配置中的作用，此一方面在后文将有详尽论述。

总之，地方政府对资源的控制和支配使得地方政府可以在一定程度上按照自己的偏好来配置资源，如同市场是通过企业等市场主体之间的分散交易来实现资源的优化配置一样,地方政府之间要想改善因为过度竞争而导致的由其控制和支配的资源的配置扭曲状态,就必须通过地方政府之间的交易——合作来实现。如果这些资源是由企业等市场主体而不是地方政府控制和支配,那么地方政府之间的合作就是不必要的,因为通过市场的交易就可以实现这些资源的优化配置;恰恰由于地方政府经由行政权力控制和支配了大量的资源,才使得被地方政府所控制和支配的资源不得不通过地方政府间的合作来实现跨行政的流动和配置。

第三章 地方政府合作与资源的跨行政区配置

地方政府竞争与合作都是地方政府为了实现自身利益以及辖区利益的最大化而按照自己的偏好对资源进行配置的行为。地方政府竞争行为在于通过各种诱导的方式促使各种资源向自己的辖区流动,但地方政府竞争实际上是地方政府动用行政权力对资源配置的过程。因此,当每一个地方政府都采取同样的行动时,地方政府间竞争就会产生很大的负外部性,最终扭曲资源的区域性配置,难以达到资源区域性配置的最优化。地方政府合作可以看做是地方政府对竞争中的不当行为进行自我协调和纠正的行为,目的在于将地方政府竞争的负外部性内部化,增进自身利益,地方政府合作客观上能够达到优化资源的跨行政区配置的效果。

第一节 地方利益的实现与地方政府行为

地方政府不但是某辖区的政治、经济、文化、社会等公共事务的管理者,而且还是本辖区的利益代表者;同时,地方政府也存在自身的利益,这种利益并不完全等同于辖区利益,也就是说,地方政府利益与其辖区利益并不是完全一致的,在某些情况下存在一定程度的背离。地方政府对其自身利益与辖区利益的追求决定了地方政府的行为逻辑。

一、地方利益的凸显

地方利益简单讲就是某个行政区的经济、政治、文化等的物质和精神利益的总和，表现了行政区作为一个整体在整个国家体系中的需要。有学者从经济利益的角度认为，地方利益是在一定经济行政区内，以地方作为经济利益主体，其在生产、流通、分配、消费活动中获得的所能满足自身需要的物质财富和精神财富之和，以及其他需要的满足。它包含两个方面：一是特定经济行政区内各利益主体的共同需要得到满足，二是特定经济行政区各利益主体的代表——地方政府的自身需求得到满足。[①] 从利益主体来看，地方利益主要包括地方政府、企业、地方居民三种利益主体。由于地方政府是地方政治、经济、文化、社会等公共事物的管理者，人们通常从应然的角度将地方政府认定为地方公共利益的代表者，代表地方来实现、维护和发展本辖区利益。地方政府通常被认为是地方利益的集中代表者，地方政府有责任为企业发展创造良好的制度环境和空间，为本地居民提供优良的公共物品，促进本地经济和各项事业的发展。地方政府利益、企业利益、居民利益的统一是利益实现的理想目标。

相对于整个国家利益来讲，地方利益是局部，与国家利益是部分与整体的关系，二者具有一致性——地方利益要服从国家利益，不能为了满足地方利益而损害国家整体的利益。但同时地方利益相对于国家利益又具有一定的独立性，地方有着不同于国家利益的相对独立的需要和要求。如果一味强调国家利益而长期忽视和压制地方利益，地方就会缺乏发展的积极性，长此以往，国家利益也会受到损害。因而，地方利益与

---

① 管跃庆：《地方利益论》，复旦大学出版社2006年版，第35页。

第三章 地方政府合作与资源的跨行政区配置

国家利益既有统一的一面又有矛盾的一面。相对于非隶属关系的其他地方来讲，如同个人与个人之间的利益关系一样，各地方利益之间则基本上是一种完全独立的个体之间的关系，相互间遵从的是一种平等的竞争与合作的行动逻辑，通常会以自身利益的最大化为前提来处理相互之间的利益关系。任何一个行政区的地方利益总是处在这种纵横交错的利益关系网络之中，是这种复杂网络中的一个节点。在这种利益网络中，地方横向利益关系受到纵向利益关系的制约，尤其是地方政府间的横向利益关系受到纵向政府间利益关系的影响较大，随着纵向政府间关系的调整，地方利益才得以逐渐彰显。

地方利益的存在是一种客观现象，但在中国改革开放前的计划经济体制时期却长期受到忽视和压制，地方利益并不彰显，而是处于一种"隐忍"状态。在计划经济体制时期，几乎所有的资源都处于政府体系的控制之下，而政府体系对资源的调配又是以中央政府为单中心的资源配置结构，计划任务从中央层层下达，又以"条条"——各部门为主层层落实，地方政府作为地方利益代表者的角色仅限于向中央争取更多的项目和计划资源，但这些项目和计划大部分时候也是通过"条条"来贯彻落实的。作为"块块"的地方政府被"条条"肢解，地方政府利益的整体性受到牵制。

计划经济时期实行的是"统收统支"的高度集中的财政体制，各级地方政府没有自己的相对独立完整的财政预算，收支皆决于中央，地方在税收征收和财政支配两方面都没有自主权，地方政府财政只是中央财政在各地方的延伸。中央政府集中了全国的财政收入，制定包括各级地方政府在内的全国统一预算，控制着全国的收支平衡，"各区域之间即使由于要素禀赋的差异而导致的收入不均，最后也会依高度集中的体制渠道，转化为中央政府的统一财政收入"①。"在这一时期，中央与地方在收入的分配上没有确定的规则可循，地方政府即使分享到了一部分收入，其开支也必须在使用之前获得中央政府的批准，地方政府没有实际控制权。"② 地方政府并不能因为地方生产的发展而获得明显的更多的资源和更大的资源支配的自由空间，地方发展经济的积极性受到极大限制。

没有独立的财政资源可供地方政府自由支配，使得地方政府缺乏追求自身利益的内在动力，而中央的高度集权又使得地方政府缺乏必要的手段和权威来追求自身的利益。与经济的计划体制相适应，政治上则是权力在中央的高度集中。中央几乎集中了所有的项目审批权、投资管理权等权力，中央与地方几乎完全是一种"命令——服从"关系，地方政府几乎没有发展地方经济的权力空间和制度空间。地方上什么项目、上多大项目必须要征得中央的同意，其前提是必须考虑全国的"综合平衡"。地方即使有富余资源，但由于没有足够的自由支配这些资源的权力，这些资源也难以转化为地方经济发展的要素，不能在流转和交易过程中实现增殖，地方政府也就无法通过所控制的资源的运用，自主地增进自身及辖区的利益。

另外，在改革开放前，阶级斗争被错误地认为是当时的主要矛盾，"以阶级斗争为纲"是当时的主要任务，生产建设处于附属地位，是为阶级斗争服务的，纲举目张，认为只要抓好阶级斗争，其他问题都会迎刃而解。在这种情况下，中央政府对地方政府主要官员的考核主要是看其政治忠诚度，经济建设成就并不是考核的重点。衡量地方政府主要官

---

① 舒庆、周克瑜：《从封闭走向开放——中国行政区经济透视》，华东师范大学出版社2003年版，第160页。

② 何显明：《市场化进程中的地方政府行为逻辑》，人民出版社2008年版，第187页。

第三章 地方政府合作与资源的跨行政区配置

员的政治忠诚,主要是看其对中央政府的路线、方针、政策的贯彻落实情况以及计划任务的执行和完成情况,核心是对中央的阶级斗争的总路线、总方针的贯彻执行。地方政府官员的政治收益与地方经济发展的联系并不紧密,地方政府官员只要能够按照中央的要求做好分配的任务,就足以获得正常的晋升机会,而不必通过制度创新或计划任务外的生产努力来引起中央政府的注意;相反,后者还有可能存在很大的政治风险。因而,在当时的情况下,地方政府的行为偏好和工作重点在于贯彻中央的意志而不是追求地方的经济利益,地方利益尽可能与中央利益保持一致是当时的最优选择。

总之,在计划经济体制时期,权力和资源的高度集中造就了一元化的利益结构,中央政府是唯一的经济利益主体,地方政府几乎没有什么独立的利益可言,追求自身利益的内在冲动也受到抑制。但计划经济时期的地方利益的"隐忍"状态是当时的制度使然,地方利益毕竟是一种不同于国家利益的客观存在,一旦制度改变,地方利益主体对地方利益的追求就会凸显出来。

改革开放逐步打破了计划经济时期的权力和资源高度集中的政治经济体制,分权成为改革的核心内容。

首先是财政分权。从财政包干体制到分税制,在这一改革过程中,地方政府尤其是省级政府逐渐获得了相对固定的财政收入和相对稳定的财政权力,尽管中央政府仍然具有对财政分成比例和税种单方面调整的权力。财政体制改革的重要意义在于不仅在思想上而且在事实上确认了地方利益存在的客观性和合理性,地方政府可以根据自己的偏好自主地支配其财政资源,而这种自主性恰恰是不断强化地方利益独立性意识的重要因素。财政收入的增长成为地方利益追求的目标,对于地方政府来说,地方利益一定程度上就等于地方财政的增长。"相对独立的财力和财权不仅确认了地方政府相对独立的利益,而且赋予了地方政府按照自主意志去实现其行政目标,以及不断扩张其自主性的现实能力。"①

其次是行政性分权。和财政分权同时进行的还有行政性分权。中央政府逐步下放了投资项目审批、土地批租、许可证发放、贷款配额、市场准入等经济权限以及部分决策权,地方政府对资源的控制权限大大增加;另外,中央政府的经济性分权原意是要将权力下放给企业,但实际上这些权力在很大程度上被地方政府所截留。这样一来,地方政府不但拥有了将自己能够自主支配的财政收入转化为发展本地经济的资源的能力,而且"成为微观经济领域最重要的投资主体和直接控制者,获得了辖区内国有资产的剩余索取权和控制权,以及由此产生的经济收益的支配权"②。由于改革以后地方经济、财政权力的扩张,地方政府就从中央政府手中获得了越来越多的独立性,而地方利益的迅速扩展,又使地方政府不可避免地越来越倾向于倚重和代表地方,从单纯的中央政府代理人转化为更多地代表地方利益,为地方利益与中央讨价还价的相对独立的权力主体。③ 利益结构由依靠权力强制下一元转变为理性的多元结构。

十一届三中全会以来,"以经济建设为中心"成为新时期中国共产党的工作重心,发展也成为中国共产党执政兴国的第一要务。相应地,中央政府对地方政府主要官员的考核也转向了地方经济发展,地方政府官员发展经济的政绩对于其能否获得职务晋升具有决定性的作用。另外,虽然地方的个别公务员可以通过违法、违规的途径获得较高的经济收入,但整体上地方公务员福利待遇的提高有赖于地方经济的发展。从我国现实来看,东部沿海经济发达地方的公务员福利待遇要明显高于西

---

① 何显明:《市场化进程中的地方政府行为逻辑》,人民出版社2008年版,第190页。
② 同上,第191页。
③ 赵成根:《转型期的中央和地方》,载《战略与管理》,2000年第3期,第44—51页。

第三章　地方政府合作与资源的跨行政区配置

部内陆经济落后地区。地方政府官员对经济增长绩效的最大化以及对财政收入不断增长的追求不仅只是符合地方官员的利益，而且多数情况下符合企业、地方居民的利益。因为财政体制、行政体制、干部人事制度等方面的一系列改革将地方利益与地方经济发展紧密联系起来，地方各利益主体利益的可持续实现的基础在于地方经济的持续增长。地方经济的持续增长是地方政府财政收入持续增长的源泉，只要地方政府能够推进经济的不断增长，地方政府就能够获得充足的财力来改善辖区的基础设施建设等经济发展的硬件环境，反过来又会促进地方经济的发展。二者形成的良性循环将极大地促进地方经济可持续发展能力的生成和提高，从而也就为地方领导追求政绩奠定了基础。企业等市场主体是地方GDP和财政收入的主要创造者之一，地方政府通常会采用各种措施和手段来扶持本地企业的发展。例如，地方政府不但会利用财政资源不断改进基础设施建设，甚至通过财政补贴等方式来支持本地企业的发展，而且会通过制度创新的方式为企业发展创造空间。地方政府千方百计促进企业发展的目的在于财政收入的不断增加和创造政绩。在这一过程中，企业也需要政府的扶持，特别是在企业的成长阶段，往往需要地方政府在税收、贷款等方面给予优惠政策，在与其他外来企业的竞争时，企业通常会积极寻求当地政府的保护来发展壮大自身。此外，地方经济发展和财政增长也符合地方居民的利益。地方经济发展可以为地方居民提供优良的就业环境和较高的工资收入，而地方政府较多的财政收入则可以为当地居民提供较多数量和较高质量的公共物品和公共服务，这些能够改善和提高居民生活水平的努力通常给地方官员带来较高的群众满意度，有利于官员的晋升。

由此可以看出，尽管地方利益不是铁板一块，内部存在着错综复杂的利益分歧甚至冲突，但在行政区经济的条件下，地方多元利益主体在推进区域经济发展，维护地方利益上却存在着高度一致性。① 总之，地方分权使地方政府有空间和内在动力追求地方利益，在发展地方经济、与其他地方政府竞争的过程中，地方利益意识得以不断强化，地方利益在整个国家利益结构中不断凸显。

二、地方利益与地方政府行为

地方利益应该说是一个复杂的利益体系，而不是铁板一块。在地方政府辖区内，地方政府、地方政府官员、企业、居民等不同的利益主体具有不同的利益诉求，尽管在一定辖区内各利益主体的根本利益是一致的，但在具体表现上却存在着诸多差异。不同利益主体的利益诉求和相互间的利益关系对地方政府行为具有重要影响。

地方政府首先应该是公共利益的代表者和维护者。这不仅是现代民主社会对政府的应然性和法理性规定，而且是民主政治的实践性要求。现代政府存在的唯一合法性根源就在于提供公共产品和公共服务，创造公共价值，实现公共利益。我国是单一制国家，地方政府是由中央政府依法设置的、行使部分国家权力，治理国家部分地域事务的政府，是中央政府在地方的代理，地方政府有责任在本辖区实现全国性的公共利益要求。同时，地方政府又是地方公共利益的代表者，有责任通过制定一定的公共政策等方式来集合本辖区内各种利益主体的各种利益诉求，代表整个地方实现和维护地方利益。很多时候，全国性公共利益与地方性公共利益，或者说整体利益与局部利益并不是完全一致的，地方政府及其官员经常会面临如何权衡整体与局部利益的情况。这种权衡在很大程度上又受到各地方竞争状态的影响，在以政绩为主要考核标准的情况

---

① 何显明：《市场化进程中的地方政府行为逻辑》，人民出版社2008年版，第203页。

第三章 地方政府合作与资源的跨行政区配置

下,地方政府通常会选择优先实现地方利益。当然,尽管全局性的国家利益并不是局部性的地方利益的简单加总,某些方面或领域的国家利益的实现有着不同于地方利益实现方式的特殊和独立性要求,但全局利益在很大程度上都是是通过局部的地方利益的实现而实现的。因而,从地方政府代表公共利益的视角来看,地方政府的主要活动是一个如何将各种利益主体的利益要求加以集合和选择的过程。在这一过程中,地方政府的行为受到不同利益主体的影响。比如,就像一个国家的企业在初创和成长壮大的阶段需要国家的保护一样,处于初创和成长壮大阶段的地方企业也会寻求地方政府的保护,使得自身至少不至于被淘汰,甚至通过地方政府的保护获得对所在行政区外的其他企业的竞争优势。当企业的这种利益诉求与地方政府及其主要官员获取政绩的内在冲动结合在一起的时候,地方政府就会出台一些地方保护政策和措施,企业之间的竞争也就转化为地方政府间竞争。当然,当地企业的利益诉求也会推动地方政府间合作。随着企业的成长壮大,企业会不断扩大再生产,此时,企业就不再满足于受到保护的区内市场,而且要积极开拓区外市场。另外,市场不仅是企业相互竞争的场所,而且还是一个分工合作的场所,因而,在区域市场中存在地方政府的大量干预的情况下,企业的这种合作的需要同样推动了地方政府之间的合作。实际上,我国现有的地方政府合作在很大程度上都是由企业所推动的,地方政府合作的背后可以清楚地看到市场的力量,例如,地方政府间的各种经贸洽谈会以及某些政府间合作协议等就是这种情况的典型表现。

在共同的国家利益框架内,作为相互平等的个体来说,各个地方的公共利益是作为不同的独立的个体利益而存在的,地方政府间竞争或合作是维护地方公共利益的需要。但"地方政府作为一个利益集团和经济行为的主体之一,具有一定的管辖权和参与经济活动的权利,因而也具有自身的利益目标"①。在现阶段，地方政府本身及其主要官员的利益是地方利益诸主体中对地方政府行为影响最大的主体，它几乎直接决定了地方政府的行为。

公共选择理论认为，"经济人"假设在政治领域仍然具有其适用性，人的自利本性并不会因为处于政治领域而改变，"当个人由市场中买者或卖者转为政治中的投票者、纳税人、受益者、政治家或官员时，他们的品性不会发生变化"。②"与在经济活动中一样，个人在参与政治活动时也以个人利益最大化为目的，也以成本——收益分析为依据。'政治人'与'经济人'一样，是利己的、理性的，并依据个人的偏好以最有利于自己的方式进行活动。"③不但地方政府官员具有"经济人"的品性，要追求自身利益的最大化，而且由这些具有"经济人"品性的官员组成的政府机构在一定意义上也可以看做"经济人"。亨廷顿就指出："政府机构有其自身的利益。这些利益不仅存在，而且还相当具体。"④在我国，"由于改革开放所带来的利益结构的重大变化，使得每一个政府机关在作为公共利益代表者之外，作为单位利益代表者的角色越来越明显地显露出来。这种单位利益不是公共利益，而是小团体的狭隘利益。这种小团体利益，从大的方面看表现为一个条条（即一个部门）的利益或者块块（即一个地方）的利益，从小的方面看表现为每一个具体单位的利益"⑤。在影响地方政府行为的因素中，地方政府及

---

① 洪远朋、陈波：《地方利益与中国经济发展》，载《财经论丛》，2001年第4期，第1—6页。

② ［美］詹姆斯·M. 布坎南：《宪法经济学：市场社会与公共秩序》，生活·读书·新知三联书店1996年版，第341页。

③ 杨龙、王骚：《政府经济学》，天津大学出版社2004年版，第64页。

④ ［美］塞缪尔·亨廷顿：《变化社会中的政治秩序》，王冠华译，生活·读书·新知三联书店1996年版，第23页。

⑤ 李国友：《政府自身特殊利益问题初探》，载《社会主义研究》，1999年第5期，第55页。

其主要官员的"政绩"利益是作为关键的中间变量和主导性的独立变量而存在的。也就是说,企业、居民等利益主体主要是通过影响地方政府及其主要官员的"政绩"来影响地方政府行为的,而地方政府及其主要官员则以"政绩"为直接追求目标,直接决定了地方政府的行为选择。

尽管各种利益主体在具体利益诉求上不可能总是保持一致,但在行政区经济的条件下,地方多元利益主体在推进经济发展,维护地方利益上却存在着高度的一致性。这种一致性通过地方政府领导的整合及其制定的各种地方政策,汇聚形成了实现地方利益最大化的自主性倾向。在这样的利益格局中,地方政府在改革开放以来特定的制度环境中,很自然地形成了地方经济增长绩效最大化为核心的效用目标及相应的行为逻辑。[1]

居民的利益诉求在于获得更高的工资,更高质量、更多数量的公共物品和公共服务等,地方政府能否满足这些要求决定了地方政府的群众满意度的高低。为了提高群众满意度,地方政府通常会努力发展当地经济,增加财税,向居民提供更多、更好的公共物品和公共服务。同时,在存在户籍制度的前提下,地方政府又会通过户籍制度对"本地人"的数量和质量进行严格选择,尽量引进那些能够为本地经济、社会发展带来高产出的高素质人才,严格限制普通劳动者成为"本地人"的数量;由于大量的普通劳动者不具有"本地人"身份,在他们为当地经济社会发展作出巨大贡献的同时是享受不到与"本地人"同等的各种社会保险和社会福利等待遇的,这就意味着当地政府为这些大量的"外地人"承担的社会保险等社会支出较低。也就是说,地方政府通过减少享受本地社会保险、社会福利等公共服务的人口数量,避免公共物

---

[1] 何显明:《市场化进程中的地方政府行为逻辑》,人民出版社2008年版,第203页。

品使用者的拥挤，这样不但保证了本地居民享有较多数量和较高水平的公共服务和公共物品，获得较高的群众满意度，而且还降低了地方政府的财政支出，同时使得人均 GDP 不至于因人口基数的增大而相对降低，在一定程度上显示较好的政绩。相对于其他地方政府来说，这种行为则是一种地方保护，是处于竞争状态下的地方政府的行为选择。地方政府一方面用各种优惠政策来引进优质人力资源，另一方面又不给予在本地工作的"外地人"与"本地人"同等的待遇，减轻了政府的负担——这就为该地方政府取得相对于其他地方政府的竞争优势提供了条件，尤其在社保异地转续制度没有建立的情况下，未达到在当地缴费年限的劳动者，一旦异地工作，他们只能取走个人账户部分，企业为个人缴纳的部分则被当地截留，在外来务工者输入众多的一些地方，个人社保被截留的部分甚至成为当地政府的一项重要收入；务工者的养老、医疗等费用负担被转嫁到输出地政府，务工人员输入地政府相对于输出地政府的竞争优势更为明显。户籍制度的存在使得劳动者"用脚投票"的权利受到极大限制，在各地方经济发展不平衡和户籍制度的双重作用下，我国人力资源流动存在着地方政府"选择"劳动力的"奇怪"现象，市场规律的作用受到限制，劳动者在地区间自由流动存在一定的障碍，致使人力资源的区域优化配置难以充分实现。解决这一问题亟需地方政府间在社保的等方面开展合作，但在以地方利益和政绩为核心的地方政府行为逻辑中，地方保护和竞争占据着主导地位，合作动力不足。

企业的发展壮大、盈利能力与地方利益及其主要领导人的政绩紧密相连。企业是地方财政、税收的最重要来源，也是地方就业的重要保障，在以经济绩效为主导的政绩考核模式下，吸引更多的企业而不是更多的居民进入本地更符合地方政府的利益，因而企业的利益诉求对地方政府行为的影响更大，其"用脚投票"的权利也更能影响地方政府的政策。处于市场中的企业总是在不断寻找更多的赢利机会，这就使它们

第三章　地方政府合作与资源的跨行政区配置

有可能从一个地方迁往另一个地方，或者对另外某一个地方进行投资。在这一个过程中，尽管由于资产专用性所造成的沉淀成本对企业的迁移造成了一定的困难，但其"退出"对当地政府仍然具有相当的威胁。当地政府要想留住本地企业并使其不断追加投资进而发展壮大，以及吸引其他地方的企业进驻本地或向本地投资，就必须保证企业在当地具有较高的赢利。为了实现这一要求，地方政府通常会采取两类措施：一是通过制定政策措施，保护本地企业免受外地企业的竞争；二是通过各种方法为本地企业积极扩张产品市场，开拓发展空间，其中就包括各地方政府之间的交流合作。

　　除了对居民、企业等利益主体的利益诉求进行回应外，地方政府自主性的不断增强，使得地方政府能够相对独立自主地对自身利益的实现作出必要的行为。GDP的增长是地方政府的核心利益之一，是地方政府及其主要官员政绩的主要体现。在最常使用的GDP计算方法——支出法中，政府支出和政府投资是GDP的一个重要组成部分，也就是说，政府支出和政府投资可以直接列入本地的GDP。受到这种激励，地方政府通常会扩大政府支出，热衷于自己直接投资，并且投资多集中于基础性设施领域和竞争性投资领域，公益性投资领域所占比例较小。通过政府直接投资，地方政府不但积累了大量的国有资产，而且还可以通过这些国有资产的经营管理行为"赚取"大量的财政收入。"在一些地级市由政府投资公司直接或间接控制的投资额占本地区的城镇固定资产投资总额的半数以上。"① 政府投资在某种意义上成为地方政府及其主要官员追求GDP和个人政绩的重要手段之一，并且，"不仅当地基础设施的改善有助于'招商引资'，从而实现更快的经济增长和改善政绩，而

---

① 李军杰：《反思地方政府间竞争》，载《中国经贸导刊》，2006年第16期，第9—11页。

且显著改善的基础设施本身就是最容易度量的政绩"。① 当每个地方政府都试图通过政府投资在最短的时间内显示其政绩时，投资于短、平、快的项目就成为地方政府的普遍选择，重复建设就会在所难免，随之出现的则是地方政府间的恶性竞争。在这种情况下，财政资源、土地资源以及其他经济要素的配置就不可能得以优化配置，造成巨额的财政资金的浪费。政府财政毕竟有限，并且受到预算的约束。因而，除了政府直接投资外，引进外资也是地方政府发展经济，增进地方利益的重要手段。有些地方政府把招商引资任务层层分解，几乎每一个人都有一定的招商引资任务，甚至有些地方把引资的多少作为部门和个人政绩的主要表现，各个地方争相以诸如零地价等各种优惠政策来吸引外来者投资，从而掀起招商引资大战的浪潮，招商引资门槛被不断降低，违法违规优惠政策不断出台。

简言之，地方政府间是竞争还是合作决定于是否有利于维护和增进地方利益。其中，作为地方利益的主导者、代表者和维护者的地方政府及其主要领导人的政绩，在竞争或者合作中是否能够有效实现是地方政府行为逻辑的核心。

第二节　地方政府竞争与资源区域性配置的扭曲

地方政府之间相互竞争的目的是为了获得本地经济发展所需要的各种资源，进而实现地方利益，显示出较好的政绩。与处于市场中的企业之间围绕"顾客"的竞争不同，地方政府作为区域市场规则的制定者

---

① 张军、高远、傅勇、张弘：《中国为什么拥有了良好的基础设施？》，载《经济研究》，2007年第3期，第4—19页。

和供给者，相互间主要是通过制度竞争来改变市场规则的方式进而改变资源在一定区域内的配置的，各地方政府可以通过对制度的重新安排而争夺更多可被自己控制的资源。因而，地方政府竞争实际上是政府通过对市场的干预来改变资源配置的一种行为。

一、地方政府竞争的性质

地方政府竞争是指市场经济各区域经济体中的政府围绕吸引具有流动性的要素展开竞争。[①] 它是各地方政府为了实现地方利益而采取的对稀缺资源的争夺行为。

早在1956年，美国经济学家蒂布特（Charles M. Tiebout）在《地方支出的纯理论》[②] 一文中就涉及"地方政府竞争"问题，并提出了"用脚投票"的理论。他假定了一个完全的公共物品市场：消费者——投票者（consumer-voters）能够自由迁徙，并会向那个最能满足其偏好的地区迁徙；消费者——投票者对税收和支出的不同类型具有完全信息，并对之作出反应；存在大量的地方可供消费者——投票者选择；不考虑就业机会等限制条件；公共服务的提供在地区间不会引起外部性；地方公共服务的类型根据原有居民的偏好由管理者设定，并且存在一个最佳规模，低于最佳规模的地区会吸引新的居民来降低公共物品的平均成本，高于最佳规模的则会相反，处于最佳规模的则努力保持人口的稳定。居民为寻求能够满足自身的"公共物品——税收"最佳组合的偏好可以在不同地区间自由迁徙，而地方政府则会通过调适"公共物

[①] 周业安、冯兴元、赵坚毅：《地方政府竞争与市场秩序的重构》，载《中国社会科学》，2004年第1期，第56—65页。

[②] Charles M. Tiebout, "A pure thoery of local expenditures", in *The Journal of Political Economy*, Vol. 64, NO. 5, Oct. 1956, pp. 416–424.

品——税收"组合来吸引或排斥某些居民以保持人口的最佳规模,由此可知,那些提供相似"公共物品——税收"组合的地方政府之间就会对那些流动性要素产生竞争。地方政府间竞争最终将有利于地方公共物品规模和税收达到最优。

奥茨(Oates)以资本要素为对象对地方政府竞争进行了研究。地方政府通过降低税率、为企业提供更多的交通、安全等公共投入来吸引流动资本,随着吸引到的资本的增加,当地居民的收入也会上升,并可以提供更多的税收,政府也因而可以提供更多的公共物品。他认为,在一个有众多不同辖区政府机构存在的地区,地方政府对财政资源的竞争将使资本的分布及企业的区位分布趋于合理。①

与蒂布特和奥茨不同,麦圭尔(Therese J. Mc Guire)认为辖区之间的政府竞争具有破坏性。地方政府为了争取更多的选民,就会在公共物品的价格上展开竞争。理论上所存在的对竞争双方和居民都有利的税收水平在现实中是难以实现的。那些试图就公共物品的最低价格达成一致的合约,经常由于某一地方政府违约而失败,因为更低的税收将吸引更多的税源进入违约辖区,暗中降低税率的行为难以避免。但是,如果税率的降低不能增加税源的话,地方政府就会面临在提供公共物品方面的融资困境,资金的缺乏将会使公共物品的提供难以得到保证,这对当地公共福利的增加没有好处。②

布雷顿(Albert Breton)提出了"竞争性政府"(competitive

---

① 杨颖、杨虎涛:《政府竞争模型述评》,载《学习与实践》,2006 年第 6 期,第 49—54 页。

② Mc Guire, Therese J., "Federal Aid to States and Localities and the Appropriate Competitive Frame-work", in Kenyon, Daphne A. and John Kincaid, eds., *Competition among States and Local Governments: Effi-ciency and Equity in American Federalism*, Washing-ton, DC: The Urban Institute Press, 1991.

第三章　地方政府合作与资源的跨行政区配置

governments)的概念。① 他认为，在联邦体制下，政府间关系总体上是竞争性的，政府间不但存在纵向竞争，而且存在横向竞争；政府竞争不但可以是职能部门之间的竞争，也可以是辖区政府间竞争。处于相互竞争关系的各级、各地政府和政府内部各部门以及政府之外的行为主体必须对选民和市场主体的压力作出反应，为其提供满意的非市场提供的物品和服务。在居民和资源可以自由流动的前提下，只有那些能够提供最优的非市场提供的物品和服务的政府才能吸引居民和资源进入本地辖区并留在当地。因而，为了增强本地的吸引力，辖区政府就会围绕有形和无形资源展开竞争。

西方学者对地方政府竞争的研究是在西方成熟的市场经济体制前提下进行的，而中国仍然处在转型期，这一前提决定了地方政府在经济发展中的角色与西方大不相同。地方政府一方面要退出市场，减少地方政府对市场的干预，为市场的发展让出空间，由全能政府向有限政府转变；另一方面，地方政府又要为本辖区的市场提供保障市场正常运转、弥补市场失灵的规则和进行适当的干预，也即地方政府要"有所为，有所不为"。必须注意的一点是，地方政府既扮演"裁判员"又扮演"运动员"的角色仍然是一种普遍现象，政府与市场的关系还有待进一步理顺。中国地方政府之间的竞争既有制度方面的竞争，也有政府代替企业在市场上的直接的竞争。

无论是西方的地方政府竞争还是中国的地方政府竞争，从一般意义上说，都是在一定的经济体制框架下的地方政府运用行政权力对稀缺资源的配置行为。只是不同的经济体制决定了不同的政府和市场关系，而不同的政府与市场关系则意味着政府或市场在经济中所决定的资源配

---

① Albert Breton, *Competitive Governments. An Economic Theory of Politic Finance*, Cambridge University Press, 1996.

置、使用的程度，政府与市场在资源配置方面存在一定的替代关系。地方政府竞争就是各地方政府利用市场机制，通过行政权力直接或间接地改变市场交易的成本与收益，使资源配置有利于自己政区的发展。在西方，政府与市场的边界相对较为清晰，政府主要是在市场失灵的领域配置资源，地方政府竞争主要围绕上级政府的财政资源分配、有限的制度改变来吸引资源进入和留在当地，地方政府间竞争范围有限，比较规范，有着不可破坏的规则，破坏统一市场的地方政府行为被严格禁止。在中国，地方政府不仅是市场规则的提供者，而且还作为经济主体直接参与到市场当中，行政权力对资源的直接和间接支配力度还比较大，因而，地方政府竞争对资源配置的影响巨大。为了有利于辖区的发展和实现辖区利益，地方政府一方面直接利用行政权力干预生产要素和商品的流向。例如，从2009年3月末开始，黑龙江省尚志市由卫生、工商、交警、税务、酒类专卖、物价，甚至××啤酒厂等十几个部门成立了"综合行政执法检查组"，对专营哈尔滨啤酒的经销商、超市、烧烤店、饭店、食杂店等进行处罚，严禁买售哈尔滨啤酒，检查组甚至明确告诉这些经销商要支持本地企业，由卖哈尔滨啤改卖××啤酒。[1] 另一方面，地方政府之间通过制度竞争，改变市场交易规则，从而改变市场交易主体的成本与收益来改变资源流向。由计划经济向市场经济转变是一个不断探索的过程，在这一过程中，地方政府扮演了制度企业家的角色，中央政府更多地起到了法官裁决的作用。[2] 地方政府在向中央政府争取"试错权"方面也会产生竞争，谁掌握了更大的"试错权"谁就掌握相对于其他地方政府的制度创新的主动权，"如某个地方政权在从

---

[1] 林晓蕾：《哈尔滨啤酒在尚志遭遇"禁卖令"》，载《黑龙江晨报》，2009年12月14日，第8版。

[2] 周业安：《中国制度变迁的演进论解释》，载《经济研究》，2000年第5期，第3—11页。

第三章　地方政府合作与资源的跨行政区配置

中央争取资源的竞争中获得较大的利益，它就会在与同级其他地区的竞争中处于优势地位。"① 地方政府在竞争中争相为市场主体提供交易成本更低、收益更高的制度，实际上，谁提供的制度使得市场主体的交易成本相对较低、收益较高，谁就拥有了相对于其他地方政府的较大的资源配置权，就会在区域的资源配置中占有优势地位，并且这种优势地位很可能一直持续下去，使其长时间把握竞争的主动权，越来越多的优质资源流向该政府辖区。

二、地方政府竞争行为

在转轨过程中，地方政府获得了较大的行政管理权和经济管理权，就等于地方政府拥有了一定的竞争行为能力和权利能力。为了实现地方利益，取得相对较好的政绩，各地方政府间展开了各种竞争行为。何梦笔运用演化经济学理论构建了一个政府竞争的实证分析框架，为我们分析地方政府竞争行为提供了重要参考。如果我们对何梦笔所构建的政府竞争的基本框架以地方政府间横向竞争为中心进行考察，可以看出，地方政府竞争的内容归纳起来主要包括三方面：

一是地方政府针对中央政府特殊政策和未明确使用方向的资源的竞争。在转轨过程中，我国实行的一直是非均衡发展。非均衡发展实际上主要是"政策的非均衡"，中央政府总是将一些特殊政策赋予一些地方先行试验，待取得成功后再在其他地方阶梯式推行。政策实际上涉及的是对利益的分配和调节，优惠政策通常意味着更大的资源控制和支配权力，谁能获得优惠政策，谁就能够获得更大的利益，因而，获取政策"试错权"就成为地方政府竞争的重要目标之一。另外，由于我国还没

---

① Carsten Herrmann-Pillath：《政府竞争：大国体制转型的理论分析范式》，载《广东商学院学报》，2009年第3期，第4—21页。

有建立完善的财政转移支付制度,大量的财政资源并没有完全明确使用方向和分配去向,而中央与地方之间存在信息不对称性,通常是哪些地方能够证明将这些资源分配给自己的理由更充分,就分配给哪些地方,甚至地方领导与中央及各部门领导的私人关系也成为影响这部分资源分配的决定性因素。此外,中央各部委还掌握着一些重大项目的投资权和审批权,有些项目放在哪里、批不批的选择余地比较大,可以活动的空间比较大,导致各地方政府争相疏通关系,跑项目、争资源,形成了"跑部钱进"的现象,各地在北京设立的"驻京办"多是为了"跑部钱进"。据不完全统计,在北京,除52家副省级以上的驻京办之外,还有520家市级驻京办,5000余家县级驻京办。如果加上各级(主要是省)政府部门设的联络处(或办事处)、各种协会、国有企业和大学的联络处,各种驻京机构超过1万家。① 由于地方政府间的这一竞争是争夺中央政府所掌握的资源,而不是直接争夺另一地方政府所掌握的既有资源,并不影响另一地方政府的既得利益,是一种增量资源的竞争;并且,能否争取到中央政府的资源并不完全取决于地方政府间相互的策略性行为,因而,一般不具有直接对抗性。

二是对流动性资源的竞争,主要在于吸引实现经济增长所需要的经济要素。"在分权化改革的推动下,资本形成已经成为地方政府的核心行为目标。"② 从现实来看,资本充足与否对地方经济发展具有决定性的影响,资本匮乏是制约经济发展的最主要因素。纳克斯指出:"在经济落后国家,发展问题的核心就是资本形成。"③ 同样,在一国内部,落后地区的发展问题的核心也是资本形成问题。除了地方政府利用自有

---

① 保育钧:《"驻京办"现象与中央地方关系剖析》,载《经济观察报》,2006年11月20日,第22版。

② 朱秋、刘大志:《资本形成过程中的地方政府竞争》,载《中国改革》,2005年第3期,第72—73页。

③ 纳克斯:《落后国家的资本形成》,台湾:台湾银行研究室1967年版,第1页。

第三章　地方政府合作与资源的跨行政区配置

的财政资源进行投资外,吸引市场主体的投资成为各地方政府的普遍选择。可以说,"资本饥渴症"是当代中国的普遍现象,各地方政府对有限资本的竞争成为地方政府竞争的核心内容。吸引人才、技术是地方政府竞争的另一重要目标。高技术人才和高新技术对地区经济发展具有重要的推动作用,尤其是在各地方争相建立高新技术开发区的背景下,能否吸引到高技术人才和高新技术,对于支撑地方产业升级和抢占高新技术制高点具有重要意义。另外,地方政府为了发展经济,还对一些重要的自然资源进行争夺。

三是对市场的争夺。通常情况下,市场份额的大小对企业的盈利能力和成长空间至关重要。为了占据较大的市场份额,同类产品以及替代性产品之间的对市场的竞争是市场经济的必然要求和最普遍的现象。在转型期,地方政府的财税收入与本地企业的经济绩效直接相关。本地企业占据同类产品市场的份额越大,意味着本地企业较强的盈利能力,而企业收入的增长意味着地方政府所能获取的税收的不断增加。地方政府与当地企业在扩大市场份额、增加企业收入上存在利益的一致性,地方政府就会为本地企业千方百计保护本地市场,积极开拓辖区外市场。在某种程度上,地方政府成了本地企业的"代理人",地方政府行为"企业化",出现地方政府直接代替企业而相互争夺市场的现象。

这三个方面的竞争,对流动性资源的竞争是核心,其中,能否吸引足够的投资到本辖区又是实现地方经济增长的关键。对中央特殊政策和未明确使用方向和分配方向的资源的竞争,对地方政府间流动性资源的竞争影响巨大。"如某个地方政权在从中央争取资源的竞争中获得较大的利益,它就会在与同级其他地区的竞争中处于优势地位"[1],在经济发展中不但能够取得占先优势,而且还会获得后续的对流动性资源的较大的吸引力,从而形成先发优势。地方政府对市场的争夺对吸引流动性

---

[1] Carsten Herrmann-Pillath:《政府竞争:大国体制转型的理论分析范式》,载《广东商学院学报》,2009年第3期,第4—21页。

资源进入辖区也有重要影响。对市场的争夺表明了地方政府的"亲企业性",对本地市场的保护强度和对区外市场的开拓力度则在一定程度上表明了地方政府的"亲企业"程度。它给企业暗中传达了一个能够在多大程度上影响地方政府政策的信号。现实表明,那些"亲企业"程度更高的地方政府更容易与企业达成合谋,企业对地方政府决策的影响力度也更大。地方政府对本地市场的强力保护使得本地企业可以获得大量的租金,这对企业是一个巨大的吸引力。因为企业不但可以享受某地方政府的区内优惠政策,而且还可以谋取到由于地方政府保护本地市场而产生的租金,那些不能经由正常渠道开拓市场的企业,就有可能或者只能通过投资的方式来开拓异地市场。

为了在竞争中获得优势地位,吸引流动性资源进入本辖区,地方政府间以各种方式展开了竞争:一是在内部打造良好的软硬环境,增强辖区的吸引力,二是对外树立各种行政壁垒,实行地方保护。

在辖区内部为市场主体创造良好的软硬件环境是一辖区增强资源吸引力的根本途径。向中央争得优惠政策可以极大地改变地方政府的决策环境,扩大地方政府制度创新的权利和空间。那些获得中央优惠政策的地方,通常会较其他地方享有更大的税收减免权利,以及获得中央政府更多项目的支持,尤其是那些获得"先行先试权"的地方,较其他地方的优势就更为明显。例如,2006年6月,《国务院推进天津滨海新区开发开放有关问题的意见》下发,鼓励天津滨海新区进行金融改革和创新。意见指出:"在金融企业、金融业务、金融市场和金融开放等方面的重大改革,原则上可安排在天津滨海新区先行先试。"在这样的优惠政策驱动下,金融资源会不断向天津滨海新区聚集,天津金融业获得优先发展,并进而带动其他相关产业发展,为制造产业等提供强大的融资支持,形成优质的行政区内部软环境。

为了创造良好的内部软环境,各地方政府还不断削减行政审批项目,进行制度创新,建设服务型政府,为市场主体提供高效、优质、

第三章　地方政府合作与资源的跨行政区配置

"亲市场"的公共管理环境。近年来,从总体上来说,我国行政审批数量大幅削减,有些地方政府不但按照《行政许可法》和中央政府的要求大幅削减了行政审批数量,而且主动按照市场的要求,更进一步地对行政审批权进行了削减和规范。例如,江苏省在2009年对55个省级部门行政权力清理的过程中,在原有的8000多项权力基础上清理掉了1021项"不该有"的权力,包括行政许可107项,行政处罚631项、行政征收38项、行政强制92项、其他行政权力153项。[1] 山西省于2009年6月公布了第九批取消和调整省直部门的行政审批项目,共取消行政审批项目20项,调整行政审批项目50项,涉及17个省直厅局。[2] 河北省从2001年3月到2004年11月,省政府有关部门共清理出行政审批事项2279项,已取消和拟取消1306项,占行政审批项目总数的57.3%。省政府部门实行了"一个窗口"对外的审批方式,做到了"一门受理、内部运作、抄告相关、限时办结";11个设区市全部建立了功能齐全、服务完善的行政审批服务中心;县级积极探索适合本地实际的审批方式。河北省还建立了行政审批监管制度,制定了《关于建立健全行政许可有关配套制度意见》,要求所有实施行政许可的部门对保留的行政许可项目建立受理、审查、听证等七项一般制度和招标拍卖、考试考核等四项特别制度,做到了有章可循;并在全国率先推行了"行政审批公开承诺制度",出台了《行政审批过错责任追究暂行办法》。[3] 天津市设立了市和区县两级行政许可服务中心,建立行政许可服务中心后,进入"中心"的共有85个行政审批部门和配套服务单位,使集中审批办理的事项已达924项,集中审批率达到94.6%。截至

---

[1]　衡晓春、任昌辉、石小磊:《江苏砍掉千余"不该有的权力"》,载《扬子晚报》,2009年7月21日,第A2版。

[2]　贺锴:《第九批取消和调整的行政审批项目公布》,载《山西日报》,2009年6月26日,第A2版。

[3]　苏励:《我省大力推进行政审批制度改革》,载《河北日报》,2004年11月4日。

2006年7月,行政共受理审批事项16.68万件,现场审批率达90%,提前和按时办结率达99%,审批效率比过去提高了40%。为进一步规范行政审批,天津市于2006年8月开始实施《天津市行政审批管理规定》,以法律的形式明确了行政审批主体和管理机构、行政审批向社会公开的内容、行政审批应遵循的原则和实施要求、行政审批收费的形式及要求、对行政审批效能考核和监督的方式,并对集中审批和联合审批作出了明确规定。① 2002年8月开始,天津南开区开始试行行政审批"超时默认"制度,2003年1月正式施行(2004年2月改为"超时默许"),即行政审批部门对受理的事项,如果在规定时间内未作出准予或不予许可决定,又未经法定程序延长审批时限,逾期未办结的,将自动视为默认同意。这一制度创新极大地提高了南开区的行政审批效率,有效地优化了南开区的经济发展软环境,吸引了大批厂商到南开区投资,"2002年到2005年,南开区招商引资达217亿元,仅2005年全区就注册企业4220家,注册资本13.3516亿元,同比分别增长70%、61%,2005年区级财政收入比2000年提高3.96倍。"②

对外来投资者争相进行税收优惠和土地优惠是地方政府竞争最为重要的政策工具。税收可以看做是政府提供公共物品和公共服务的价格,直接构成了企业的成本和负担,通过不同形式的税收优惠政策来吸引外来投资和外地企业入驻本辖区是各地方政府的理性选择。按我国现行税法规定,除中央政府有明确授权的减免之外,各级地方政府均无权自行制定税收减免政策。但各地方政府为了招商引资,争相出台了各种各样的税收优惠政策。许多地方早已突破两免三减半的企业所得税的优惠政策底线,五免五减半的政策已经在一些地方暗地里执行。为了引进一些

---

① 王子闻、白俊峰:《规范行政审批管理优化投资发展环境》,载《天津日报》,2006年7月29日,第1版。
② 包推钧:《从天津市南开区"超时默许"机制看行政审批创新》,载《天津行政学院学报》,2006年第2期,第21—25页。

超大型企业，个别地方甚至承诺给予十免十减半的税收优惠政策。① 许多地方政府还自行设立经济开发区、高新技术开发区等，对开发区内的企业实行减征、免税等优惠措施；一些地方放宽政策审批标准，擅自扩大税收优惠适用对象，对中央明文规定的适用各种税收优惠政策的企业，如福利企业、校办企业、高新技术企业等等，擅自降低认定门槛，放宽标准，扩大享受优惠的对象；还有的地方允许一些企业打着高科技、环保、节能等名义而享受国家规定的企业所得税优惠政策。除制定税收优惠政策外，地方政府之间还通过税收折扣或奖励、税收先征后返或财政返还等方式，进行变相的税收优惠竞争。此外，还有地方政府以权代法，干预税收执法过程，故意放松管制，如对有的企业故意延长纳税期限或免于稽查等等。②

对于工业用地，各地方政府更是争相压低价格，甚至提出"零地价"的优惠做法。郑江淮等对江苏31家沿江开发区进行了问卷调研，通过对返回问卷的11家开发区中的63家支柱企业的调查问卷发现，支柱企业在对影响其进驻开发区的各种因素相对重要性的评价中，依次是当地政府提供的税收优惠、土地优惠、开发区的基础设施水平、国内市场潜力、当地劳动力比较优势、产业配套能力，"当地政府提供的土地优惠"居"当地政府提供的税收优惠"之后，位居第二。③ 为此，对于地方政府为什么会争相通过降低工业用地价格的方式来吸引企业入住本辖区，也就不足为奇了。无锡国土局耕地保护处处长丁伟民曾指出："目前地区之间的竞争客观存在，为招商引资压低土地价格甚至推出

---

① 王擎：《国税总局调查减免税内幕与地方政府博弈为税制改革铺垫》，载《中华工商时报》，2004年7月30日。

② 熊冬洋：《对税收竞争中地方政府行政权力滥用的思考》，载《税务与经济》，2009年第3期，第76—79页。

③ 郑江淮等：《国际制造业资本转移：动因、技术学习与政策导向》，载《管理世界》，2004年第11期，第29—38页。

'零地价'一度是长三角各地心照不宣的做法。"① 不仅如此,许多地方政府还在土地政策领域提供变相优惠,"比如有的地方在外商投资企业建成后由地方政府用财政资金返还其支付的部分征地款"。②

在政府规制方面,许多地方政府尤其是西部一些地方政府为了承接东部产业转移,明里暗里降低规制标准,引进高污染、高耗能、高耗水的企业,对引进这些企业后所产生的污染等问题不管不问,甚至暗中保护这些企业,以应对上级政府的检查;放任本地假冒伪劣商品生产、销售等等。

基础设施直接构成了投资者的商务成本。地方政府为了留住原有企业和吸引更多的企业进入本辖区,还不断改善基础设施,包括高速公路、轨道、通讯电缆、机场、车站以及城市公用事业等等,从而营造良好的硬件环境。可以说,我国改革开放以来基础设施的迅速改善,无不体现了地方政府竞争的需要。但地方政府间在公共物品的供给上也存在恶性竞争的问题,在基础设施建设标准上相互攀比,导致重复建设、超前过度的问题。有的在交通基础设施的规划建设上缺乏相互间的沟通、协调和衔接,致使出现许多省际、市际、区县际、乡镇际的"断头路",其中,不排除某些地方政府为了地方利益故意不与邻区衔接的嫌疑。

在不断优化内部环境的同时,地方政府还对外树立行政壁垒,采取各种地方保护措施。概括起来,这些措施主要包括直接控制外地产品的销售数量、价格限制和地方补贴、工商质检方面的歧视、阻止外地产品进入其他非正式的无形限制、对外来企业原材料投入方面的干预、对劳动力市场方面的干预、对投融资方面的干预、对技术方面的干预等八个方面,表 3.1 列出了具体的地方保护措施和行为。这些行为措施的实施,目的在于利用行政权力鼓励产品流出,限制产品进入;吸引要素流入,限制要素流出,在竞争中形成发展优势。

---

① 李艾:《国土资源部紧缩"地根"长三角再告"地荒"》,载《国际金融报》,2004 年 3 月 29 日。
② 孙小林:《国务院叫停长三角恶性招商竞争》,载《21 世纪经济报道》,2008 年 9 月 25 日,第 7 版。

第三章　地方政府合作与资源的跨行政区配置

表 3.1　地方保护行为和措施

产品市场的保护方式	直接控制外地产品的销售数量	当地政府开列采购目录，将产品分为禁止从外地购进和限制从外地购进
		规定企业采购本地产品的总额，保证本地产品销量
		当地政府规定企业需要采购和经营本地产品的比重
		企业采购较为稀缺的原材料时，原材料产地政府限制稀缺原材料的采购
	价格限制和地方补贴	采取行政性定价的办法，提高外地产品的价格
		经销外地产品，收取的费用较经销本地产品多
		利用金融杠杆，对经销本地产品在融资渠道、利率和结算等方面提供优惠，对经销外地产品则不提供相应的优惠
		使用财政杠杆，对本地企业实行减免税和其他补贴等
	工商质检方面的歧视	以加强市场管理和质量监督为由，对外地产品实行超标准的报验和检验制度
		以整顿销售渠道为由，减少商业企业从外地进货的渠道和品种
		运用工商检查，如以打假为由，对外地产品实行限制
		上车船牌照对外地企业进行限制
		默许本地产品作不切实际的广告宣传，挤压外地产品
		打击本地生产的假货不够严厉
		在行政区边界设卡或收费站，对进出商品进行不正当检查或多收费
		以环保健康或卫生安全为由，构筑技术壁垒
	阻止外地产品进入其他非正式的无形限制	在企业需要诸如法律、会计、咨询等中介服务时，被要求或被暗示要求选择本地的中介机构
		在政府或本地企业进行采购时，照顾本地企业
		在政府或企业进行建筑工程招投标时，照顾本地企业
		外地企业起诉本地企业时，司法部门不积极
		在审判时，有明显偏袒本地企业的行为
		在执行判决时，司法部门不积极
	对外来企业原材料投入方面的干预	规定企业采购本地产品的总额，即必须采购某一最低数额的本地产品
		规定生产企业的原材料、零部件等中间投入，必须以一定数量或比重从本地产品中购进
		对某些初级农产品、工业原料或重要的工业产品进行采购时遭遇与当地企业的不平等竞争

要素市场的保护方式	对劳动力市场方面的干预	当地政府要求企业招工优先本地户口
		当地政府要求企业聘用的外地户口从业人员需要额外的资格证明
		因为政府相应职能不完善,难以为外地职工提供养老、医疗和失业保险
		为外地职员办理暂住证收取高额费用
		聘用人才时,较本地企业行政手续复杂
		外地职工子女在当地入学成本太高
		外地职工到当地落户、解决户口困难
	对投融资方面的干预	禁止外地企业进入其所属的行业
		禁止或限制外地企业对本地企业的兼并、收购
		提高外地企业注册资金的标准
		增加对外地企业资金来源及运用的审查次数
		外地企业在当地投资后,基础设施的改善没有兑现,或在水、电、气等方面多收费
		外地企业在当地投资赢利后,当地政府要求外地企业将其赢利再投资于当地
		外地企业从当地撤资时,当地政府或企业有明显损害外地企业利益的行为
	对技术方面的干预	限制企业间技术转移
		限制技术人员,特别是重要的技术人员的流动,如缴纳巨额费用、不调动档案等
		不承认企业在外地已经获得的技术证明,要求重新进行评估或检验

资料来源：根据李善同、侯永志：《中国区域协调发展与市场一体化》，经济科学出版社 2008 年版，第 219—220 页编制。

三、地方政府竞争效应

地方政府竞争对中国的经济发展、经济制度和经济格局的演变、政府与市场关系的改变等等方面产生了重要影响，既有促进经济增长等正

第三章 地方政府合作与资源的跨行政区配置

面效应,也有导致重复建设、市场"碎片化"、跨界问题严重等负面效应。

首先,地方政府竞争使得地方政府对权力进行了一定程度的自我限制,培育并促进了市场力量的生成和增长,实现了中国经济的高速增长。

钱颖一和巴里·R. 温加斯特(Barry R. Weingast)认为,中国式分权所塑造的"维护市场型联邦主义"为中国"经济奇迹"提供了政治基础[1],其中,中国式"维护市场型联邦主义"所诱致的地方政府间竞争对经济增长的意义重大。政府间竞争使得没有哪个政府能够垄断对整个经济的规制权,因为那些受到地方政府管制的企业,由于相对成本较高而处于竞争劣势,企业发展不好自然就会影响当地经济发展,从而限制了当地政府对企业的管制;政府间竞争还促使政府保护要素所有者,提供基础设施、市场机会和良好的制度环境。竞争还提供了政策选择和试验的多样性,促使地方政府学习和模仿成功的经济政策,实现制度创新。地方政府间竞争使得失败的政策实验被抛弃,成功的政策实验被模仿,不断实现制度的创新。尽管为了吸引资源和投资地方政府间存在过度竞争的问题,但地方政府也在不断改善基础设施、放松对本地企业的管制,为企业发展创造良好的环境,为居民提供良好的福利。[2]

地方政府间竞争的有益效果在于一定程度上遏制了政府的"掠夺之手",在市场及市场主体培育方面扮演了"扶持之手"的角色。地方政府通过竞争相互限制了自身权力,减少了对市场的不当干预,促进了

---

[1] Yingyi Qian and Barry R. Weingast, "China's Transition to Markets: Market—Preserving Federalism, Chinese Style", in *Journal of Policy Reform*, 1996, 1, pp. 149 – 185.

[2] Gabriella Montinola, Yingyi Qian, and Barry R. Weigast, "Federalism, Chinese Style: The Political Basis for Economic Success in China", in *World Politics*, October, 1995, pp. 50 – 81.

"行政区市场"内部环境的不断优化。

其次,地方政府竞争在某种程度上导致了重复建设的加剧。

重复建设虽然有着历史的原因,即在改革开放前,为了备战的需要,各地方搞"大而全"、"小而全",而不是按照资源禀赋实行专业化生产,但地方政府竞争无疑在事实上加剧了重复建设和产业同构。为了提高政绩,各地方政府争相上马"价高利大"的项目,盲目搞配套,胡乱引项目,一味追求"健全的"工业体系,各地方政府产业规划严重雷同,陷入自成体系、自我循环的状态。据不完全统计,20世纪80年代以来,我国重复建设所涉及的行业达200多个,已经从当初的制造业领域向几乎所有部门扩散,不仅存在于基础设施和证券机构,而且存在于汽车、电子、机械、化工、建筑五大支柱产业,医药、钢铁、啤酒、农产品加工和高新技术产业也不例外。[①] 不但省与省之间存在重复建设和产业雷同的问题,省内的市与市甚至县与县之间也存在这一问题。表3.2列出了江苏沿江各地31家经济技术开发区支柱产业的分布情况,31家开发区中有77%开发区都选择了化工行业作为一个支柱产业,21家选择了电子机械为其中一个支柱产业,占总数的68%,生物医药、新材料等产业在许多开发区也都被列为支柱产业。表3.3则列出了江苏省省辖市"十一五"规划中关于机场建设目标的情况,在一定程度上反映了地方政府规划雷同和基础设施领域的重复建设倾向或行为。

---

① 张紧跟:《当代中国地方政府间横向关系协调研究》,中国社会科学出版社2006年版,第47页。

第三章 地方政府合作与资源的跨行政区配置

表 3.2 江苏沿江各地经济技术开发区（31 家）支柱产业的分布

次序	支柱产业	沿江各地经济技术开发区 开发区所在地	家数	占比
1	化工（含精细化工）	南京经济技术开发区；南京化学工业园；镇江、丹徒、扬中、常州、江阴、张家港、太仓港、仪征、扬州、泰州、泰兴、靖江、南通港闸、通州、海门、启东经济开发区；常州高新技术开发区；张家港保税区；江苏扬子江国际化学工业园和冶金工业园；南通经济技术开发区；南通台商投资开发区	24（12）	77%
2	机械电子	南京经济技术开发区；南京高新技术产业开发区；江宁、南京浦口、六合、镇江、丹徒、句容、江阴、常熟东南、泰州、泰兴、南通港闸、通州、海门、如皋、启东经济开发区；南通经济技术开发区；常州高新技术开发区；张家港保税区；南通台商投资开发区	21	68%
3	生物医药	南京经济技术开发区；南京高新技术产业开发区；常州高新技术开发区；南京浦口、六合、句容、常熟东南、南通港闸、通州、海门、如皋、启东经济开发区；南通台商投资开发区	13	42%
4	新材料	南京经济技术开发区；江宁、丹徒、丹阳、江阴、张家港、常熟、常熟东南、太仓港、靖江、海门、如皋经济开发区	12	39%
5	汽车和零部件	江宁、六合、丹阳、句容、常熟、常熟东南、泰州经济开发区	7	23%
6	特种钢铁	南京经济技术开发区；丹阳、张家港、常熟经济开发区；江苏扬子江国际化学工业园和冶金工业园	6	20%
7	轻纺	常熟东南、仪征、泰兴、南通港闸、通州经济开发区；南通经济技术开发区	6	20%
8	现代物流	南京经济技术开发区；张家港保税区；太仓港经济开发区；仪征经济开发区；南通经济技术开发区	5	16%
9	船舶修造	扬中、扬州、江都、靖江经济开发区	4	13%

资料来源：郑江淮等：《国际制造业资本转移：动因、技术学习与政策导向》，载《管理世界》，2004 年第 11 期，第 29—38 页。

注："占比"是指选择每个行业的开发区家数占开发区总数（31 家）的百分比。

表 3.3 江苏有关省辖市"十一五"规划中的机场建设目标

城市	南京	无锡	常州	连云港	徐州
机场建设目标	积极推进现代化国际航空港建设,启动禄口机场二期扩建工程,建成六合马鞍机场。到2010年,机场年旅客吞吐量达到1200万人次,货邮吞吐量达到40万吨。	按年客运能力1000万人次以上、4E级民航机场的发展目标,加快实施无锡(苏南)机场改扩建工程,建成苏南地区一类航空口岸和苏南地区重要的区域性枢纽机场。	完成常州机场改扩建工程,力争达到4E级机场等级标准,并实现常州民航机场一类口岸对外开放,成为苏南地区航空货运中心和国内重要的民航机场。	将目前的支线机场建成干线航空枢纽港,2010年客运量达到30万人次。做好国际航空港建设前期工作。	观音机场客、货吞吐能力分别达到60万人次/年和10万吨/年。使徐州观音机场逐步成为国内重要干线机场和区域性国际机场。
城市	南通	盐城	泰州	扬州	淮安
机场建设目标	积极推进南通机场与其他航空公司的合作重组,按照4E级机场规划控制,争取加入上海国际航空枢纽网。	新建国际候机楼,改、扩建飞机跑道和停机坪等配套设施,将盐城民航站建成国家一类对外开放口岸。	推进苏中机场的规划论证工作。	全力争取苏中机场立项建设。	争取开工建设民航淮安机场。

资料来源:惠彦、陈雯:《政府间竞争行为与地方发展规划编制》,载《地域研究与开发》,2008年第2期,第20—24页。

再次,地方政府恶性竞争导致了市场的某种程度的"碎片化"。

由计划经济向市场经济转变的过程,也是市场逐渐生长的过程。"严格地说,我国的统一市场一直没有形成。现阶段的市场分割还不是指对统一市场的分割,而是指现有的市场是被条条和块块分割的,没有形成统一市场。……不可否认,经过多年的市场化改革,各个地区不同

第三章 地方政府合作与资源的跨行政区配置

程度地发展起了市场经济,但是,统一市场没有形成,发展起来的市场经济仍然是低层次低水平的。"① 地方政府间在恶性竞争过程中,又在低层次低水平市场经济的基础上,树立了各种行政壁垒,实行地方保护,对市场的一体化造成了严重阻碍,形成了一个个具有相对独立性的"行政区市场"。有学者通过边界效应分析表明,1987年到1997年,中国各省的国际市场一体化程度在上升,而国内市场一体化程度很低,且其水平还在不断下降,国内市场被划分为众多子市场的趋势有所加剧,省际边界在国内市场分割中起着越来越重要的作用,中国国内市场有走向"非一体化"的危险。② 国内学者利用2003—2005年中国的省际产品贸易进行了全面的描述分析和计量检验,得出中国省级层面上确实存在边界效应,在含多边贸易壁垒变量的模型中,得到了较大的边界效应,但2003—2005年期间,省际的边界效应没有增加的趋势,中国国内产品市场的分割没有加剧。③ 尽管可能由于市场容量的扩大和某些区域市场正溢出效应的增加,使得中国区域经济一体化在缓慢发展,但如果我们从地方政府恶性竞争中出台的各种保护政策和措施来看,市场的"碎片化"在某种程度上是客观存在的。

最后,地方政府竞争加剧了跨界公共产品和公共服务供给的短缺,导致公用地悲剧的产生。

行政区划的存在客观上使得地方政府专注于辖区内部事务,但跨界公共物品和公共服务需要相互间合作才能有效地提供,由某一个地方政

---

① 洪银兴:《论我国转型阶段的统一市场建设》,载《学术月刊》,2004年第6期,第83—91页。

② Sandra Poncet:《中国市场正在走向"非一体化"》,载《世界经济文汇》,2002年第1期,第3—17页。

③ 李善同、侯永志:《中国区域协调发展与市场一体化》,经济科学出版社2008年版,第279—305页。

府来提供跨界公共物品，其行动的动力显然不足。因而，跨界公共物品和公共服务的供给必然存在短缺问题，而地方政府间竞争尤其是地方保护和地区封锁行为，在很大程度上加剧了这一问题；有些地方政府甚至以邻为壑，对公共产权资源过度使用、相互争夺，总想使自己收益最大化，尽量将成本转嫁给其他地方，使自己成本最小化，难免导致公用地悲剧的发生。例如，位于广东花都区狮岭镇附近的露天垃圾场是目前花都最大的垃圾场，花都区新华镇和狮岭镇生活垃圾及工业垃圾都拉到这里，虽然名称叫垃圾填埋场，但这里的垃圾都是露天堆放，没有经过什么处理。这个垃圾场属于花都区政府管理，但由于地处花都区与清远清城区交界处，山与山之间说不清楚边界究竟在哪里，于是这个地方成了谁都管不了的边缘地带，两地纷纷把垃圾场建在这里。为了省钱，大家都不投资处理。这种跨界的污染严重的垃圾场在珠三角并非特例，在各城市交界地带随处可见，诸如广州人和镇与从化交界处、花都与南海交界处的文岗村等地均有这种露天的垃圾场。另外，珠三角跨界水污染问题也相当严重。原来三水有八家电镀企业排污严重污染了下游的佛山、广州，两地对此意见很大，引起纷争。经过多年的交涉，三水才下决心关闭这八家电镀企业，然而关闭不久，这些电镀企业四家迁到了高要，四家迁到了清远，继续污染珠江。为此三水与两地又继续进行多次交涉，但未能解决。[①]

四、地方政府竞争与资源的辖区化控制及资源区域配置的阻隔

地方政府竞争的各种效应本质上反映的是地方政府在相互竞争中对

---

① 刘茜、唐小慧：《跨界污染谁都受害谁都不管》，载《南方日报》，2009 年 2 月 20 日，第 A6 版。

第三章　地方政府合作与资源的跨行政区配置

资源配置产生的各种影响，同时反映了地方政府在相互竞争中对资源进行直接配置的后果。

在转型期，地方政府竞争主要是以资源争夺为主要对象，制度竞争不过是对资源竞争的一种手段。也就是说，制度竞争的最终目的是为了吸引更多的资源进入本辖区，使本辖区在相互竞争中获得更多和更优质的经济要素，实现地方利益。因而，地方政府间竞争客观上产生了与转型期相吻合的资源配置效应，即资源受到地方政府的辖区化控制，形成了众多的"行政区市场"，导致"市场碎片化"，资源跨区域空间配置受到阻隔。

按照成熟的市场经济的要求，资源的优化配置是在企业主导下实现的，经济要素的流动受到成本和收益的影响，会向成本较低、收益较高的地方流动。其基本趋势是，商品首先流向价格高的地区，然后扩展到可能的每一个角落，直至边际成本等于边际收益；资本流向利润率高的地区，直至利润平均化；劳动力流向工资高的地区，直至拉平工资的空间差距；信息、技术等要素则主要随着资本和劳动力的流动而流动。① 但在我国转型期，通过设置各种行政壁垒和制定"歧视性政策"，地方政府把握了资源配置的主导权，想方设法使资源聚集到本辖区，经济要素在区域间自由流动受到严重阻碍，尤其是以国有企业为主的公共资产和公共资源，更是受到政府的牢牢控制。国有企业表面上独立于政府，是独立的市场主体，自主经营、自负盈亏，享有法人单位资产的各项权益，但在经营管理中的重大决策都需要得到政府的允许才行，如企业的破产、兼并、重组等行为均需要得到出资地方政府的审批许可。地方国有企业要想迁往其他地方几乎是不可能的，地方政府会要求当地企业首先要服务于当地经济发展、群众就业，在政策上给以优惠和保护。在某

---

① 吴强：《政府行为与区域经济协调发展》，经济科学出版社2005年版，第127页。

种程度上，地方国有企业仍然是地方政府实现经济利益甚至政治利益的工具，通常情况下，地方国有企业为了获得当地政府的优惠政策和财政支持也不会搬迁。不过，民营企业的搬迁转移也并不容易，笔者在调研中了解到，由于天津滨海新区作为国家综合改革配套试验区享有许多特殊政策，河北一家化工企业受到这种政策和廉价土地的吸引，想搬迁到天津滨海新区，河北方面则阻止该企业搬迁。在这种情况之下，该企业只好采取偷偷摸摸的方式搬迁，先暗中在滨海新区把所有厂房建设好，然后整体搬迁，为了不招惹麻烦，企业与天津市有关部门约定不要对此事进行宣传。

马歇尔·W. 梅耶（Marshall W. Meye）认为，中国是一个统一的国家，但却存在许多经济实体，省市边界分割了市场，限制了市场规模，进而限制了区域市场和全国统一市场的形成以及企业的全球竞争力；中国的大型国有企业集团如中远集团（COSCO）采取的是一种母子公司管理形式，受到地方保护主义和母子公司管理模式弱点的限制，总公司面临着整合各子公司的巨大挑战，像中远集团青岛有限公司对地方的认同感要强于对集团的认同感；大型民营企业也很少采用业务部门的方式来组织，大部分都是采用控股公司的形式，内部协调只是名义上的，协调通常采用的是交易方式（transaction）而不是科层制，例如蒙牛集团在 UHT（超热处理）牛奶和软包装牛奶销售上采用的是集中化的销售体系，各附属公司将产品卖给蒙牛，再由蒙牛集中销售——这种买卖不是真的将产品卖给蒙牛，而是各附属公司执行蒙牛销售指令的一种方式——事实是，蒙牛没有能力将地方性的牛奶公司与销售公司整合起来作为一个区域性经营实体来进行管理。[1] 这正是地方政府运用行政壁垒

---

[1] Marshall W. Meyer, "China's Second Economic Transition: Building National Markets", in *Management and Organization Review*, 2008, pp. 3 – 15.

和各种歧视性政策,对资源和经济要素进行辖区化控制的结果,以至于大型企业都难以通过科层制或曰行政化的方式在区域层面来配置本企业集团的资源,严重影响了资源在空间上的配置效率。

对于跨界公共物品的提供和公共事务的治理来说,权力本身就是一种重要的资源,比如对公共河流的规划开发以及污染的规制、对公共山脉的开发保护等等,都需要跨越地方辖区的管辖权来对其进行有效治理。然而,地方政府间竞争尤其是恶性竞争使得管辖权之间形成一种对立和冲突关系,如果没有"选择性激励"的话,地方政府之间或者总是试图将成本转移给他人,自己坐享其成,或者过度使用公共资源,或者二者兼而有之。因而,这种地方政府管辖权之间的对立和冲突,会导致严重的"公用地悲剧",最终有可能对公共河流等公共资源造成毁灭性破坏。在地方政府管辖权之间存在对立和冲突的情况下,相关地方政府的管辖权之间的"交易"是很难出现的,导致公共财政资源也就很难投入到跨界公共产品和公共服务的生产和供给上,问题就难以解决。

第三节　地方政府合作与资源区域性配置的实现

重复建设、市场的"碎片化"、跨界公共物品和公共服务供给的短缺以及公用地悲剧实际上是地方政府竞争行为产生的负外部性的表现,在资源的空间配置上则表现为地方政府对资源的辖区化控制和区域性配置的阻隔。地方政府合作则发挥了将地方政府竞争的负外部性内部化的功能,资源的区域化配置也在不同程度上得以实现,资源的空间配置效率也得以不同程度的提高。

一、地方政府合作与地方政府竞争行为外部性的内部化

外部性问题由马歇尔首先提出，经由庇古等经济学家的发展，逐渐成为经济学一个重要概念和分析工具。狭义上的外部性是指经济主体的行为对该经济主体以外的人或事物所造成的影响。外部性的存在导致社会收益与私人收益的不一致——当社会收益大于私人收益时，这时存在正外部性；反之，当私人受益大于社会收益时，则存在负外部性。经济学家对外部性的内部化的最初认识，就是通过政府干预来将之消除，典型的就是征收庇古税。当科斯将交易成本引入经济学之后，外部性在新制度主义经济学家看来则是产权问题；之所以存在外部性，是因为产权界定模糊，只要产权界定清楚，市场主体之间的契约和交易就可以消除外部性，无需政府过多的干预，政府的职责在于通过立法来明晰产权。

外部性的存在表明市场存在失灵的问题，公共选择学派则证明政府干预同样存在政府失灵的问题，政府行为的外部性开始被论及。"政府行为外部性是政府制定公共政策、行使公共服务职能以弥补市场缺陷的副产品，它是由政治过程产生，通过改变交易规则或产权控制从而间接改变市场性外部性，造成相应的成本和收益转移的现象。"① 比如，如果某地方政府对本地某个或某类企业进行财政补贴，该（类）企业售价就会低于市场均衡价格，那么本地消费者就会获得更多的消费者剩余；但由于其售价降低，其他未受财政补贴的同类或替代产品的生产者必受其影响，要么随其一起降价，要么保持价格而市场缩小，最终收益降低。从空间角度来看，某一地方政府的行为除了对本辖区的市场主体

---

① 李郁芳、郑杰：《论政府行为外部性的形成》，载《学术研究》，2004 年第 6 期，第 30—34 页。

第三章 地方政府合作与资源的跨行政区配置

产生外部性之外,同样会对其他地方政府辖区内的市场主体产生不同程度的外部性。由于中国地方政府主导性市场经济使地方政府成为准市场主体,它对内用行政主导支持地方对外竞争,各地方政府实质上成为地方内公外私产权组织,那么地方政府为了实现它所代表的地方内各种产权(包括非公有产权)的利益,必然以地方为单位对外进行市场竞争和交易。[①] 这种地方政府行为对相互间其他辖区经济主体产生的外部性,在整体上就表现为作为具有相对独立利益的"经济人"的地方政府相互竞争中产生的外部性,也即重复建设、市场"碎片化"、跨界公共物品和服务供给的缺乏等等外部效应。由于转型期地方政府控制着大量的资源,拥有较大的市场干预权,与西方相比,地方政府竞争行为的外部性更大,也更容易产生外部性。

与市场外部性的解决方法类似,消除地方政府竞争的负外部性策略无非是两种方法:一是由中央政府或上级政府出面干预,二是由地方政府间合作来自我解决。从现实来看,我国中央政府并没有制定强有力的政策和有效的法律来规范地方政府间竞争行为,"改革开放20余年的经验教训就说明了,上级政府往往并没有出面解决地方保护问题,反而放纵了地方保护"。[②] 而地方政府间合作在规范地方政府竞争行为,消除地方政府负外部性方面发挥了极为重要的作用。

米德认为,外部性是指个人未参加某项决策的活动,其利益受到该项活动或好或坏的影响。依照这种思路,他提出解决外部性的一种方法是重组组织制度,使利益受到影响的主体,在作出该项决定时能够作为参与者发挥作用,也即建立足够大的经济单位使得行动所产生的影响,

---

① 何晓星:《论中国地方政府主导型市场经济》,载《社会科学研究》,2003年第5期,第27—31页。

② 周业安、冯兴元、赵坚毅:《地方政府竞争与市场秩序的重构》,载《中国社会科学》,2004年第1期,第56—65页。

包括成本和收益都发生在组织内部，扩展行动主体的内部范围，缩小行动主体的外部空间。"通过行动主体联合范围和联合规模的扩展，改变某项决策活动产生效应之'内'、'外'相对界限，有助于实现外部性的内部化。"① 米德的这种外部性及其内化理论，为我们解决地方政府间竞争所导致的外部性提供了坚实的理论基础。此外，斯蒂格利茨也认为，成立大型组织使其考虑到各种不同行为所产生的全部效果，是实现外部性内部化的标准方法之一。② 外部性的本质是权利的行使，源于相互依赖的人类行动，同样能够在交互作用和相互依赖的人类行动中内生出解决外部性的方法，特定权利范围决定了有关行动主体的特定"内"、"外"范围和行为边界，制度通过规定经济主体的行动边界和机会边界，借助特定方式协调独立的个人决策，能够将行动效应内部化。制度的形成过程，就是对交互行动的行为主体所产生的外部性予以内部化的学习、摸索过程。③ 地方政府合作实际上就体现了这样一种过程。

地方政府合作实质上是地方政府间的平等契约和交易关系，也即斯密德所说的"谈判型交易"。在谈判式交易体系中，权利可以根据双方的认同而转让，在交换中转让自己拥有的资源，谈判型交易既包含制衡，也包含着认同，其结果是达成一种权利让渡的协议。谈判通常与市场相关联，但公共机构之间也可以通过谈判来建立关系。④ 成功的谈判的结果通常是建立一定的合作组织，或者是签订相关的协议，或者是建立稳定的沟通协商制度等等。在地方政府竞争状态下，各地方政府之间

---

① 王廷惠：《微观规制理论研究》，中国社会科学出版社2005年版，第271页。
② 斯蒂格利茨：《社会主义向何处去——经济体制转型的理论与证据》，周立群、韩亮、余文波译，吉林人民出版社1998年版，第187页。
③ 王廷惠：《微观规制理论研究》，中国社会科学出版社2005年版，第257页。
④ [美] A. 爱伦·斯密德：《财产、权力和公共选择》，黄祖辉等译，上海三联书店、上海人民出版社2006年版，第16—17页。

第三章　地方政府合作与资源的跨行政区配置

如同市场中的个人一样,是相互独立的,进行分散决策。地方政府竞争是地方政府行为的非合意状态,在行动时没有考虑相互间的成本与收益,或者故意将成本转嫁给对方而使自身受益最大化。地方政府合作则通过平等的契约和交易,使合作各方在一定程度上考虑相互间的成本与收益,对彼此的行为施加一定的制约,认同彼此的正当利益,利益受损者获得补偿。实际上,地方政府竞争所导致的外部性"是因为决策单位的分离,即外部性源于一些成本和收益相对于决策单位而言是外在的。通过组织边界的变化或重新组织,变换决策主体并重新形成经济主体的行动边界,是实现外部性内部化可供选择的重要思路"[①]。参与合作者积极主动地参与设计制度安排,这就使得原先行动主体之外的参与者成为内部主体,地方政府竞争状态下的独立分散决策转变为地方政府合作状态下的集体决策,从而改变了决策主体之内外边界与"公"、"私"的相对界限,从而消除外部性的问题。简而言之,地方政府合作就是通过地方政府间的协商、谈判等方式参与到相互决策的制定之中,改变相互间相关决策的空间范围,从而在不同程度上将地方政府竞争行为所产生的外部性的内部化的。

二、由竞争到合作：地方政府行为转变的逻辑

地方政府行为由竞争向合作的转变的客观动因存在于地方政府间的相互依赖和相互需要之中,相互依赖程度的强弱决定了是否合作的可能性的强弱,同时也决定了在何种层次和深度上进行合作的可能性。主观上则在于,地方政府通过由竞争向合作的转变,可以降低由于相互间的

---

① 王廷惠:《外部性与和谐社会的制度基础》,载《广东经济管理学院学报》,2006年第1期,第14—19页。

过度竞争而造成的高昂成本,"竞争的白热化,会使各地方政府和企业感到合作对于降低交易成本的重要性,从而产生合作的冲动,以合作替代某些'割喉式'的竞争",① 进而将交易成本转化为收益。其实,地方政府竞争所产生的外部性越大,意味着地方政府通过合作将竞争外部性内部化而转化成的收益也就越大,地方政府由竞争到合作转变的意愿也就越大。不仅如此,合作还会带来市场规模的扩大和资源配置效率的提高,产生巨大的规模效应,提高整个区域的经济效益和绝对收益,地方政府间可以在"更大的蛋糕"中获得自己的一份。

处于纵横利益关系网络的地方政府是相互影响的。一方面,市场力量的不断增长以及市场溢出效应在地域上的日益扩展,使得地方政府间的经济联系更加紧密。区域经济一体化进程加快,地方经济体之间的相互依赖性逐步强化,地方政府间行为相互影响越来越深。在存在一体化趋势的同时,地方政府间的过度竞争又导致"逆一体化"现象的出现,即在区域经济一体化过程中,每个地方政府都力图使自己获益,将成本转嫁给其他地方,实行地方保护,从而出现个体理性导致的集体非理性现象。在这一过程中,经济一体化趋势所带来的获益机会的增加使得过度竞争政策的外部性越来越大,"就像秩序供给不足人们会给自己家门装锁一样,只要存在外部性,有关主体就会自动设法实现外部性内部化",② "地方政府竞争创造了为降低成本而进行合作的动力"。③ 正如我们能够看到的,在诸如长江三角洲、珠江三角洲、环渤海等地方政府竞争最激烈的区域,恰恰也是地方政府合作最频繁的地区。虽然就此并

---

① 安树伟:《行政区边缘经济论》,中国经济出版社2004年版,第254页。
② 王廷惠:《外部性与和谐社会的制度基础》,载《广东经济管理学院学报》,2006年第1期,第14—19页。
③ Eric L. Krueger, "A Transaction Costs Explanation of Inter—local Government Collabration", Ph. D. disseration, University of North Texas, 2005, p. 46.

第三章　地方政府合作与资源的跨行政区配置

不能表明地方政府竞争是地方政府合作的必要条件或者充分条件，不过可以肯定的是，在这些区域，市场力量的扩大以及地方政府间竞争已经使得横向地方政府间关系变得更加复杂。地方政府竞争对于地方政府合作的逻辑意义大概在于地方政府竞争程度的加深使得地方政府通过合作能够获得的潜在收益不断增加，从而不断增加地方政府合作的动力，当这种潜在收益超过地方政府竞争加上克服困难达成合作的交易成本时，就可能会发生制度创新，即由地方政府竞争型的制度安排转变为地方政府合作型的制度安排。之所以说"可能"会发生制度创新，是因为地方政府合作的相对收益和地方政府官员的"晋升博弈"有时对地方政府合作选择具有决定性的影响。即在存在晋升博弈的情况下，那些关注于绝对收益的地方政府间较关注于相对收益的地方政府更主动寻求合作，也更容易达成合作。

无论是竞争还是合作，地方政府都是为了实现地方利益以及地方政府及其主要领导人政绩的最大化，但在某一具体问题上，地方政府之间是选择竞争还是合作要取决于地方政府能够从中获得的收益——如果通过合作能够获得比竞争更多的收益，地方政府间就有可能进行合作。也就说，即使地方政府间合作所获得的收益大于竞争所获得收益，不考虑合作的交易成本，地方政府间也不必然就会采取合作行动，还要看地方政府在由竞争向合作转化的过程中是专注于绝对收益还是相对收益。

绝对收益（absolute gains）是指地方政府通过合作所能够获得的实际收益，是一种相对于成本的所得；相对收益（relative gains）则是指各地方政府通过合作所能够获得的相对于其他参与者的收益，它是一种合作参与者相互比较的结果，强调的是相互间的不平衡。如果合作收益在参与者之间分配不均，某合作参与者所分得的收益多于自己分得的收益，那么自己收益为负，也即自己在合作中的利益是相对受损的，反之则是受益的。对绝对收益和相对收益的关注点的不同，对地方政府是选择竞争还是合作几乎具有决定性的影响。激烈的竞争使地方政府关注合作的相对收益，和缓的竞争使地方政府关注合作的绝对收益。① 在那些发展状况差异较大的地方之间，或者竞争力水平不一的行业之间，相对业绩的比较反映不出地方官员的真实政绩，相对收益不会受到重视②，地方政府官员通常更重视绝对收益，地方政府间合作就比较容易达成，合作各方在博弈中通常会采取积极响应的策略，合作绩效也会较高。

在中国，"嵌入在经济竞争当中的政治晋升博弈的性质"③ 使地方官员更关注于合作中的相对收益。同一行政级别的地方官员，他们不仅为地方 GDP 和财税进行竞争，而且还在此基础上为政治晋升而竞争。无论是省、市、县、乡的地方官员，都处于一种政治锦标赛（political tournaments）之中，给定只有有限数目的人可以获得提升，一人获得提升将直接降低另一人获得提升的机会，一人所得构成另一人所失④，那么谋求经济指标的相对优势就成为实现晋升的主要途径。"在地方官员的行为对邻近地区存有'溢出效应'的场合，政治晋升博弈的基本特征就是促使参与人只关心自己与竞争者的相对位次，在成本允许的情况下，参与人不仅有激励做有利于本地区经济发展的事情，而且也有同样的激励去做不利于其竞争对手所在地区的事情（如阻碍外地的产品进入本地市场）；对于那些利己不利人的事情激励最充分，而对于那些既利己又利人的'双赢'合作则激励不足"，"只有合作的净结果不改变参与人的相对位次时，合作收益才可能实现，否则合作很难发生"，因

---

① Eric L. Krueger, "A Transaction Costs Explanation of Inter—local Government Collabration", Ph. D. disseration, University of North Texas, 2005, p. 46.

② 麻挺松:《相对收益与地方政府间的合作绩效》，载《江汉论坛》，2005 年第 10 期，第 5—8 页。

③ 周黎安:《晋升博弈中的政府官员的激励与合作》，载《经济研究》，2004 年第 6 期，第 33—40 页。

④ 同上。

第三章 地方政府合作与资源的跨行政区配置

而"经济实力越是接近的地区越不容易合作"①,"因为对于合作伙伴来说,任何一方较高的相对收益都会被用来改善服务或者降低税率,从而吸引居民和企业从一个辖区流向另一个辖区。"② 一方就会获得竞争的相对优势,并且在以后的发展中将这种相对优势越拉越大,在以经济绩效为核心的政绩考核模式下,相对收益为负的地方官员的晋升机会就会相对越来越小,那么基于这种考虑的地方官员就会宁愿选择不合作,保持竞争状态。

为了将地方政府关注的重点从相对收益引向关注绝对收益,采取中央政府诱导的办法是一个可行的选择。在中国,中央政府对于地方政府合作的诱导主要是通常批准区域发展规划的方式进行的。在地方政府联合起来主动提出的区域发展规划里,联合起来的地方政府通常会向中央政府提出某些"先行先试"的权利以及其他优惠政策等等利益诉求,争取使本区域的区域发展规划上升为国家发展战略,在一系列改革和政策上获得中央政府的大力支持。例如武汉城市圈、长株潭城市群就被批准为全国资源节约型和环境友好型社会建设综合配套改革试验区;中原经济区发展规划被国务院批准后,一跃而为国家重要的粮食生产和现代农业基地,全国工业化、城镇化和农业现代化协调发展示范区,全国重要的经济增长板块,全国区域协调发展的战略支点和重要的现代综合交通枢纽,华夏历史文明传承创新区。这些共同的利益诉求本身就成为区域地方政府的绝对收益,构成了地方政府合作的动因,为地方政府竞争向地方政府合作转变提供了利益基础。但是,在合作的框架内,地方政府之间的竞争并未消失,一旦共同的利益诉求得以实现,地方政府很可

---

① 周黎安:《晋升博弈中的政府官员的激励与合作》,载《经济研究》,2004年第6期,第33—40页。

② Eric L. Krueger, "A Transaction Costs Explanation of Inter—local Government Collabration", Ph. D. disseration, University of North Texas, 2005, p. 9.

能在已有的区域发展规划下转向相对收益的争夺。在这种情况下，区域地方政府之间能否继续开展紧密合作，关键要看中央政府要求地方政府实现区域发展规划的方式及考核标准。中央政府对区域地方政府合作实现区域发展规划目标的清晰程度，将影响地方政府对来自于合作收益和竞争收益的预期和权衡，如果中央政府明确要求区域地方政府要加强合作，构建合理完善的合作机制，则合作本身仍然会成为地方政府首先考虑的绝对收益，进而继续对地方政府合作行为产生正面影响，有利于约束地方政府的不合作行为；反之，地方政府可能会在新的发展规划框架下关注于相对收益，从而使竞争成为地方政府的优先选择。

三、不同层级地方政府间合作与资源的跨区域配置

我国地方政府合作比较复杂多样，各个层级的横向地方政府间基本上都存在一定的合作关系，比如省级地方政府合作、市级地方政府合作、县级地方政府合作以及不具有行政隶属关系的不同层级地方政府间的交叉或曰斜向合作，例如省级政府与其他省级辖区地级市之间的合作等等。不同层级的地方政府横向合作反映了地方政府合作需求的多样性和灵活性，它们分别在不同层次和程度上对跨界公共问题的解决和资源的跨区域配置产生了不同的影响。

1. 省级地方政府合作

省级地方政府合作处于地方政府合作的最高层次，它所涉及的通常是战略层面的合作，包括区域发展的政策性问题、重大的跨界项目建设以及重大的跨界公共事务等等，例如区域经济发展中的政策一体化、重要的交通、水利等基础设施规划建设、重大的跨界污染和环境保护、区域突发性公共安全事件的应对等等。

一直以来，各省际官员之间的交流互访比较频繁，但比较实质性的

第三章　地方政府合作与资源的跨行政区配置

合作主要发生在区域经济一体化程度较高或者处于同一条河流流域的省级政府之间，同时，省级地方政府合作还受到历史上的经济联系和文化同质性的影响。目前，我国省级地方政府合作主要集中在（泛）长三角、泛珠三角和京津冀三大区域。除了这三大区域内省际合作外，其他省级地方政府之间也存在零星的合作，只不过这三大区域内的省际合作比较密集和频繁而已。长三角原来包括上海市、苏州、无锡、杭州、南京、宁波、绍兴、常州、嘉兴、台州、镇江、湖州、舟山、南通、扬州、泰州16个城市，2008年9月出台的《国务院关于进一步推进长江三角洲地区改革开放和经济社会发展的指导意见》将长三角范围扩大为苏浙沪"两省一市"，省际合作得到进一步明确和强化。目前，长三角在省级层面建立了江浙沪两省一市省市长座谈会制度，每两年由两省一市省市长参加，主要就区域发展的重要问题进行沟通交流。长三角已在30多个领域展开合作，在规划、科技、信息、产权、人才、旅游、海关、港口、协作等九大领域取得积极进展。2008年初，胡锦涛在视察安徽时又第一次明确提出了"泛长三角"和"泛长三角区域发展分工与合作"问题，尽管"泛长三角"的范围还没有明确，但安徽、江西都在积极争取加盟其中，该区域省际合作将进一步扩大。当前，我国省级合作区域最大的当属泛珠三角，该区域包括福建、江西、湖南、广东、广西、海南、四川、贵州、云南九个省区和香港、澳门两个特别行政区，九省区面积占全国的20.9%，人口占全国的34.8%；泛珠三角区域合作经中央批准，于2004年6月正式开始实施。目前，泛珠三角已出台包括一个中长期总体性规划和科技创新、信息化、环境保护、公路水路交通基础设施、交通运输体系、能源、产业转移等七个专项规划，在基础设施、产业投资、商务贸易、旅游、农业、劳务、科技文化、信息化建设、环境保护等领域签署了达39个之多的双边及多边合作协议。泛珠三角建立有泛珠三角论坛和经贸洽谈会合作机制，在劳务等部门建立有联席会议制度。京津冀区域在省级层面的合作与长三角和泛珠三角区域相比较为滞后,目前还没有建立定期的省市长沟通交流机制,但在省级某些部门之间已经建立了诸如北京、天津和河北省的一省两市发改委主任联席会议制度等交流合作机制,在人才培养交流、旅游等方面签订了一些合作协议。

省级地方政府所具有的某种程度的宏观管理和宏观调控性以及管辖区域的广阔性,决定了省级地方政府合作对资源区域配置的重大影响是其他层级的地方政府合作所不能比拟的。省级地方政府支配着辖区内大量的财税资源,掌握着经济发展中重要政策和重大事项的决定权,因而,省级地方政府合作主要是就省际重要基础设施和影响区域资源流动的相关政策的协调与合作。例如,泛珠三角省际合作主要就是关于一些重大基础设施规划和人才、农业、物流商贸、工商质检等等方面的政策协调。基础设施建设方面,泛珠三角铁通网成为国家《中长期铁路网规划》的一个建设重点,通过签订专项协议和合作备忘录,加强了省(区)际公路、铁路、航空、港口以及运输系统的规划和衔接。重大基础设施尤其是交通基础设施对交通经济带的空间范围和走向具有重要影响,交通运输网络的完善可以提高区域的可达性,大大降低经济活动的运输成本,促进资源、要素在整个区域的流动,为产业的转移、聚集和扩散提供了可能性,有利于提高资源配置效率。与此同时,泛珠三角在资金、科技、劳务、信息、原材料等经济要素方面和农业、工业、商贸物流、旅游等市场和产业领域,以及环境保护、卫生防疫等方面的政策协调,在一定程度上促成了各领域的政策协同性和同质化,资源和要素流动的障碍被不同程度地削减,流动性加强,资源的跨行政区配置也在不同程度上得以实现,各行政区不但获得由于市场扩大而产生的规模效益,而且还获得资源配置效率的提高、交易成本的降低等多重收益。

2. 市级地方政府合作

地方政府合作在城市政府间表现得异常活跃，无论在我国东部地区还是中部、西部地区，城市政府间合作都是地方政府合作的主力军。由于我国城市政府级别的复杂性，存在直辖市、副省级城市、地级市、县级市等不同级别城市政府，城市政府间合作也比较复杂。方便起见，这里也把直辖市、副省级城市作为市级地方政府合作的分析对象。从空间上来看，市级地方政府合作可以分为省内市级地方政府合作和跨省毗邻地区市级地方政府合作。这两类市级地方政府合作对于资源的空间配置具有不同的作用。

（1）省内地级市政府合作

省内市级地方政府合作一般由两个及以上相邻城市之间构筑都市圈的方式来实现共同发展，其合作边界虽然超越了市级行政区划，但没有跨越省级行政区划。省内市级地方政府合作分布比较广泛，比较典型的主要有小珠三角、长株潭城市群、武汉城市圈、大沈阳都市圈、西咸都市圈、乌昌都市圈、浙东经济区、中原城市群等等。目前，这几个省内地级市合作区域已经取得许多实质性的进展。

省内市级地方政府由于处于同一个行政层级，相互间存在政治晋升博弈的关系，那些经济实力相当的城市之间在合作上更关注于相对收益，合作不易进行。例如，在小珠三角，广州和深圳经济实力相当，都是副省级城市，一个是经济特区，一个是省会城市，恶性竞争不断，近年来一直存在着小珠三角"龙头"之争，另外两者还存在金融中心之争，港口、机场以及产业方面等都存在过度竞争的问题。重复建设和恶性竞争使得广州和深圳竞争大于合作，导致内耗严重，资源优化配置困难重重。

在省内市级地方政府合作过程中，省级地方政府起到了重要的推动作用。市级地方政府合作对于省级地方政府来说是一种促进经济发展的重要战略和重要途径，有利于削弱市级行政区经济的负面影响，优化省内产业结构，形成省内区域经济增长点。同时，由于市级地方政府权力有限，一些重要政策性问题需要省级政府的同意和协调，省级地方政府在省内市级地方政府合作中扮演了重要角色。例如，小珠三角由珠江沿岸广州、深圳、佛山、珠海、东莞、中山、惠州、江门、肇庆九个城市组成。2007年7月，在广东省建设厅主持下，珠江三角洲城镇群城乡规划局局长联席会议第一次全体会议召开，珠江三角洲九个地级（以上）市城市规划局主要领导参加了会议。会议审议通过了《珠江三角洲城镇群城乡规划局局长联席会议章程》，珠三角规划局长联席会议每半年举行一次全体会议，交流城镇群城乡规划及管理的发展动态，就涉及城镇群总体发展的重大事项及城镇群各市之间的跨界建设事项进行协商和讨论，制定城镇群统一的规划信息系统技术标准等。

在长株潭城市群，湖南省政府早在1997年就成立了"长株潭经济一体化协调领导小组"，通过省政府的领导来强力推动长株潭经济一体化建设。从1998年开始，湖南省计委牵头提出了基础设施建设方面的"五同规划"，即交通同环、电力同网、金融同城、信息共享、环境共治。2005年，《长株潭城市群区域发展规划》出台。2006年6月27日，在省委书记和省长的亲自指导下，第一届长株潭三市党政领导联席会议召开，省长周伯华代表省委、省政府对长株潭提出了四项具体要求：一要突出长株潭经济一体化的实施重点，即大力培育优势产业，形成特色产业集群；加强基础设施建设，逐步实现区域内交通同网、能源同体、信息同享、生态环境同治的城际基础设施一体化；率先建设社会主义新农村，实现城乡协调发展。二要加大长株潭经济一体化规划和建设项目的实施力度。三要完善长株潭经济一体化的市场体系。四要强化政策引导和协调服务。三地的书记、市长共同签署了《长株潭区域合作框架协议》，审议通过了《长株潭三市党政领导联席会议议事规则》，签署了《长株潭工业合作协议》、《长株潭科技合作协议》、《长株潭环保合作协议》。此后,在湖南省委、省政府的推动下,长株潭城市圈获批全国资源节约型和环境友好型社会建设综合配套改革试验区。省级政府的参与和指导,直接推动和加快了长株潭三市之间的紧密合作。

武汉城市圈同样受到湖北省政府的大力支持,例如2004年4月,湖北省政府下发了《关于武汉城市经济圈建设的若干问题的意见》,明确提出了武汉城市圈建设实施,基础设施建设一体化、产业布局一体化、区域市场一体化、城市建设一体化的"四个一体化"基本思路;2005年则又提出"生态建设和环境保护一体化",完善为"五个一体化"。湖北省政府的这些支持和明确要求,无疑加速了和深化了武汉城市圈内各城市之间的合作。

省内市级地方政府合作还呈现出一个较为一般化的特点,即大行政单位主导合作模式。省内市级地方政府合作一般都有一个中心城市,该城市行政级别较高或是省会城市,经济实力较强,具有一定的经济辐射力和带动力,在合作中起到核心的作用。整个小珠三角区域呈现的是以广州、深圳、珠海等为中心的多中心发展模式,但每个中心城市在其周围的小区域都起到核心的作用,如广州是广东省会、副省级城市,是"广佛肇"(广州、佛山、肇庆)经济圈的核心;深圳是经济特区、副省级城市,是"深莞惠"(深圳、东莞、惠州)经济圈的核心;珠海是经济特区,享有地方立法权,是"珠中江"(珠海、中山、江门)经济圈的核心。武汉城市圈中,武汉是湖北省会、副省级城市,是武汉城市圈的核心;长株潭城市群则以长沙这一省会城市为核心;大沈阳都市圈以沈阳为核心;西咸都市圈以西安为核心;乌昌都市圈以乌鲁木齐为核心;中原城市群则以河南省会郑州为核心。浙东经济区由宁波、绍兴、舟山、台州四市组成,其中,宁波是计划单列市,经济实力最强,对其他三市具有一定的带动作用。

省内市级地方政府合作具有重要的资源配置效应，即可以在一定程度上打破市级行政区经济的负面效应，有利于规避省内城市间恶性竞争和过度竞争，减少内耗，使得各城市间产业结构达到优化组合、合理布局和协同发展，实现经济要素和资源在省内的自由流动和优化配置，在公共事务领域则可以实现资源共享，节约公共管理成本，跨市级行政边界的公共问题得以有效治理，提升整个省区经济和制度的整体竞争力。例如，通过一系列合作协议的签署和合作措施的推进，广州、佛山车辆年票自2008年10月实现互通，年票互通下一步将推广到珠三角九个城市。珠三角除深圳外八市已实现公积金异地贷款，教育、医疗和社会保障正在逐步实现对接。长株潭城市群已经实现了"金融同城"、"电力同网"、"通讯同网"、"环境同治"。武汉城市圈除在多个领域签订一系列合作协议外，在一些具体事项合作上也取得了实质性进展，如武汉城市圈百家图书馆实行借阅"一卡通"，读者办卡后，可在九城市的126家图书馆免费借书，所借书籍还可在九城市中任何一家图书馆归还，图书馆资源实现共享；武汉城市圈内车辆实现异地年审；武汉城市圈内城市间互派干部交流挂职等等。西安、咸阳已实现电话并网，互通公交等。总之，省内市级地方政府在经济领域的合作提高了资本、劳动力等各种经济要素跨市级行政边界流动的自由化程度，减少了市场主体间的交易成本，提高了资源的配置效率；在公共事务方面的合作则优化了公共资源的空间配置，提高了公共资源的利用效率和省内跨市公共事务的治理能力和治理水平。

（2）跨省毗邻地区市级地方政府合作

跨省毗邻地区市级地方政府合作是指省区交界地区两个及以上市级地方政府之间的合作，这些地方除长三角和环渤海区域经济比较发达外，其他合作区域经济相对比较落后，并且，除长三角区域上海的中心城市地位比较明显，对区域的带动和辐射能力较强外，其他合作区域的

第三章　地方政府合作与资源的跨行政区配置

对整个区域能够起到带动作用的中心城市都不明显。近年来，比较活跃的跨省毗邻地区市级地方政府合作主要有长三角区域、环渤海区域、淮海经济区、晋陕豫黄河金三角、闽西南—粤东—赣东南经济协作区、闽浙赣皖九方经济区、粤湘赣红三角等等。

长三角区域重要政策和重大问题由省级政府商讨决定，同时，各城市之间合作更为频繁、具体。目前，长江三角洲城市经济协调会在长三角各城市之间合作过程中发挥了极为重要的作用。通过合作，长三角行政壁垒正在被逐步拆除，经济要素和资源流动日趋自由化，城市定位逐步合理化，协同效应开始显现。上海与江苏通过合作转移了大批产业，如2007—2008年期间，仅自上海转移到江苏的企业共有3000多家，南通启东方面和外高桥方面以4∶6的投资比例合作建设了"上海外高桥集团（启东）产业园"产业转移园区。再如公共服务方面，2002年10月起，上海、无锡两地公交公司，在全国率先推出"一卡两地刷"。无锡人到上海，持有当地交通"一卡通"可乘公交、出租车、轻轨、地铁等交通工具；同样，上海的"一卡通"也可以在无锡使用。紧接着，沪杭公交"一卡通"也随之实施，而全部16个城市之间公交实现"一卡通"同样也在规划中。据统计，目前在长三角各城市间，有12大类、1335种优质农产品实现了无障碍流通，有近千项工农业省级名牌产品实现了互认，在苏、浙、沪三省市区域内可免予监督抽查。其中，仅工农业省级名牌产品一大类，每年流通销售的总价值就接近1万亿元。①

环渤海区域地理上包括京、津、冀、晋、内蒙古、辽、鲁等五省（区）二市，成立了环渤海区域合作市长联席会，成员单位包括天津、沈阳、石家庄、青岛、大连、济南、太原、呼和浩特等37个城市，但

---

① 俞丽虹、李正华：《长三角拆除市场"门槛"万亿元商品无障碍流通》，载《解放日报》，2006年2月3日。

目前北京还没有加入。环渤海区域合作在各方的努力下也取得了重要成就。据统计，自第十二次环渤海市长联席会议以来，成员之间共达成合作项目2011个，合作金额2330亿元，在专业合作组织的推动下，合理整合了人才、智力、科技、项目、资金等方面的资源，推动了区域经济科学有序的发展。①

淮海经济区包括江苏省的徐州、连云港、淮安、盐城、宿迁，山东省的菏泽、济宁、临沂、枣庄、日照、泰安、莱芜，安徽省的淮北、宿州、阜阳、蚌埠、亳州，河南省的开封、商丘、周口，正好处于苏鲁豫皖四省的欠发达地区，是典型的省毗邻地区市级地方政府合作。淮海经济区每年举行一次市长会议，对区域重大问题进行商讨，但由于缺乏更紧密有效的合作机制，淮海经济区自成立二十多年来合作成效不大，鲁南、苏北、豫东、皖北四个板块之间竞争大于合作。各省对属于自己的板块各有规划，尤其是经济实力较强的鲁南、苏北，相互竞争更为严重，如江苏对苏北经济薄弱县展开"五位一体"挂钩帮扶，重点大力推进产业、财政、科技、劳动力的"四项转移"，苏南与苏北相互对接，一对一进行帮扶。徐州都市圈也在2002年完成规划；山东针对鲁南的发展也是全力以赴，提出了"突破菏泽"战略，与江苏三大城市圈规划一样，山东专门针对鲁南发展制定了济宁都市圈和鲁南城市带；在皖北地区，安徽提出了"两淮一蚌"沿淮城市群。尽管如此，近年来，淮海经济区合作也在逐步深入，如2005年12月，安徽宿州与江苏徐州签订《经济社会发展框架协议》，主动融入徐州经济圈；2007年各成员共同签署了《淮海经济区旅游合作宣言》等等。

晋陕豫黄河金三角经济协作区由山西省运城市、临汾市，陕西省渭

---

① 任学锋：《抓住机遇 共同推进环渤海区域合作》，见《环渤海区域经济年鉴2008》，天津人民出版社2009年版，第16页。

第三章 地方政府合作与资源的跨行政区配置

南市和河南省三门峡市组成。协作区自成立20多年来，取得了诸多合作成果，尤其是2008年四市争取建设国家晋陕豫黄河金三角区域协调发展试验区以来，协作区制定各类专门规划、实施意见和办法数十个，形成了充分发挥该区域经济主体功能的产业基础；联合建设了三门峡、风陵渡等五座黄河公路大桥以及直通中原和陕西的东济高速、运三高速、侯禹高速等基础设施，为经贸往来构筑了四通八达的交通网络；成立了黄河金三角果业发展联席会，为区域内800万亩果园、每年600万吨各类水果形成了生产、销售、存储、加工等产业链；签订了《晋陕豫黄河金三角旅游合作协议书》，联合推行"一证游"，初步实现协作区域内的无障碍旅游；强化警务协作，完善联动机制，建立了"晋陕豫黄河金三角经济协作区公安协作网络"；制定了《晋陕豫黄河金三角经济协作区发展企业集群和企业集团的意见》，促成一批颇具规模的能源化工、机械制造、新型材料、冶金建材企业迅速崛起，使区域内能源资源利用得到初步整合，规模优势逐步显现。[1] 该区域旅游市场的"一证游"推出后，在金融危机背景下，2009年1月至9月，4市共接待国内游客3343.98万人次，实现旅游收入203.24亿元，分别比上年同期增长19.04%和25.97%；接待境外游客195897人次，创汇5084.66万美元，分别比上年同期增长12.36%和16.87%。[2] 通过联合申报国家晋陕豫黄河金三角区域协调发展试验区，该区域已被纳入国家《促进中部地区崛起规划》。为进一步打破行政区划的藩篱，黄河金三角提出了"六个统一"：统一区域生产力布局和经济社会发展规划，统一产业政策准入门槛和政策执行标准，统一社会公共服务基础设施建设，统一组

---

[1] 高文静、邬帅莉：《黄河金三角区域协调发展试验区山西两市受益》，载《山西日报》，2009年9月16日。

[2] 王怡波：《黄河金三角："经济特区"中西部突围》，载《中国青年报》，2010年1月4日。

建社会中介服务组织,统一环境治理和监管,统一资源配置。

闽西南—粤东—赣东南经济协作区由福建、广东和江西三省交界处的厦门、漳州、泉州、龙岩、三明、汕头、潮州、揭阳、汕尾、梅州、赣州、抚州、鹰潭等13市组成。目前建有党政联席会议、秘书长联席会议等合作机制,设有区域合作办公室作为合作的常设机构。13市在基础设施建设、经贸、旅游、环保等多方面合作都取得较好的成果,签订了一系列合作协议。从1998年开始到2007年,闽粤赣沿海多条高速公路建成通车,跨越多个区域的铁路陆续开通;2004年,赣州、抚州、鹰潭三市联合组团赴北京举行招商引资活动,共签订项目8个,引进内外资达到3.6亿元和1080万美元;2008年13市共同举办的"11·18"第五届中国龙岩投资项目洽谈会上,协作区内共有45个项目签约,总投资达44.25亿元。此外,该区域还在区域产业结构调整和产业协作,加快区域统一市场建设方面取得了诸多进展。

闽浙赣皖九方经济区、粤湘赣红三角等等区域都通过合作加强了区域间的经济交流与合作,促进了区域经济发展,加快了区域经济增长。

跨省毗邻地区市级地方政府合作在地方政府合作中具有特殊重要的地位。由于远离省级经济核心地带,每个行政区的主管政府都客观地选择了加强区域内部生产一体化和综合化的发展策略。在各省的发展规划和生产力布局中,往往以中心城市及周围区域为主体,交界地带很难得到应有的重视,难以受到相对较为发达城市的辐射和带动作用。[①] 再加上"边界效应"的存在,导致我国省区交界地带通常是经济的欠发达地区,一些整体性资源得不到合理的利用和保护,跨界公共事务难以有效处理。跨省毗邻地区市级地方政府合作则有效地降低了区域间的交易成本,促进了区域产业结构的优化升级,增强了各合作方的产业协同

---

① 安树伟:《行政区边缘经济论》,中国经济出版社2004年版,第399—400页。

第三章　地方政府合作与资源的跨行政区配置

性，促使合作区域由相互分割的独立的"体内循环"经济体，向不断增强有机联系的区域经济转变；跨省毗邻地区市级地方政府合作在提高资金、技术、人员、信息等经济要素和资源的流动性的同时，提高了资源的利用效率，释放了经济要素的增殖能力，尤其是一些整体性资源可以得到共同开发，有序利用，发挥最大的整体性效益和规模效益。我们可以看到，在诸如长三角，存在重要的辐射和带动作用的中心城市的合作区域，跨省毗邻地区市级地方政府合作使得该中心城市发挥出了更大的辐射和带动作用，提高了资源在整个区域的配置效率，增强了区域整体竞争力；在缺少中心城市的合作区域，如黄河金三角地区，市级地方政府合作对减弱省区边缘经济的衰竭性具有重要作用，具有激活行政区边缘经济的发展能力的功能，客观上实现了跨省市级辖区空间资源配置的优化。

同时我们也必须看到，由于市级地方政府相对于省级地方政府权力和资源控制的有限性，跨省毗邻地区市级地方政府合作对实现跨区域优化配置的资源的种类、实现资源跨区优化配置的方式，以及在何种程度上实现资源的跨区优化配置等等都存在一定的局限性，在很大程度上仍然要受制于省级政府，需要省级政府在更高层面上进行协调。例如，黄河金三角区域虽然濒临黄河，但如果区域内需共建电力、通信、水利等基础设施项目，就要分别由各省人民政府相关部门审批；为谋求行业共同发展，原本黄河金三角区域四市有成立旅游、果业等行业的产业合作协会的想法。但根据现行《社团登记管理条例》规定，"跨行政区域的社会团体，由所跨行政区域的共同上一级人民政府的登记管理机关登记"，"在同一行政区域内已有业务范围相同或类似的社会团体，没有必要成立"的不予登记，这样，黄河金三角地区就无法成立具有法人资格的产业合作协会，而只能以其他形式共谋发展。而在产业布局上，突破原有区域协作、建设黄河金三角试验区的要求更为迫切，但因为四市分属三省，都有自己的发展重点和规划，客观上形成了一定程度的不良竞争和重复建设，大大影响了各产业的区域发展。① 因而，黄河金三角区域四市的协同发展就不仅仅是四个城市的政府之间的事情，还是晋陕豫三省省级政府的事情。

3. 县级地方政府合作

从目前来看，我国县级地方政府合作还不活跃，存在这种情况主要有两种原因：一是我国绝大部分县域经济总量有限，一般工业化水平较低，县域经济主要以农业为主，溢出效应较小；二是县级地方政府的社会经济管理权力、项目的审批权等权力有限，重要的经济社会管理权和重大项目的审批权主要集中在省、市两级政府，这就使得县级地方政府合作的权利能力和行动能力受到限制，涉及区域合作的一些重大政策性问题和重大项目合作基本上都由省级政府和市级政府解决，需要县级政府之间合作的事项并不是很多。在某市辖区内的县级地方政府的共同事务一般由市级政府直接协调解决，同省之内跨市的县级政府之间和跨省的县级政府之间的共同事务一般也由该县所在辖区的市级地方政府协调解决，尽管如此，县级地方政府间合作还是存在的。

县级地方政府间合作主要存在于跨县资源的共同开发、保护和跨县河流污染治理等领域，但也有县级地方政府就某领域的政策性问题进行合作的，如福建长汀县与江西瑞金市两地工商部门就共同签订了《关于建立闽赣边工商行政管理协作机制，营造长汀、瑞金良好市场环境，促进两地经济发展协议书》。协议书明确了协作目标、协作领域、协作机构和职能、协作方式，建立了协作联络、案件协查、市场监管、异地消费维权、商品质量抽检互通、信息共享六个方面的协作机制，规定重点在注册登记管理、公平交易执法、知识产权保护、消费维权等十个领

---

① 王怡波：《黄河金三角："经济特区"中西部突围》，载《中国青年报》，2010 年 1 月 4 日。

第三章 地方政府合作与资源的跨行政区配置

域加强协作。① 县级地方政府主要以斜向合作为主，如某县级地方政府与其他经济较为发达的市级地方政府的合作等，这类合作多以"经贸洽谈会"、"项目推介会"等方式展开，合作层面较浅，目的在于吸引经济较为发达地方的投资和产业转移，以此来壮大县域经济。例如，2009 年 5 月 18 日，大田·晋江项目对接专题招商会在泉州晋江举行，当天就有 30 多个项目签约，投资总额超过 37 亿元。② 2009 年 9 月，四川内江市威远县"威远承接产业转移恳谈暨项目推介会"在江苏南京举办，现场签约 3 个项目，协议引资 5.08 亿元。③ 这种以项目合作为主的县级地方政府合作尽管对资源的跨区域优化配置作用有限，但对县域经济发展具有重要作用，可以提高县级政府财政能力，为增强公共服务能力提供了可能。随着省管县改革的逐步推进，县级财政能力的提升和经济管理权限的增大，县级地方政府合作将会逐渐兴起，其在资源区域配置中的作用也将会逐渐凸显。

总之，由于各层级地方政府控制着范围和数量不同的资源，拥有不同的权力，因而，不同层级地方政府间的合作对资源的区域配置具有不同的影响，在解决区域公共问题时具有不同的作用，只有充分发挥不同层级政府间的合作网络的功能，才能更好地打破行政区划的藩篱，实现经济资源在各行政辖区的自由流动，提高资源区域配置效率。

---

① 肖伟、鹏盛：《强化信息共享 促进共同发展 福建长汀与江西瑞金建立协作机制》，载《中国工商报》，2008 年 7 月 16 日，第 A3 版。

② 郭永芳：《优化发展布局 大田县学习实践科学发展观全力打造"五大功能区"纪实》，载《三明日报》，2009 年 7 月 14 日。

③ 毛春燕、李弘、王雁、威远：《南京项目推介会引资 5 亿元》，载《四川经济日报》，2009 年 9 月 17 日，第 6 版。

四、地方政府合作的不同阶段与资源的跨区域配置

从一般意义上和从我国地方政府合作发展的趋势来说，地方政府合作可以分为三个不同的阶段，即以单个项目和问题为主要内容的初级阶段、以政策一体化为主要内容的深化阶段和以跨界公共事务为主要内容的高级阶段。

在合作的初级阶段一般以项目式合作和问题式合作为主，即两个及两个以上的地方政府之间就某一具体项目或问题进行合作，包括区域间的公路、铁路、桥梁等单个基础设施的合作建设、某个企业的异地投资项目、跨行政区的河流、湖泊的污染治理和环境保护，以及跨行政区自然资源的共同开发等等。合作的初始阶段通常是零星的、即兴的合作，在时间上具有非连续性特点，出现什么问题就合作解决什么问题，就事论事，具有很强的时效性和针对性，从问题出现进而需要合作而采取行动，至问题的解决而终止合作。初级阶段的合作对资源的跨区域配置影响较小，无论在时间上还是在空间上，这一阶段的资源跨区域配置都是非连续性的，尤其是经济要素的跨区域流动受到的限制较大，流动性比较差，区域配置效率不高。政府通过举办各种商品交易会、项目推介会的方式来促进经济要素的区域流动和商品的区域交易。显然，在合作的初级阶段，由于市场力量比较弱小，政府间竞争较为激烈，致使资源跨区域配置的市场化水平较低，而政府主导较为明显，资源的跨区域配置效率较低。在公共事务方面则呈现出"头痛医头，脚痛医脚"的特点，缺乏跨区域公共事务的合作治理的长效机制，对区域公共事务缺少整体性、综合性认识和长远规划，尽管如此，在合作的初始阶段，公共资源的区域化配置在一定程度上有所优化，对跨行政区公共问题的解决具有重要意义。

第三章　地方政府合作与资源的跨行政区配置

地方政府合作的深化阶段以政策一体化为主要内容。在该阶段，地方政府开始之所以以具体项目和问题为主要内容的合作向以政策一体化为主要内容的合作转变，与市场力量的不断增长密切相关。在改革开放的制度环境下，市场的力量是从不同层级的行政区内部逐渐发展壮大的，随着市场力量的不断增长，必然要冲破行政区界限实现不同程度的统一市场乃至经济一体化，首先是大的行政区内部小行政区的统一市场的形成和经济一体化，比如省级行政区内两个及两个以上的市级行政区域的统一市场和经济一体化，然后是突破大的行政区——比如省级行政区——实现更大区域的统一市场和经济一体化，最后则是全国统一大市场的形成。在这一过程中，市场的力量突破行政区界限，实际上是打破行政壁垒，各地方政府实现政策对接的过程。地方政府之间通过签订行政协议的方式来协调政策，减少对各种经济要素在区域间自由流动的政府干预。如泛珠三角区域为了实现经济要素在区域内的自由流动，优化资源在整个区域内的配置，相互间签订了《泛珠三角区域工商行政管理合作协议》、《泛珠三角现代物流发展合作协议》、《泛珠三角九省区人才服务合作协议》、《泛珠三角区域环境保护合作协议》等多项行政协议。这些合作协议主要就是对相互间政策协调的规定，如《泛珠三角区域工商行政管理合作协议》中就提出要"充分发挥工商行政管理职能作用，促进区域内商品和生产要素自由流动，健全统一、开放、竞争、有序的现代市场体系，积极为区域经济的全面合作与发展服务"，要从四个方面推动，即"（一）打破地区封锁和贸易壁垒，促进商品和生产要素的合理流动、优化组合。（二）加强协调，推动解决行政执法中相互关联的重大问题。（三）共同推进，培育和保护好区域内的驰名和著名商标，增强区域的整体竞争力。（四）强化监管合作，共同营造法制、诚信、文明、公平的市场环境"。根据这一协议，泛珠三角又制定了《关于加强市场监管和行政执法合作的工作方案》和《关于创造开放的市场环境的工作方案》，规定"建立名优企业打假维权协作网络"，"建立流通领域商品质量监督管理和质量抽查协调机制"，"加强反不正当竞争执法方面的合作，共同建立和维护区域内统一、开放、公平、竞争、有序的市场环境"，"全面清理实行地方保护和市场封锁的地方性法规和政策，创造公平竞争的市场环境"，"开放商品市场，实行区域内市场一体化"。政策一体化的实现意味着歧视性政策的消除和政策的同质化，资本、技术、劳务、信息等各种经济要素和资源处于一种相同的无障碍政策环境里，行政区边界的阻碍作用消失，经济要素和各种资源自然就可以实现在区域内的自由流动，行政区经济逐渐向区域经济一体化转变，资源可以在市场机制的主导下实现区域的优化配置。

　　随着区域政策一体化的实现乃至全国统一大市场的形成，地方政府合作将向以公共事务为主的高级阶段发展。地方政府间关于区域经济的合作，在客观上起到了规范地方政府行为，减少地方政府对资源在行政辖区间自由流动的干预的作用，地方政府对资源的控制行为受到约束，对资源的控制和支配减少，绝大部分经济要素不再需要通过地方政府合作的方式来实现跨行政区的流动和配置，市场将取代政府来发挥资源配置的主导作用。但在公共事务领域，除部分公共事务可以由市场和第三部门治理外，政府仍然要发挥主导和核心作用，因为承担公共事务的治理工作是政府的基本职能。地方政府之间就公共事务的治理进行合作，是成熟市场经济国家的普遍现象，公共事务之间的合作是西方地方政府合作的基本内容之一。公共事务合作以跨界环境污染的治理和保护、图书馆、固体垃圾收集和处理、公共安全、公共交通、区域供水、供电、异地执法、消防等公共服务为主要内容,这些公共服务大多存在规模效益的问题,尤其是在大都市区,分散化的公共服务存在重复建设导致的浪费和配置效率低下的问题,并且,在许多领域,分散化的公共服务还使得各地方政府提供这些服务的财政能力存在一定的甚至巨大差异,基本公共服务均等化难以实现。因而,在地方政府合作的高级阶段——以公共事务为主的阶段,地方政府间不只是要解决行政区边界区域的公共问题,而且要从整个区域来考虑公共服务的生产和提供问题,相互间通过合作来获得"闲散的资源"(slack resourses),并把这些"闲散资源"投入到最需要的领域,这样,参与合作的各地方政府不但能够以此降低公共服务的成本,获取规模经济,而且能够提高资源的配置效率和利用效率。

　　需要说明的是,这里所作的地方政府合作三个阶段的划分,只是从一般意义上和发展趋势上考虑的,三个阶段在现实中并非泾渭分明,而是在每一个阶段都存在其他两个合作阶段的合作内容。尤其是在我国政府对经济发展强势主导和地区发展不平衡的情况下,经济领域的合作将长期居于地方政府合作的主要位置,项目式合作、政策一体化和公共事务方面的合作也将长期交织在一起,从而对资源的跨行政区空间配置产生重要影响。

第四章 地方政府合作与行政权力横向协调

从深层次上讲，正是由于行政权力是一种对资源的控制和支配力，才使得地方政府可以通过行政权力来干预资源的配置，以及直接配置资源。地方政府竞争与合作对资源的配置作用，实际上是通过行政权力的行使来实现的。地方政府过度竞争乃至恶性竞争所造成的资源配置在行政辖区间的阻隔，源于地方政府间为了争夺资源而产生的行政权力的冲突甚至对抗，而地方政府合作则是地方政府间通过对行政权力的横向协调，改变过度竞争所造成的行政权力的冲突和对抗状态，进而实现资源跨行政区配置和跨界公共事务的有效解决的。在某种意义上说，地方政府合作的过程也是地方政府间行政权力的自愿性协调的过程，地方政府相互间行政权力协调的程度决定了地方政府合作的程度，进而决定了资源跨行政区配置的程度。

第一节 行政权力对资源空间配置的嵌入

理解地方政府竞争与合作对资源空间配置的作用机理，必须紧紧把握行政权力这一关键的中间变量。地方政府在相互竞争与合作的资源配置效应与行政权力的运用紧密相连，它实际上表明了行政权力对资源空间配置的嵌入。

第四章　地方政府合作与行政权力横向协调

一、行政权力与政府间区域竞争

由计划经济向市场经济转变，实际上就是在资源配置方式上由政府依靠权力集中配置向由市场主体通过交易的方式进行分散决策转变。市场作为一种资源配置方式，在于"不通过中央指令而凭借交易方式中的相互作用，以对人的行为在全社会范围内实现协调"[①]，市场主体通过相互竞争来减少无知、扩散知识以及抑制错误，在追逐自身利益的同时，客观上使资源得以优化配置。开放性、竞争性和有序性是完善市场的三个基本特征。开放性拒斥各种封锁，要求商品和经济要素能够在行业之间、部门之间、地区之间自由流动，并在此基础上按照比较利益原则形成区域间的合理分工。竞争性是市场经济的最根本要求，竞争将迫使企业努力降低成本，提高产品质量，不断改进管理，积极进行技术创新，从而提高效率。尽管竞争会产生诸如经济垄断等限制竞争的诸多结果，但竞争本身是排斥垄断等现象的。如果说市场自身形成的垄断并不必然降低效率，仍然具有有效竞争的特征和效果的话，那么由权力的介入所形成的行政垄断、贸易壁垒，则会严重干扰和破坏市场机制，扭曲市场价格，使价格信号难以发挥引导资源配置的作用。有序性在于保证市场竞争的公平、公正，使市场可以有序运转，它意味着统一的市场规则、公平的交易环境，排斥各地方的歧视性政策和措施。总之，开放、竞争、有序的市场是资源优化配置的基础。但是，我国在由计划经济向市场经济转轨过程中，行政性分权的改革使得更多的资源控制权和经济管理权集中到地方政府，却没有市场力量迫使地方政府按照市场规则办

---

① ［美］C.E.林德布鲁姆：《市场体制的秘密》，耿修林译，江苏人民出版社2002年版，第4页。

事，致使区域间的资源流动性较低，低效率企业得到保护[①]，甚至地方政府代替企业相互间对各类资源及经济要素直接展开竞争。

在转轨过程中，行政性分权和分税制使得地方政府利益在整个政府利益体系中的相对独立性逐渐增强，再加上地方政府具有发展地方经济的责任及要从这种发展中获得收益，地方企业与地方政府的相互依赖，形成了地方政府作为利益主体、经济主体和管理主体"三位一体"的现象。在此情况下，地方政府必然滋生"地区本位"的意识。由此在行为上，地方政府为了实现地方经济发展目标和地方政府的政绩目标，追求行政区域内的经济利益最大化，在经济发展中必然从本位主义的角度出发，采取相应的措施、策略或政策[②]，以整个地方为单位与其他地方在利益上相互竞争。在这一过程中，地方企业在很大程度上成为地方政府实现地方利益的一种工具，地方企业的发展和盈利对地方利益具有决定性意义。另外，地方企业也需要地方政府，通过地方政府的保护来获得自由市场下所不能获得的高额租金或免遭淘汰，因而，地方政府与地方企业实际上形成了一种"利益共生关系"。这就促使地方政府利用行政权力来干预本地企业与其他地方企业之间的竞争。使本地企业赢得竞争优势，不同地方企业之间的竞争也就演变为地方政府之间的竞争，"市场上每个中国企业的背后，几乎都站着一个地方政府。中国市场上的企业竞争，也可以说都是它们的代表——地方政府之间的竞争。"[③]

地方政府竞争不同于市场竞争，市场竞争是一种在价值规律作用下，激励技术与管理进步进而使产品质量提高和价格下降的经济竞争，而地方政府间的竞争更多的是以公权力的扩张进行内耗式的竞争。地方

---

① 黄丙志：《中国统一市场经济学》，华东理工大学出版社2006年版，第86页。
② 姜德波：《地区本位论》，人民出版社2004年版，第53页。
③ 何晓星：《论中国地方政府主导型市场经济》，载《社会科学研究》，2003年第5期，第27—31页。

第四章 地方政府合作与行政权力横向协调

政府出于维护本地区利益的需要,会将权力嵌入于区域资源配置之中。我国目前区域经济合作进程中政府替代企业的现实,呈现出的是一种非规制政府替代不完善市场的一种格局[①]——一方面地方政府权力运作不规范,"越位"现象依然严重;另一方面,在政府"越位"的环境下成长起来的市场机制在资源配置方面虽然于一定意义上发挥了基础性作用,但必然是不完善的,地方政府间权力的扩展性竞争与地方企业间市场化竞争相互渗透,此种情况将导致区域间资源配置的逻辑在某种程度上由个人主义的分散决策转变为集体主义的公共选择,企业进入与退出市场不是市场机制选择的结果,而是在客观上由市场和政府共同决定,甚至某些时候政府的选择具有决定性的意义。地方政府间竞争虽然不同于企业之间的竞争,但它却是一种在市场机制的基础上并利用市场机制的竞争,呈现出地方政府间权力之间的竞争和对抗,在市场机制中嵌入权力的因素,改变市场主体对成本与收益的预期和市场信息的认知以及市场风险的估算,从而改变市场主体的行为倾向以利于本辖区的发展。由于地方政府之间的不断博弈和市场机制受到权力的破坏,地方政府间竞争造成了市场信息量增加,使市场信息更为复杂并受到扭曲,信息变化也更为频繁和剧烈,市场主体对市场信息认识的不完全程度上升,再加上行政区市场的行政垄断,这就不仅使得市场竞争难以达到均衡,而且还造成了诸如重复建设、公共资源的过度使用等严重的外部性问题,最终必然降低资源区域配置效率。

转型的大环境决定了地方政府权力过大的自由裁量空间和不规范行使,地方政府在地方利益的诱导下很容易滥用行政权力,设置行政壁垒,阻碍区域资源配置和商品流通。由高度集中的计划经济体制向市

[①] 郭茜琪:《论地方政府在市场化进程中的诺斯悖论行为》,载《学术界》,2008年第2期,第160—165页。

经济转变本身就是一个政府不断对自身权力进行削减和限制的过程，政府要不断转变职能，理清政府与市场的界限。很明显，目前我国政府对市场的干预存在越位的现象，也就是干预过度，出现了许多地方政府替代企业进行竞争的行为，行政性分权改革与我国各级政府"职责同构"的叠加则放大了政府对市场的干预空间和干预程度。行政性分权使地方政府获得了发展和管理本地政治、经济、社会、文化事务的相对自由的权力，尤其是在经济事务上的权力空间很大，这些权力再经过由省到市县直至乡镇的层级分解，每个层级的地方政府几乎都获得同样的权力。尽管权限大小不同，但各层级地方政府基本管理着同样的事务，各层级地方政府都具有发展和管理本地经济事务的责任与权力。"在职责同构的管理体制下，各级政府在部门利益或地区利益的指引下，仍会采取种种手段企图控制资源配置的主导权。"① 各级地方政府都会在既有的权限下甚至越权对本辖区市场和区域市场进行干预、控制，各级地方政府对市场的干预相互叠加，政府对市场的过度干预也就自不待言。此外，在进行行政性分权改革的同时，我国尽管制定了一些相关的法律来规范地方政府权力在地方政府间竞争中的滥用，但效果并不明显。如《反不正当竞争法》第二章第七款明确规定："政府及其所属部门不得滥用行政权力，限定他人购买其指定的经营者的商品，限制其他经营者正当的经营活动。政府及其所属部门不得滥用行政权力，限制外地商品进入本地市场，或者本地商品流向外地市场。"《中华人民共和国反垄断法》第五章对行政机关"滥用行政权力排除、限制竞争"作了较为详细的规定；《行政许可法》也对政府的行政许可范围、许可原则、许可程序等方面作了详细规定。但这些规定对地区行政垄断、地区行政壁垒和歧

---

① 朱光磊、张志红：《"职责同构"批判》，载《北京大学学报（哲学社会科学版）》，2005年第1期，第101—112页。

视性政策的消除并没有起到太大的作用，一些明显违法的做法也由明转暗，大量的行政壁垒和歧视性政策依然存在。另外，不得不说的是，中央政府对地方政府竞争过程中所树立的行政壁垒和歧视性政策表现出了相当程度的容忍，并没有出台行之有效的相关措施来消除这些行政壁垒和歧视性政策，只是在一些重要区域的规划纲要中提出了区域经济一体化的要求和希望。如在《珠三角地区改革发展规划纲要（2008—2020年)》中就提出："珠江三角洲地区九市要打破行政体制障碍，遵循政府推动、市场主导，资源共享、优势互补，协调发展、互利共赢的原则，创新合作机制，优化资源配置。……到2012年，基本实现基础设施一体化，初步实现区域经济一体化。到2020年，实现区域经济一体化和基本公共服务均等化。"在《国务院关于进一步推进长江三角洲地区改革开放和经济社会发展的指导意见》中则指出："坚持一体化发展，统筹区域内基础设施建设，形成统一开放的市场体系，促进生产要素合理流动和优化配置。"但这些要求和希望并不具有法理的强制性，只是寄希望于区域内各地方政府通过相互协调来解决此类问题。

二、行政区经济与行政区边缘经济：权力的空间经济效应

行政区经济是由于行政区划对区域经济的刚性约束而产生的一种特殊区域经济现象，是我国从传统计划经济体制向社会主义市场经济体制转轨过程中，区域经济由纵向运行系统向横向运行系统转变时期出现的具有过渡性质的一种区域经济类型。[①] 作为一种特殊的区域经济类型，行政区经济具有如下几个主要特征：一是企业竞争中渗透着强烈的地方

[①] 舒庆、刘君德：《一种奇异的区域经济现象——行政区经济》，载《战略与管理》，1994年第5期，第82—87页。

政府行为。地方政府为了实现自身目标和地区利益，通过有效的行政直接干预企业的竞争，竞相发展税高利大的产业，造成了重复建设、重复布局的发展态势。由于各级地方政府对本地企业实施地方保护主义措施，极大地造成了企业竞争的不公平性，难以实现市场竞争下的规模经济，严重制约了资源的优化配置。二是生产要素跨行政区流动受到限制。地方政府为了促进本地经济发展，对本地市场进行保护，使生产要素难以自由流动。三是行政区经济呈稳态结构。由于以上原因，各行政区自成体系的发展格局难以在短时间内打破，行政区经济运行相对稳定。四是行政中心与经济中心的高度一致性。五是行政区边界经济的衰竭性。一般省会城市等大城市和特大城市远离行政区边界，按照空间相互作用原理和行政区经济运行下经济中心跨行政区作用的摩擦力原理，中心城市经济能量在辐射到边界地区时，已被大大削弱，边界地区往往成为区域经济的衰竭带。①

从行政区经济的这些特征我们可以看出，行政区经济本质上是在一定的行政区划范围内地方政府运用行政权力对市场机制的强力干预所形成的空间经济效应。"行政区经济源于政府对经济的干预，也强化政府对经济的干预"②，"行政区经济的形成说明行政权力在区域经济形成和维持中的决定性作用，因而解决行政区经济问题必须从行政权力结构的调整入手"③。一般来说，在完善的市场机制的作用下，经济要素会突破行政区划的界限，跨越两个及以上的行政辖区，在更大的空间范围内

---

① 舒庆：《中国行政区经济与行政区划研究》，中国环境科学出版社1995年版，第26—35页。

② 上海财经大学区域经济研究中心：《2003中国区域经济发展报告——国内及国际区域合作》，上海财经大学出版社2003年版，第287页。

③ 杨龙：《中国经济区域化发展的行政协调》，载《中国人民大学学报》，2007年第2期，第93—98页。

第四章 地方政府合作与行政权力横向协调

实现优化组合，形成一个具有一定的经济中心和广大腹地的经济区域。在该经济区域内，产业在市场机制的作用下合理分工，具有紧密和发达的经济网络，整个经济区域呈一体化发展态势。但行政区经济却表现出行政区划对经济的刚性约束，经济的行政区横向联系受到阻隔，这与行政区划作为政治和行政权力的空间配置的边界不无关系。行政区划的边界的本质是地方政府行政权力的地域空间边界。在行政区划内，地方政府独占本辖区的公共事务管理权，其他地方政府无权干涉。行政区政府可以按照国家和地区以及本地的发展战略和发展规划，自行组织经济开发、经济管理，这就必然导致地方政府按照地方利益最大化的原则拓展跨区经济联系。但是，由于区际经济联系的拓展是政府与市场共同作用的结果，每个行政辖区的地方政府对市场干预的差异性必然造成不同行政辖区市场环境的某种程度的异质性，致使不同行政区市场的交易成本高昂，横向经济联系受到不同程度的阻碍，从而出现经济要素内向性流动和聚集、资源配置内向集中的空间经济现象。

行政区边缘经济是指国家经济内由于行政区划、政府职能和地方政府行为对区域经济的刚性约束和边缘效应的影响，而在行政区交界地带产生的一种特殊的、具有分割性和边缘性的区域经济。行政区边缘经济具有三个显著特征：一是区位的边缘性所导致的经济的欠发达性，二是区域经济分割现象明显，三是经济活动表现一定的冲突性。[①] 虽然行政区划一般以江河、山麓等为界，行政区边界"犬牙交错"，对行政区横向经济交流具有一定的"屏障效应"，但行政区交界处又通常是山同脉、水同源、人同文的区域，各方面交流又应该是比较频繁的地带，并且很多交界地带自然资源丰富，这些地方并不必然成为经济的欠发达区域。从本质上看，和行政区经济一样，行政区边缘经济现象仍然根源于

---

① 安树伟：《行政区边缘经济论》，中国经济出版社2004年版，第399—401页。

权力对经济的介入问题，其分割性恰恰是权力的分割造成的。行政区交界的边缘区域也就是行政权力的边缘区域，远离不同层级的行政中心。在以政府为主导的情况下，生产力布局总是以行政中心为核心，行政区边缘区域很少被考虑到，不同级别的行政中心的市场环境和基础设施条件都要比行政区边缘区域优越，经济要素往往向不同级别的行政中心聚集。行政区边缘区域还是行政权力摩擦、冲突较为严重的区域，行政权力冲突的表现就是行政壁垒较多，政策差异较大。由于不同的级别的地方政府具有不同权限的政策制定权，通常是省际区域政策差异性大于同一省区内市际区域，市际区域的政策差异性大于同一市级行政区内县际区域。这就导致行政区域边缘交易成本较高，从而阻碍行政区边缘区域经济要素的流动和资源配置，经济交流更多地趋向于行政区内部；另外，由于市场在公共物品的提供方面存在失灵的问题，公共物品通常由政府提供，公共物品的提供过程就是政府配置公共财政资源的过程，而跨行政区的公共物品要由相关地方政府通过协调共同提供。由于行政区之间尤其是省级行政区之间缺乏权力的协调，行政区边缘区域面临着公共物品提供不足的问题；同样由于权力协调的缺乏，行政区边缘区域还存在公共资源过度使用的问题。跨行政区边界的河流、湖泊、山川、矿藏等资源通常难以分割开来进行开发和保护，或者分割后将影响其整体功能，需要统一的管理才能最大的发挥资源的经济和社会效益，而统一的管理就需要相关行政区政府相互协调达成一致，形成统一的管理权。但现在我国行政区边缘区域常常由于缺乏权力的协调使得这些资源处于无序开发、过度使用以及难以得到保护的境地，大大影响了此类资源的可持续利用，甚至造成了无法修复的永久性破坏，最终损害了行政区域边缘区域利用这些资源促进共同发展的潜力。

第四章　地方政府合作与行政权力横向协调

第二节　地方政府合作中的行政权力横向协调

地方政府竞争与合作过程中，行政权力直接或间接嵌入到资源的配置之中，而地方政府间行政权力的关系状态则直接作用于经济要素及资源在行政辖区间的流动自由和空间配置状态。地方政府间的合作通常不会是对资源的直接配置，行政权力在其中仍然发挥了核心的作用。也就是说，地方政府间是通过行政权力的相互调整来实现资源再配置的，如将权力让渡给一个独立组织，或者是签订共同限制、规范某项权力的行使的协定，或者是将某项权力转交给另一方行使并承担责任等等。所以说，地方政府合作要解决资源配置问题关键在于解决行政权力的协调问题。通过改变地方政府竞争尤其是恶性竞争状态下行政权力的冲突和对抗，就可以改善经济要素的跨行政区流动及资源的跨行政区配置，地方政府合作恰恰在于通过行政权力的横向协调来实现这一目标的。

一、地方政府合作过程中行政权力自愿性协调的理论和现实可能性

地方政府合作过程中行政权力自愿性协调涉及地方政府是否有权利对自身拥有的权力设定一定的义务以及根据需要进行一定限度的处置的问题，包括对行政权力本身和行政权力行使的方式设定一定的义务和进行一定限度的处置。从现实来看，地方政府之间对自身拥有的权力相互设定一定的义务和进行一定限度的处置主要限于自由裁量权范围内，以及违法滥用行政权力等方面。

我国地方政府的权力一方面来源于全国人民代表大会及其常务委员会、地方各级人民代表大会及其常务委员会的立法授权，另一方面则来

源于中央政府根据全国人民代表大会及其常务委员会的法律和有关决定所作出的行政授权。此外,"由于部分地方政府依法享有规章制定权,而《立法法》的有关规定又比较笼统,因而使得地方政府权力的自由度还有很大空间,在实践中,很难排除部分地方政府利用制定规章的行政立法权,为政府自身创设某些权力的现象。事实上,这已经是不争的事实"。[①] 通过各种途径获得一定的权限之后,地方政府就可以相对自主地管理本辖区的政治、经济、文化、社会等各种事务,这种行政权力行使的相对自主性一方面是相对于上级政府的自主性,另一方面是相对于不具有行政隶属关系的其他地方政府的自主性。相对于上级政府的自主性是指某一层级地方政府可以在既有的权限范围内在自己的辖区相对独立地为一定的行政行为;当然,某一层级地方政府相对于上级政府的自主性颇为有限,在法律规定的权限范围内,上级政府可以单方面改变与下级政府的权力关系,可以直接改变或撤销下级地方政府的不适当决定和命令,下级地方政府要服从上级地方政府。而相对于不具有行政隶属关系的其他地方政府的自主性则意味着几乎完全的排他性,在横向上,一个地方政府无权干预另一个地方政府辖区的内部事务,每个地方政府都独享本地事务的管辖权。理论上,地方政府行使权力这种相对自主性,使得地方政府可以在法定权限范围内按照自己的意愿来管理本地事务,并且为了管理本地事务的需要,地方政府可以相对自主地协调横向的地方政府间的各种关系,其中就包括在处理相互间各种关系时所涉及的权力关系。横向地方政府之间不会单纯就权力关系而协调权力关系,而是在处理某些共同事务和公共问题时就这些事务和公共问题所涉及的权力进行协调。也就是说,地方政府间对行政权力的协调缘于处理某些共同事务和公共问题的需要。地方政府间权力关系的协调通常意味

---

① 沈荣华:《中国地方政府学》,社会科学文献出版社 2006 年版,第 53 页。

第四章　地方政府合作与行政权力横向协调

着对彼此的行政权力设定一定的义务以及进行一定限度的处置，它本质上是地方政府在其权限范围内行使行政权力的一种方式，并不改变与其上下级政府的权力关系，而且上级政府可以根据一定的标准来认可和批准地方政府合作过程中所涉及的行政权力的协调，当然也可以否决它。

实践中，以《宪法》和《中华人民共和国地方各级人民代表大会和地方各级人民政府组织法》为代表的涉及府际关系的现有法律法规，通常规定的只是纵向政府间关系，基本没有涉及横向府际关系。但在《行政区域边界争议处理条例》中，我们可以看出，地方政府间通过平等协商进而签订协议的方式来解决行政区域边界纠纷是得到法律及中央政府的允许和承认的。如《行政区域边界争议处理条例》第三条就规定："处理因行政区域界线不明确而发生的边界争议，应当按照有利于各族人民的团结，有利于国家的统一管理，有利于保护、开发和利用自然资源的原则，由争议双方人民政府从实际情况出发，兼顾当地双方群众的生产和生活，实事求是，互谅互让地协商解决。经争议双方协商未达成协议的，由争议双方的上级人民政府决定。必要时，可以按照行政区划管理的权限，通过变更行政区域的方法解决。解决边界争议，必须明确划定争议地区的行政区域界线。"第二章"处理依据"规定："争议双方的上级人民政府（含军政委员会、人民行政公署）解决边界争议的文件和所附边界线地图"、"争议双方人民政府解决边界争议的协议和所附边界线地图"、"发生边界争议之前，经双方人民政府核定一致的边界线文件或者盖章的边界线地图"都可以作为处理边界争议的依据，"争议双方的上级人民政府及其所属部门，或者争议双方人民政府及其所属部门，开发争议地区自然资源的决定或者协议"则可以作为处理边界争议的参考。第十一条和十二条分别规定："省、自治区、直辖市之间的边界争议，由有关省、自治区、直辖市人民政府协商解决；经协商未达成协议的，双方应当将各自的解决方案并附边界线地形图，报国务院处理"，"省、自治区、直辖市境内的边界争议，由争议双方人民政府协商解决；经协商未达成协议的，双方应当将各自的解决方案并附边界线地形图，报双方的上一级人民政府处理"。第四十条规定："争议双方人民政府达成的边界协议，或者争议双方的上级人民政府解决边界争议的决定，凡不涉及自然村隶属关系变更的，自边界协议签字或者上级人民政府解决边界争议的决定下达之日起生效。"如果从另一个角度理解，这些规定同时意味着地方政府是可以相对自主地行使自身所拥有的权力的，通过协商一致进而签订行政区域边界协议，实际上是通过协议对双方地方政府处理区域边界争议的权力的相互限制，地方政府间可以通过平等协商达成一致意见的情况下为彼此的权力设定一定的义务。

从现实来看，我国中央政府对地方政府合作中的各种行政权力协调采取了默认的态度，对有些地方政府合作则通过批准区域改革发展规划或出台区域改革与发展指导意见的方式予以了承认，承认整个区域地方政府合作意味着对地方政府合作中的行政权力协调方式的一并认可。不仅如此，由于中国改革没有现成的经验可循，整个改革基本上是"摸着石头过河"，具体到地方政府合作方面也是如此。中央政府对地方政府合作机制并没有预设一定的框框，而是采取了鼓励创新的态度。如在《珠三角地区改革发展规划纲要（2008—2020年）》中就提出珠三角要"探索建立有利于促进一体化发展的行政管理体制、财政体制和考核奖惩机制。在省政府的统一领导和协调下，建立有关城市之间、部门之间、企业之间及社会广泛参与的多层次合作机制"，"完善粤港澳三地传染病疫情信息通报与联防联控、突发公共卫生事件应急合作机制和食品、农产品卫生事件互通协查机制。支持建立劳动关系协调合作机制"，"支持粤港澳三地在中央有关部门指导下，扩大就合作事宜进行自主协商的范围。鼓励在协商一致的前提下，与港澳共同编制区域合作

第四章　地方政府合作与行政权力横向协调

规划。完善粤港、粤澳行政首长联席会议机制,增强联席会议推动合作的实际效用"等等。在《国务院关于进一步推进长江三角洲地区改革开放和经济社会发展的指导意见》也明确提出,长三角要"完善合作机制。要积极探索新形势下管理区域经济的新模式,坚持政府引导、多方参与,以市场为基础、以企业为主体,进一步完善合作机制,着力加强基础设施建设、产业分工与布局、生态建设与环境保护等方面的联合与协作。积极推进泛长江三角洲区域合作,要进一步加强与中西部地区经济协作和技术、人才合作,带动和帮助中西部地区发展。积极推进与港澳台的经济联系与合作",而且该文件对长三角区域各领域建立怎样的合作机制都提出了明确而具体要求。

总之,由于地方政府在其权限范围内行政权力的行使具有一定的相对自主性,地方政府在合作过程中可以根据合作事项的需要,通过协商一致,对彼此的行政权力的行使设定一定的义务以及进行一定限度的处置,不过通常需要相关法律或共同上级政府某种形式的认可或批准。

二、行政权力行使的对等约束

分权体制下的政府竞争的本质是社会层面的权力竞争,而非市场机制作用下的经济竞争,更多的是一种公权力扩展性的较量[①],因而,地方政府竞争往往导致地方政府间权力的摩擦、冲突甚至对抗。地方政府对于这种状态的一种自我调适性方法,就是通过相互间签订行政协议的方法对某些行政权力的行使进行对等约束,在权力的行使方面进行统一和对接,从而超越某行政辖区,在区域范围对行政权力的行使进行规

---

① 郭茜琪:《论地方政府在市场化进程中的诺斯悖论行为》,载《学术界》,2008年第2期,第160—165页。

范。需要说明的是，地方政府在合作过程中的行政权力行使的对等约束是在地方政府拥有的行政权限范围内，对于那些不拥有的行政权力，地方政府之间是不可能进行对等约束的；再有，地方政府合作过程中对行政权力行使的对等约束，通常是对针对其他地方的被滥用的行政权力的限制，相互间对行政权力的行使设定一定的义务，目的在于规范彼此的行政权力不被滥用，基本不涉及按照既有的法律规范正常行使的行政权力。

地方政府合作绝大多数不是像市场上经济主体之间的市场交易的方式进行的。市场主体之间采用的是商品与货币以及物物交换等方式直接的利益交易，对于地方政府而言，它是以公共权力为核心组织起来的公共组织，公共权力的大小决定了地方政府在整个政府利益体系中能够获得利益的能力和多少，地方政府要通过行政权力的运用来实现利益。并且从现实来看，地方政府间通常是通过处理、调整相互的权力关系来协调相互间的利益关系的。地方政府合作所依靠的不是简单的行政、计划和政府间的协调手段，而是将政府的作用集中在拆除区域行政壁垒，提供区域无差异的公共产品，同时在更多的方面，充分利用市场机制的作用，将企业推向促进区域经济一体化的前台，达到企业发展、地域发展和经济一体化的多赢目标。因而，各种经济合作协议的核心内容都表现为相关行政壁垒的拆除，以此充分发挥市场机制的作用，消除因行政区划的分割对经济发展造成不良影响。[1] 正是由于各地方政府对区域市场干预过多，导致利益的冲突，造成各地方政府都利用手中的权力来维护地方利益，最终形成了行政壁垒林立、歧视性政策不断出台的局面。因而，行政壁垒的消除涉及地方政府间行政权力行使的对等约束问题，即

---

[1] 朱颖俐：《区域经济合作协议性质的法理分析》，载《暨南学报（哲学社会科学版）》，2007年第2期，第86—90页。

第四章　地方政府合作与行政权力横向协调

地方政府间对某一项或某几项阻碍经济要素流动的行政职权取消针对双方或多方的行使或限制其行使。

顾名思义，行政权力行使的对等约束就是指，参与合作的各地方政府为了减少对市场的不当干预和避免相互间的权力冲突，维护区域市场的统一，在各自的权限范围内对某些权力按照约定的统一要求进行的同等的限制或设定相同的义务。行政权力行使的对等约束在各地方政府间追求区域经济一体化的过程中表现得尤为明显。区域经济一体化问题本身是一个政治问题，涉及政府之间的权力关系问题。区域经济一体化的实现与行政权力协调密切相关，如同行政权力在区域经济一体化问题的形成过程中一样，行政权协调在区域经济一体化的实现中也发挥了关键性的作用，无论是消极一体化还是积极一体化都存在着行政权力协调。从某种意义上说，如果没有行政权力协调，区域经济一体化就不会实现。

区域经济一体化有消极一体化和积极一体化之分。消极一体化是指消除政策干预和资源流动的行政壁垒，减少市场分割来增强竞争；它涉及的行政权协调实际上是地方政府间行政权力行使的对等约束问题，其最终结果则表现为行政壁垒和歧视性政策的消除。这类行政权协调通常通过签订地方政府间协议的方式来实现，即地方政府间通过谈判就某些方面或领域打破行政壁垒达成共识和承诺，形成协议文本，然后根据协议来清理相关的歧视性政策和行政审批权，以及约束某些权力的不当行使等等。

如泛珠三角区域签署的《进一步加强泛珠旅游市场合作与交流协议》第五条款就明确规定："逐步开放市场，推出旅游便利化服务措施，为游客及旅游企业跨区域旅游、经营提供便利。逐步取消旅游壁垒和进入障碍，致力推进合作各方的无障碍旅游，通过双方、多方的协议方式加快泛珠三角九省区无障碍旅游区的建设步伐。"在《泛珠三角区域房地产业合作备忘录》中,"各方承诺加强信用建设,消除限制房地产开发、中介服务、物业管理企业流动的地区障碍,坚持非排他性和非歧视性,建立健康、规范、公平、开放、有序的市场秩序"。在资本流动与招商引资方面,要"以积极态度鼓励资本合理流动,鼓励企业、人才、技术合理流动、优化组合,大力消除妨碍资本流动的体制障碍和政策障碍。以积极态度促成区域内跨省区的房地产项目招商引资,积极为各地招商引资工作提供方便"。《泛珠三角九省区劳务合作协议》同样存在着关于共同消除行政壁垒的规定,如"在充分分析九省区差异的基础上,共同推动各方流动就业政策制度的调整和完善,研究制订区域流动就业章程,消除流动就业的壁垒,为区域内人员流动就业创造良好的环境,提供平等、高效、优质的服务"①。

行政壁垒和歧视性政策是行政权力对市场机制不当干预的表现,因而,这些协议中关于各种行政壁垒和歧视性政策的消除的规定,必然要通过所涉行政权力行使中的共同限制来实现。如果不对设立这些行政性壁垒和制定歧视性政策的行政权进行清理和限制,就不能从根本上消除行政壁垒和歧视性政策,在一定条件下还有可能死灰复燃。所以说,在这种意义上,行政壁垒和歧视性政策的消除与行政权协调尤其是行政权力行使的对等约束是同一过程,行政权协调能否顺利进行,决定着泛珠三角区域在这些方面的一体化能否实现。同样,所涉及行政权协调的深度也决定了这些领域一体化的深度。

地方政府合作开始之前的交流、谈判、协商,在很大程度上都是围绕行政权力在行使时如何进行对等约束,以及对哪些行政权力的行使进行对等约束而展开的。尽管这些谈判和协商直接表现为利益之间的讨价

---

① 彭彦强:《区域经济一体化、地方政府合作与行政权协调》,载《经济体制改革》,2009年第6期,第138—141页。

第四章　地方政府合作与行政权力横向协调

还价，但通常不是地方政府间利益的直接分配，而是最终都要通过地方政府间行政权力行使的对等约束所达成共识并形成文本将利益分配方案固定下来，也就是通过签订行政协议来对相互间行政权力的行使施加一定的责任与义务，以达到相互约束的目的，从而实现地方利益与区域利益的融合。政府合作协议不是一方对另一方的强制，也不是对民事权利的处分，而是政府合作协议的主体为追求各自的行政管理目标，通过协议对自身的行政职权的运行设置一定的义务并因而享有相应的权力。其本质是缔结政府合作协议的地方政府对其所享有的行政权力的一种自我约束，归根结底仍是其行使权力的一种方式。[①] 通过行政权力行使的对等约束，地方政府间行政权力的摩擦、冲突以及对抗状态将得以缓解，经济要素跨行政区流动的障碍在一定程度上得以清除，有利于区域统一市场的建立和区域经济一体化的实现。

另外，作为地方政府间行政权力行使的对等约束机制的行政协议，其法律效力问题对于能否实现行政权力行使的对等约束的目标具有至关重要的意义。在美国，各州之间签订有大量的洲际协议和行政协定，它们已经成为美国各州合作治理跨州事务的重要工具。在美国联邦体制下，洲际协议同时具有州法与合同的性质。由于美国宪法的充分保障以及本身具有的合同性质，洲际协定的效力优先于成员州之前颁布的法规，甚至也优先于之后新制定的法规，洲际协定对成员州同样具有约束力。一旦参加了洲际协定，各州就不能随意单方面修改或者撤销该协定。[②] 由于洲际协议程序繁琐、缺乏弹性，美国新签订的洲际协议数量下降，而程序简易、具有较大弹性的行政协定开始大量涌现。在美国，

[①] 余韬：《论区域协调中政府合作协议的法律规制》，载《广西政法管理干部学院学报》，2008 年第 3 期，第 86—89 页。

[②] 何渊：《洲际协定——美国的政府间协调机制》载《国家行政学院学报》，2006 年第 2 期，第 88—91 页。

行政协定由于具有合同的性质而受到了法律的支持,使其具有较强的执行力。但目前我国的区域地方政府间的合作协议一没有宪法基础,二没有相关法律规定,我国宪法和地方组织法中关于政府间协议的具体规定和条例几乎是空白,法律只明确了各级政府对其辖区内事务的管理及上级机关在跨辖区事务的角色,而没有涉及跨区域、地方政府间合作的问题。目前中国还没有《政府间关系协调法》或《政府间合作法》,也没有类似美国联邦宪法"协议条款"的法律规定,缺乏保障省际协议争端解决程序公正的法治机制。法律制度缺位导致省际协议的法律效力较弱。[①] 不过,也有人认为,地方政府间签订协议的目的在于通过政府之间的合作,消除民间经济合作的各种障碍,并以此充分发挥政府在宏观调控中的作用,引导本地资金的走向,促进本地经济有序发展,它不涉及具体的经济行为。协议的作用只是确立一种横向经济联合的政策导向,各方有义务按照协议中的约定,在本地出台相应的经济政策,以保证协议内容的实现。各方政府按照协议约定行使相应的行政职权,制定相应的地方经济政策来实现协议,而各种按照协议制定的各种经济政策具有反复适用性,具有抽象行政行为的典型特征,属于广义上的行政合同的范畴。[②] 但笔者认为,从现实情况来看,我国地方政府合作协议绝大多数是经济各领域以及环境治理、基础设施建设、公共安全等方面的原则性承诺,更像是一种地方政府间的公约或宣言。协议条款缺少权利与义务的明确约定,基本不具有法律强制执行性,协议内容的履行主要依靠各地方政府领导人的意愿来进行,合作中所出现的争议也主要由地方领导人协商解决,道德约束对于违反或不履行协议的行为占据主导地

---

① 吕志奎:《洲际协议:美国的区域协作管理机制》,载《太平洋学报》,2009 年第 8 期,第 57—70 页。

② 朱颖俐:《区域经济合作协议性质的法理分析》,载《暨南学报(哲学社会科学版)》,2007 年第 2 期,第 86—90 页。

位；并且许多合作区和合作协议具有开放的特点，地方政府可以自由地参加或退出，这显然与行政合同不同。总之，尽管我国地方政府间合作协议法律的强制执行性较弱，但却不乏灵活性，其重要意义在于增强了各地方政府超越地方狭隘利益的区域共同利益意识，为地方政府间合作指明了方向，确定了目标和合作重点以及合作机制。并且，在我国政治体制下，道德约束和道德压力在很大程度上足以促使地方政府领导人积极履行协议规定。当然，法律的强制执行性对于地方政府合作协议的履行仍然至关重要，有利于行政权力对等约束的明确性和确定性，值得学术界和政策制定者进一步探讨。

三、行政权力的跨行政区衔接

受到行政区划的约束，一个地方政府的权力只有在自己的辖区内具有法律效力，在其他地方政府辖区则不具有相应的法律效力，同时受到地方政府竞争和地区发展水平不同的影响——在公共事务领域，各地方之间存在政策差别和标准不同的问题。解决这些问题就需要行政权力的跨行政区衔接，促成某些公共事务领域的行政一体化的实现。行政权力的跨行政区衔接是指不同辖区地方政府的行政权力通过地方政府间相互的约定而连接成一个整体，使得行政权力的法律效力具有可传递性。

我国各地方工商检验检疫标准、从业资格认证标准等都存在一定程度的差异，并且有些地方政府为了保护本地市场，故意采取重复认证甚至提高认证标准的方式阻止外地商品进入。重复认证无疑增加了外地厂商的交易成本，破坏市场本身的自由竞争，同类产品或替代性商品就很难实现优胜劣汰。再如环境保护方面，尤其是跨行政区河流、湖泊的污染问题，各地方政府为了地方利益则有争相降低排污标准的冲动，尽量将治污成本由相关地方政府共同负担。

另外，我国社会保障费用等还存在异地续接的问题。由于统筹层次较低，地区间经济发展水平差别较大，社会保险中由市级和省级统筹部分差别较大，劳动力流入和流出地的地方政府在社会保险的异地转续时利益存在受损和受益的情况，利益受损的地方政府就会不允许地方政府统筹部分进行转移。这种情况不仅造成劳动者个人利益受损，而且严重阻碍了劳动力的跨区域流动。对于这一问题，江苏已出台《江苏省企业基本养老保险关系转移接续办法》，广东也出台了《广东省基本养老保险关系内转移接续暂行办法》，辽宁省下发了《关于扩大基本养老保险覆盖范围，增加基金收入，切实解决困难群体参保的若干通知》。这些地方通过省级政府的直接出台相关政策措施解决了省内各地方的养老保险的异地转续问题。国家也正在积极制定养老保险的跨省转续问题。目前，既有的地方养老保险的异地续接都是由上一级政府强令实施的，但并没有排除地方政府间可以通过合作的方式来解决这一问题。地方政府合作仍然是养老保险实现跨省转续的重要选择之一，并且一些地方政府实际上是有意向通过合作来解决这一问题的，如《泛珠三角区域合作发展规划纲要（2006—2020年）》中就提出，要"制定外出务工人员平等参加务工所在地社会保障的政策，建立完善的接续机制，确保返乡后社保关系可与本地顺利对接"。

事实上，交通等基础设施规划、区域公共安全、教育、医疗、公积金异地贷款等等都需要各地方政府尤其是毗邻地方政府之间的衔接，从而形成资源共享网络。

行政权力的跨行政区衔接主要也是通过相关地方政府签订合作协议的方式实现的。如《泛珠三角区域合作发展规划纲要（2006—2020年）》就对以上诸多合作领域提出了合作规划，提出要"依据有关法规，建立泛珠三角区域产品质量检测的互认制度"，"各方不得有排他性和歧视性规定，不得有专门针对外地企业而且阻碍其产品和服务进入

第四章　地方政府合作与行政权力横向协调

本地市场的限制性措施,例如重复检验、检定、备案和认证等;加强制订地方标准、企业标准制订、采用、推广方面的合作,在符合省级地方强制性标准的前提下,推行工业产品和农产品质量标准、检验检测标准和认证标准互认;互相认同各成员的认可合格评定机构依法或依法授权出具的检验、检测、计量检定和鉴定结果、省级名牌产品称号、C标志、制造计量器具许可证、省级特种设备制造安装改造维修许可证、工业产品生产许可证受理通知书;各方省级名牌产品列入打假保优活动的保护范围","研究制订区域流动就业章程,消除流动就业的壁垒;建立统一的职业资格证书互认制度和质量保障体系","逐步推进相互认可经科技行政管理部门认定的高新技术企业、高新技术成果、高新技术产品、科技型中小企业、外商研发机构、科技中介机构等,相互享受本地同等的优惠政策","实施《珠江水流域水污染防治'十一五'规划》,建立分别监测、相互通报、信息共享、共同防污治污为基础的跨界污染协调机制、跨界污染事故应急处理机制,跨行政区交界断面水质达到国家标准交接管理、水环境安全保障和预警机制","允许各方具备一定条件的企业在本省(区)设立的分支机构名称中使用本省(区)行政区划名;区域内的投资人在区域内其他地区投资兴办企业的,可以享受同等待遇……各成员方互认对企业产检、个体工商户验照的方式和结果","尽快实现泛珠三角区域主要城市机场实施'多点报关、机场验放'"模式。积极探讨在泛珠三角区域内铁路、水路和公路运输方式实行"多点报关、口岸验放"的监管模式。积极探索适应进口货物属地验放的快速转关办法,经广东口岸进出的"9+2"各方货物,转关接驳享受直接通关的同等待遇,实现进出口货物的跨省区及出境快速流转等。这些方面的合作涉及的都是各地方行政权力的跨行政区衔接问题。

再如宁夏回族自治区银川、石嘴山、吴忠、固原、中卫五市住房公积金管理中心和自治区住房资金管理中心共同签署了《全区住房公积金异地购房贷款合作协议书》。凡在宁夏各住房公积金管理中心正常缴存住房公积金的职工，在区内其他城市（县以上城市）购买自住住房时，均可向购房地住房公积金管理中心申请异地购房贷款。① 长株潭则通过合作在环境方面实现了"环境同治"，即三市实行了同一个规划，对于各市上什么项目都有明确的指标，并严格规定了三个城市的水流交界处的水质标准；三市还实行同一个财政政策，对现有重化企业进行产业升级，产业置换，利用财政政策引导企业进行技术改造和减少污染；三个城市还实行了同一个关于环保的政绩考核标准。公布对三个城市在治污和减排方面的指标，年底在报纸上公布各个城市的考核情况，环保不达标的城市，主要官员的考核将被减分；三个城市成立同一支环保执法队伍，在省环保局设立长株潭执法大队。

2007年7月，在广东省建设厅主持下，珠江三角洲城镇群城乡规划局局长联席会议第一次全体会议召开。珠江三角洲九个地级（以上）市城市规划局主要领导参加了会议。会议审议通过了《珠江三角洲城镇群城乡规划局局长联席会议章程》，珠三角规划局长联席会议每半年举行一次全体会议，交流城镇群城乡规划及管理的发展动态，就涉及城镇群总体发展的重大事项及城镇群各市之间的跨界建设事项进行协商和讨论，制定城镇群统一的规划信息系统技术标准等。2009年3月，广州和佛山签署了《广州市佛山市同城化建设合作框架协议》，协议中提出双方将构建包括联席会议制度、专责小组等在内的合作机制，并约定在基础设施、产业协作、市场环境、环境保护、能源保障、社会事业、公共事务等几大重点领域推进同城化。在此框架下，双方又签署了《广佛同城化建设产业协作协议》、《广佛同城化规划合作协议》、《广佛

---

① 刘兵：《宁夏启动住房公积金异地贷款》，载《中国建设报》，2009年9月17日，第1版。

同城化环保协议》、《广佛推进同城化交通基础设施建设合作协议》四个子协议。① 珠三角广州、佛山、珠海、惠州、江门、中山、东莞、肇庆八市的公积金管理中心负责人于2009年4月在广州签署《公积金异地互贷协议》，已实现公积金异地贷款，教育、医疗和社会保障正在逐步实现对接。

行政权力的跨行政区衔接所促成的行政一体化意味着合作各方的同一职能部门在本地所作出的行政行为，在外地同样具有法律效力，合作各方的非本地居民、企业等可以享受"本地待遇"，就如同在同一个行政辖区一样。这就极大地降低了各类市场主体的交易成本，为经济要素和资源的自由流动提供了同质化的行政环境。

四、行政权力的让渡和授权共同设立的组织

行政权力的让渡可以简单地定义为参与合作的各地方政府或地方政府部门，将一种或几种权力或者某种权力的某一运行环节（决策、执行、监督等）交由某一区域性的管理机构行使，从而形成一种或几种区域管辖权的过程。② 行政权力的让渡形成的是一种超出地方权力的空间界限的管理权，一旦合作协议达成，或合作机构成立，就形成一种行使跨界管理职能的权力。这是一种新的共同权力，是区域层次的行政管辖权或管理权，一般情况下是由一个行政协调机构或区域组织行使。当然，行政权力的让渡必须是参与让渡的地方政府都拥有的权力，必须在地方政府的权限内让渡。中国实行单一制政体，政治性权力集中在中央

---

① 曾妮、刘三琴、邹玉美：《"广佛同城化"今签框架协议》，载《南方日报》，2009年3月19日，第A5版。

② 杨龙、彭彦强：《理解中国地方政府合作——行政管辖权让渡的视角》，载《政治学研究》，2009年第4期，第61—66页。

政府，地方政府的权力均来自中央的授权。在立法方面，某些地方得到中央在管理特定经济和社会事务方面的授权。在宏观经济管理方面，主要的权力在中央，只有省级政府有部分宏观经济调控的权力。地方政府的权力包括发展地方经济；提供文化教育、医疗保障、社会救济等公共物品；维护社会秩序的稳定运行；保护本地的生态和环境。行政权力的让渡主要发生在上述领域中需要地方政府之间合作的部分。

行政权力的让渡或授权共同设立的组织涉及地方政府合作的组织化程度问题，行政权力的让渡确切地说是让渡给一定的区域组织。各地方政府与区域组织的权力关系表明了权力让渡的程度，区域组织的设立同时也意味着用"集权"的方式来处理区域问题，只是不同的区域组织代表着不同程度的集权而已。

在西方国家，为了更好地治理区域问题，在各个层面设立了不同的区域组织，自发形成了各种治理机制。在美国，对于是采用集权的方式还是分权的方式进行区域治理尤其是大都市区域的治理问题存在着老区域主义和新区域主义的争论，二者在区域的治理结构或者权力结构上存在着不小的差异。老区域主义盛行于20世纪初到60年代后期，主要强调区域的结构性变革和正式的制度规制。"它涉及整个都市区域的政府变革，企图驱除所有或大部分都会区里面的小政府，并代之以单一、全功能、有力的、普及整个整个都会区的政府来经理运营"[①]，以解决美国都市区的政府分割。这不但有助于公共服务的规模效应，而且还可以更好地关注平等、民主、人权、环境的良性发展等规范性目标。老区域主义对区域问题的"集中控制可以采取多种形式，包括广泛目的的区域政府。政策制定者可以通过将现有地方政府整合成单一的都市政府来创造这样一个政府，或者创造一种双层体制，在这种体制中，地方政府

[①] 林水波、李长晏：《跨域治理》，台湾：五南图书出版股份有限公司2005年版，第41页。

第四章 地方政府合作与行政权力横向协调

可以保留对某些'地方'问题的控制权，而区域政府则决定其余事务，包括向各城市授权某些事务。而一种替代性选择则是具有有限权力的特别目的区（special-purpose district）"。① 公共选择理论对老区域主义的观点提出了批评，提出要依靠地方政府间竞争来提高公共服务和公共物品提供的效率，主张多中心体制，反对整合都市区众多的地方政府，认为应该选择地方政府间协议、公私伙伴关系、区域联合会以及职能转移等方式满足公众的需求。20 世纪 90 年代以来，新区域主义开始兴起。新区域主义认为政府的正式结构并不重要，都市区区域范围的治理能力可以经由目的导向的非官僚制的网络和既有制度的再治理来形成。它提倡自愿性的合作而不是自上而下的政府措施，强调治理而不是具有正式的政府结构和制度，而"治理传达了这样一种观点：既有的制度可以用新的方式来利用；合作可以在动态的和自愿的基础上在地方间实施；人们通过横向联系的组织可以很好地规制他们自己"②。理论上的争论给我们以诸多启示，而西方国家在处理区域问题时所建立的各种组织和机制则给我们许多借鉴。

专区是美国地方政府正规体系中的一部分，它是特别目的的地方政府（special purpose governments），它通常承担一种或几种特定的职能，提供一项或几项特定公共服务，拥有充分的行政裁量权和财政自主性，如学区、水区、公共事业区、卫生区等专区都具有这种特性。专区的管辖范围通常根据提供的服务项目和规模经济效应来确定，不受城镇等已有行政辖区的限制，专区基本上都是跨越两个以上行政辖区来提供服务和公共设施的。美国许多公共服务都是通过专区来提供的，如消防、警

---

① *Harvard Law Review*, Vol. 118, No. 7 (May, 2005), pp. 2291-2313.
② Savitch, H. V. & R. K. Vogel, "Paths to New Regionalism", in *State and Local Government Review*, 32 (3), 2000, pp. 158-168.

察、卫生、家庭用水、公园和娱乐、排污等等。"一些单位如灌溉区，已被授权为其居民提供诸如家庭供水、排水和卫生服务、机场设施、丧葬等服务；实际上，一些灌溉区提供的服务比某些乡镇政府服务的范围还要广。"① 另外，美国还存在一些跨州的洲际实体机构，如桥梁管理局、公园管理局、海湾或港口管理局、机场管理局、大城市交通管理局、大城市开发区等，它们大部分履行特定的职能，"其中一些，如纽约和新泽西的港口管理局履行着与城市交通和经济发展相关的广泛职能"②。专区和洲际实体机构在美国提供跨行政区公共服务和公共物品方面发挥了重要作用。尽管专区是美国众多政府形式的一种，我们仍然可以借鉴来作为地方政府合作的一种机制，即相关地方政府可以将某项或某几项权力让渡给这样一种区域组织，使其独立行使被让渡的权力来管理区域性的一项或几项事务；我国地方政府间也可以共同设立一些管理更为具体事务的组织，共同授权给这些组织某项权力，让其承担某项区域管理的任务。

城市联盟尽管在美国现实中并不多见，但这并不妨碍它对地方政府合作的重要借鉴意义。城市联盟是都市地区地方政府的管辖权和职能部分合并的一种方式，在该种体制下，都市地区各地方政府仍然执行地方性的事务，另外设立一个联盟政府，执行整个都市地区范围内的职务。联盟政府和地方政府的关系类似于美国的联邦制度。③ 我国地方政府尤其是在经济联系比较紧密、已经形成经济区的地方政府可以借鉴城市联盟的机制，组成地方政府联盟，成员政府让渡出部分公共权力给联盟政府，在成员政府的一致同意下制定具有法律效力的制度章程，明确规定

---

① [美] 文森特·奥斯特罗姆、罗伯特·比什、埃莉诺·奥斯特罗姆：《美国地方政府》，井敏、陈幽鸿译，北京大学出版社2004年版，第9页。

② 同上。

③ 林水波、李长晏：《跨域治理》，台湾：五南图书出版股份有限公司2005年版，第50页。

第四章　地方政府合作与行政权力横向协调

管辖范围与内容，在共同的管理事务和治理领域内享有唯一的权威，而超出此范围外的事务仍由成员政府负责，无权干涉。

美国还有一类区域组织是区域联合会或曰区域委员会。区域委员会是一个多功能的区域自愿组织，由某区域内的地方政府选派代表参加。区域委员会定期举行会议，讨论本区域内的共同问题，拟定发展计划向参加委员会的政府提出建议。联合会或委员会不是一个政府单位，其活动所需经费一般由地方政府、州政府和联邦政府承担，成员政府仍然保持独立的地位，地方政府可以自由地加入和退出区域委员会。区域委员会有两种形式，即区域规划委员会（Regional Planning Commissions）和政府联合会（Councils of Government）。前者的任务通常是就某一功能领域如空气污染控制、固体垃圾处理、运输、法律执行、水质、土地利用、人力资源以及经济发展为大都市区内的地方政府制定规划和提出建议；后者主要目的是为其成员政府提供一个论坛以讨论大家共同关注的问题，对那些有着广泛影响的联邦、州和地方项目进行协调。在某些必要情况下制定解决特定问题的政策，并通过其成员执行决策。政府联合会的关注点一般是与注重实效的项目有关的短期政策，如技术援助、共同采购、双向警察协助、公共服务培训、固体垃圾处理等。联合会作出的决定对成员政府一般没有约束力，其成就主要取决于成员政府对区域委员会工作的支持。区域委员会的一项重要职责与区域规划有关，联邦政府的法令授予区域委员会制定大都市区发展规划、审查地方政府拨款申请的权力，对那些与大都市区整体规划不符的发展规划，区域委员会可以予以拒绝，在一定程度上促成了大都市区的有序发展，消除了地方政府相互竞争所造成的负面影响。[①] 实际上，我国现有的在地方政府合

---

① 刘彩虹：《区域委员会：美国大都市区治理体制研究》，载《中国行政管理》，2005 年第 5 期，第 66—69 页。

作过程中自发成立的政府联席会议和部门联席会议与美国的区域委员会类似。不同的是，我国地方政府联席会议制度完全是由成员政府自愿自成立的；而在美国的区域委员会中，联邦政府发挥了一定的作用。区域委员会所拥有的权力由联邦法律规定，只是委员会体制影响了这种权力的行使，如根据协议，特拉华河流域委员会有权制定综合的发展和用水计划，对那些不符合委员会制定的综合计划的地方计划、地方公共项目和私人项目予以否决。但该委员会所能做的远少于协议所授予的广泛的区域管辖权，这是由于委员会的代表制倾向于否决协议的授权规定，除非成员政府都同意，委员会不可能行使其广泛的权力。[1] 我国的政府联席会议制度目前还只是一个地方政府间相互协调的场所，还不具有对区域内成员政府的行为进行具有权威性的消极否决或积极支持的权力，不能直接干预成员政府的行为，也没有独立作出针对整个区域的决策的权力。要想更有力地发挥政府联席会议的作用，成员政府让渡部分权力或许是一个不错的选择。

　　总体来说，将行政权力让渡于一定形式的区域组织不仅有助于公共服务和公共物品的跨行政区供给，提高公共资源配置效率，而且同样有助于经济一体化的提升，即积极一体化的进行。积极一体化是指通过一系列制度建构，成立跨行政区的权力机构来管理区域性的经济事务。它涉及地方政府间行政权力的让渡问题，即将某项或某几项行政权力让渡给一个或几个区域性的权力组织，从而达到行政权力在区域层次上的再配置，形成覆盖整个区域的区域管辖权。拥有区域行政管辖权的机构就可以实行统一的区域经济政策，纠正区域性的市场失灵，从整个区域的发展的立场来优化配置资源。区域管辖权改变了各地方政府的行政权力

---

[1] Martha Derthick, *Between State and Nation: Regional Organizations of The United States*, The Brookings Institution, 1974, pp. 55–58.

第四章 地方政府合作与行政权力横向协调

由于行政区划的刚性约束所形成的权力分割,"政府的权力必须靠政府的权力来消除"①。它的作用不只在于消除行政壁垒和歧视性政策,还在于强化了市场的统一性力量,对一体化的政策和措施主动推进和监督落实。欧盟区域经济一体化乃至政治一体化的过程本身就是一个国家权力不断让渡的过程。在煤钢共同体的基础上,欧盟先是建立了关税同盟,取消了成员国之间的贸易壁垒和内部关税,成员国海关部门被取消,其职能转移给了共同体的海关部门,成员国与欧盟以外的第三方国家签订贸易协定的权力也让渡给了共同体,在农业方面则制定和执行共同农业政策;欧盟从1986年开始着手建立共同市场,1993年欧洲共同市场启动,商品、资金、服务和人员开始在欧盟成员国内部自由流通;从1969年开始,欧盟便开始谋划经济货币联盟,1979年欧共体创立欧洲货币单位埃居,建立了欧洲货币体系。从1990年7月开始,成员国在欧洲货币体系的基础上加强了协调,取消了国家外汇管制,促进资本流通,各成员国加入欧洲货币体系的汇率运行机制。1994年成立了欧洲货币局,对各成员国货币政策采取进一步协调措施,并监控各国经济和财政政策。1999年1月1日,欧元正式流通。建立国家一体化联合体的整个战后历史令人信服地证明,成立专门机构,开始履行协调的职能,之后便履行管理和监督的职能,只是完善国家间经济一体化的一个不可或缺的条件。并且,这种机构正是在关税同盟阶段实际上就开始执行这种职能,只是当时必须要有参与国的共同行动。为更好地协调这些行动和推进一体化进程,国家自愿将自己某些部分的最高职权授予已建立起来的跨国机构,这些特别机构按照规定程序所作出的决定是一体化

---

① [德] 柯武刚、史漫飞:《制度经济学:社会秩序与公共政策》,韩朝华译,商务印书馆2000年版,第525页。

联合组织参与国的有关国家管理组织和机构所必须执行的。① 目前，欧盟已建立较为完善的立法、行政、司法机构，包括欧洲议会、欧洲理事会、部长理事会、欧洲委员会、欧洲法院等，这些机构在欧盟具有相当的权威性。欧盟一体化进程给予国内地方政府合作的重要启示和经验在于，在地方政府权限范围内，通过适当和适度的行政权力的让渡同样可以有力地推进国内区域经济一体化的实现，并且对于区域公共服务和公共物品的联合的有效供给同样具有重要的现实意义。

五、行政权力的横向转移

行政权力的横向转移是指某一地方政府的行政辖区的一部分或某些事务交由其他地方政府行使管辖权并承担责任。

在美国存在职能转移的情况，即把某项地方政府的任务转移给其他地方政府执行，也可能是把某项地方政府的任务转移给州政府，或者州政府把某项任务转移给地方政府。其中，地方政府间职能转移的情况就包含了行政权力的横向转移，因为职能的履行总是伴随着相应的行政权力的行使，职能的转移必然意味着行政权力的转移，即接受职能转移的地方政府可以在转移职能的地方政府的本辖区行使管理权。职能转移必须有宪法和法律的依据；接受职能转移的地方政府不一定有义务承担增加的财政费用。

美国还有一种涉及行政权力横向转移的区域整合机制是"境外管辖权"。美国有少数州给予地方政府在辖区外部一定范围内，对没有组成为法人的毗邻地区行使某些权力，以扩张市的管辖范围，为市民和邻

---

① [俄] O. B. 切尔科韦茨：《区域经济一体化的政治因素》，载《国外财经》，1999 年第 2 期，第 41—46 页。

近居民提供更好的生活环境。市政府对领土外部行使权力有两种方式：一是控制外部地区某些事务，如规定警察条件、卫生条件、领发执照等；二是为邻近地区居民提供某些公共服务，如排水、供水、供电、公共交通等。市政府在辖区外行使权力不包括征收财产税的权力，其他的限制各州规定不一。①

与美国的职能转移相类似，日本存在"事务委托"的合作机制。日本《地方自治法》第252条第14款规定，地方政府可以与另一地方政府签订协议，将一部分事务委托给另一个地方政府处理。此时，委托方须将所需资金转移至受托方，责任和权限也同时被转移。日本的事务委托大多发生在同一县内，也有少部分是跨县的。②

其实，在我国地方政府中也有类似于美国的"境外管辖权"的地方政府合作的情况。如2006年10月31日，全国人大常委会通过了《关于授权香港特别行政区对深圳湾港方口岸区实施管辖的决定》，授权香港特区政府在位于深圳境内的港方口岸区范围内实行全封闭管理，港方口岸区的范围及使用期限由国务院决定。在港方口岸区实施香港法律，并由香港执法人员管理。再如2009年6月27日，全国人大常委会根据澳门特别行政区提出的请求，以及国务院提交的议案，在十一届全国人大常委会第九次会议上通过了《关于授权澳门特别行政区对设在横琴岛的澳门大学新校区实施管辖的决定》，授权澳门对横琴岛澳门大学新校区实施管辖，横琴岛澳门大学新校区与横琴岛其他区域实行隔离式管理。

江阴—靖江工业园区采用了"混合行政"的管理方式，在一定程

---

① 林水波、李长晏：《跨域治理》，台湾：五南图书出版股份有限公司2005年版，第51页。
② 傅钧文：《日本跨区域行政协调制度安排及其启示》，载《日本学刊》，2005年第5期，第23—36页。

度上打破了行政壁垒，实现了联动发展。江阴、靖江分属无锡市、泰州市两个不同的行政区域，以长江为行政区划的界限。在江苏省政府的推动下，于2003年8月28日成立了全国首家跨行政区域的江阴—靖江工业园区。工业园区在地理位置上位于靖江市南侧，在管理上则采用了江阴和靖江共同管理的模式。无锡、泰州两市之间成立了联动开发协调小组，江阴、靖江两市政府成立了联动开发协调委员会，作为联动开发的最高决策机构；江阴、靖江两市政府以9∶1的出资比例成立投资公司，用市场运作手段进行园区的开发建设；成立以江阴为主、靖江参加的园区管委会负责园区的投资、建设、管理和招商，靖江市政府在园区成立办事处，负责园区范围内的社会事务和开发建设的协调工作；园区工商、地税由省局在园区建立直属分局，国税、技术监督、口岸查验由江阴派驻，国土、消防等管理工作由靖江相关部门负责。在这一合作模式中，靖江市实际上将本辖区工业园范围内的部分行政管理权转移给了江阴市，包括园区的投资、建设、管理、招商、国税征收、技术监督、口岸查验等权力由江阴市在工业园区范围内直接行使，超越了行政区划的刚性约束，在地方政府合作模式上是一种大胆的创新。

　　苏州市和宿迁市合作建设的苏州宿迁工业园区也采取了一种共同管理的方式。苏州宿迁工业园区的运作以苏州方为主，主要依托苏州工业园组织实施开发、建设、管理。工业园共设有相对完善的共同管理机构和开发机构：一是联合协调理事会。它由苏州和宿迁两市主要领导共同主持，相关领导组成，邀请省相关领导参加，是苏州宿迁工业园区的最高决策协调机构，负责协调解决开发建设有关方向、目标和政策等方面的重大问题。二是双边工作委员会。双边工作委员会由苏州、宿迁市政府分管领导和苏州工业园区管委会主要领导牵头，两市与开发建设有关的部门作为成员单位，负责协调处理开发建设中的重要问题。双边工作委员会对联合协调理事会负责。三是苏州宿迁工业园区党工委和管理委员会。它是宿迁市委、市政府的派出机构，代表宿迁市委、市政府行使工业园区内党的领导、经济管理及其他相应的行政管理权，实行充分授权、封闭运作的管理模式。苏州宿迁工业园区党工委、管委会在规划建设、土地管理、经济管理、环境保护、招商、财政、外事、组织人事等方面，代表宿迁市委、市政府行使省辖市管理职能和管理权限。园区开发机构为江苏省苏宿工业园区开发有限公司，它由江苏省国信资产管理集团有限公司、苏州市（苏州工业园区）、宿迁市按照1：1.5：0.5的比例出资组建，受苏州宿迁工业园区管委会委托进行土地综合开发。苏州宿迁工业园区同样打破了行政区划的约束，宿迁市政府不再独享工业园区的行政管辖权，而是与苏州市政府共同分享，行政权力实现了某种程度的转移。对于宿迁市政府来说，这种合作方式是一种以行政权力的某种程度的转移来换取经济发展的利益。简言之，权力共享，收益分享构成了这种合作方式的基础。

六、地方政府合作主要涉及的几类行政权力的协调

从我国地方政府合作的实践来看，尽管行政权力自愿性协调存在的领域比较广泛，但归纳起来主要涉及三个方面或曰三类权力：一是有关经济要素和商品在辖区间自由流动的权力；二是有关产业发展规划和结构调整的权力；三是有关提供跨界公共服务和物品的权力。

1. 有关经济要素和商品在辖区间自由流动的权力

有关经济要素和商品自由流动的权力比较广泛，主要包括投融资相关的权力、工商行政管理权、劳动和社会保障等方面的权力等等。这些权力协调的好坏直接关系到区域统一大市场的建设，关系到经济要素和资源在地方政府辖区间的流动和配置问题，对于区域整体经济发展具有直接的影响。不过，由于经济要素的流动性和地方竞争力的差别，各种

产业在市场力量的驱动下会在不同的区域聚集，各地产业发展将会出现重新洗牌，一些企业可能会在激烈的竞争中被淘汰，影响当地的税收，这类权力行使的完全统一难免导致在短时期内各地方之间利益损益不均。但从长远来看，由于市场规模的扩大、市场环境的改善、交易成本的降低、资源配置效率的提高，整个区域在全国乃至全球中的竞争力将会大大提高，各地方将在更高的经济发展水平上获得更大的利益。行政辖区间的行政壁垒绝大部分都是由于各地方政府利用投融资管理权、工商行政管理权、劳动和社会保障等权力设置的，为达到经济要素和商品能够在行政辖区间自由流动的目标，必须对相关权力进行约束、清理、规范和衔接。

在投融资管理权方面，各地方要基本统一招商引资政策，避免恶性竞争，相互支持对企业异地贷款，尤其是在地方城市商业银行的异地贷款，放开外地企业在本地的投资领域，取消和禁止外地企业兼并、收购本地企业的限制，降低市场准入资金门槛，促进资本的区域流动和配置。

在工商行政管理权方面，各地方政府要清理和废止工商行政管理机关制定的属于排斥和限制外地商品和服务、对本地商品和服务予以特殊保护的各种分割市场的规范性文件；清理和废止有碍公平竞争的地方性法规和政策；规范市场主体登记注册条件、程序等；实施联合执法，联合打击制假、售假行为和企业违法生产经营行为；各成员方互认对企业年检、个体工商户验照的方式和结果，互认工业制品和农产品质量标准、检验检测标准和认证标准，互相认同法定检验单位出具的鉴定结果；建立和完善高效的商品转关、通关机制等等。

有关劳动和社会保障方面的合作对劳动力的区域流动和配置具有重要意义，在这方面各地方政府要合作建立社会保险的异地续转机制，建立住房公积金异地贷款和医疗保险异地报销协调机制；取消和废止歧视和限制劳动者异地就业的规范性文件和行为，消除流动就业壁垒；统一区域职业技能资格考核认证实施办法，统一管理制度，建立质量保障体系，联合打击各种违反职业资格证书制度的行为，建立区域技能人才评价体系和评价标准；制定区域性的劳动者权益保护文件，加强联合执法，打击侵犯劳动者合法权益的行为。

2. 有关产业发展规划和结构调整的权力

实施产业发展规划和产业结构调整是政府积极介入经济发展的重要手段，从中央到地方几乎各级政府都拥有不同权限的产业发展规划的权力，不仅中央政府，而且地方政府也都会编制自己的产业发展规划，对于地方政府来说，重点发展那些价高利大的产业以及信息技术等新兴产业有利于地方利益的实现。但个体的理性行为却导致集体行动的非理性，许多地方政府的产业发展规划都曾存在雷同的现象，省之间相似，省内城市之间也差不多，市内县之间也大同小异，在这种情况，产业布局和产业分工很难得到优化。产业发展规划的具体实施通常要有财政政策、金融信贷政策、税收政策、土地政策等相配套，对重点发展的产业会有一定的政策优惠，这就会出现由于产业发展规划的雷同而导致的优惠政策相差无几的现象，地方政府之间又会在财政、税收、信贷、土地政策等方面展开恶性竞争，严重影响区域整体竞争力的提高，而最终损害的还是地方的利益。

产业结构调整一般是由中央政府编制"产业结构调整指导目录"，然后各地方根据国家发布的产业结构调整指导目录编制本地的产业结构调整指导目录。在产业结构调整过程中，产业一般被分为鼓励类、限制类、淘汰类和允许类四类，每类产业都有不同的财政、信贷、税收等政策与之配套来具体实施产业调整。例如 2005 年国务院发布实施的《促进产业结构调整暂行规定》就规定，对鼓励类投资项目，按照国家有关投资管理规定进行审批、核准或备案，各金融机构应按照信贷原则提供信贷支持,并给予有关税收优惠政策支持,对属于限制类的新建项目,禁止投资,投资管理部门不予审批、核准或备案,各金融机构不得发放贷款,土地管理、城市规划和建设、环境保护、质检、消防、海关、工商等部门不得办理有关手续;对属于限制类的现有生产能力,允许企业在一定期限内采取措施改造升级,金融机构按信贷原则继续给予支持。对淘汰类项目禁止投资,各金融机构应停止各种形式的授信支持,并采取措施收回已发放的贷款,各地区、各部门和有关企业要采取有力措施,按规定限期淘汰,在淘汰期限内国家价格主管部门可提高供电价格,对国家明令淘汰的生产工艺技术、装备和产品,一律不得进口、转移、生产、销售、使用和采用;对不按期淘汰生产工艺技术、装备和产品的企业,地方各级人民政府及有关部门要依据国家有关法律法规责令其停产或予以关闭。区域内各地方政府产业结构调整指导目录的编制和产业结构调整政策的执行好坏,会对整个区域产业结构升级及产业在区域内的转移产生不同的结果,影响区域内各地方的产业合作和产业发展。在一些大的河流、湖泊流域,如太湖流域,中央政府制定有保护方案,但地方有关河流、湖泊流域的专门的产业结构调整方案和目录对河流、湖泊的综合治理具有特殊重要的作用,特别是在一些跨行政区的小的河流、湖泊综合治理方面,其作用就更为显著。在现实中,某些地方政府为了地方利益,往往对限制类和淘汰类产业的发展采取睁一只眼闭一只眼的机会主义政策,甚至有些地方政府为引进其他地方淘汰的产业,暗地里在财政税收等方面给予政策扶持,致使国家产业调整政策难以实现。

总之,实现区域产业结构的合理规划和合理的产业分工,增强区域内各地方间产业发展的协同性,最好的选择就是区域内各地方政府间加强产业发展规划和结构调整协调,共同编制产业发展规划和产业结构调整目录,也可以建立类似于"区域产业发展规划委员会"合作组织,由该组织负责编制区域产业发展规划,同时负责编制河流和湖泊流域的产业结构调整目录或负责审核批准河流、湖泊流域内相关地方政府自行编制的产业结构调整目录,并负责监督实施。

3. 有关提供跨界公共服务和物品的权力

跨界公共服务和物品一般具有两个特性:一是其本身的整体性,即跨界公共服务和物品只有保持整体性才能最大程度地发挥其功效;二是因行政区划人为导致的分割性,而分割性则致使跨界公共服务和物品难以发挥其整体效用,这就强化了相关各地方政府整合提供的必要性。

地方政府间提供跨界公共服务和公共物品的合作主要集中在基础设施、环境保护和污染治理、公共资源的开发和保护、区域公共安全等领域。基础设施主要涉及跨界铁路、公路、航运、输油汽管道、电网、桥梁、区域港口、机场的规划、建设和管理。地方政府在这一领域的合作首先要做到基础设施建设规划的衔接,并且最好能够做到建设同步。每个地方政府都有自己的基础设施建设规划,但很多时候这些规划只是从自身的需要出发,没有考虑到毗邻地方政府的利益需要,结果往往造成衔接出现问题,以至于造成许多"断头路"的出现,还有些由于建设标准不同,同一公路在各省的等级存在重大差异。比如,某条公路在某省辖区内是六车道,而与此条公路相衔接的毗邻省份的公路则变成了四车道等等问题比比皆是。再如港口和机场,这类设施在一定的区域内需要合理的布局。如果同一区域内港口和机场建设过多、过于密集,就会造成利用率不足,相互间产生恶性竞争,导致资源的浪费和配置低效率甚至无效率,而数量过少、规模过小则又会导致运力不足,同样不利于经济发展。再有,基础设施是与公共服务和管理捆绑在一起的,但由于各地方管理标准不一,无形中增加了使用者的成本,降低了整体管理和服务效率。因而,地方政府间关于基础设施建设的规划衔接就显得尤为重要,在保证各地方基础设施建设规划权力相对独立的基础上,要适当让渡部分权力交给区域合作组织，由其统筹考虑区域基础设施建设规划、土地利用规划、布局规划，并制定区域交通、能源、港口、机场等基础设施专项规划，保证地方规划和区域规划的融合；另外，合作组织要协调统筹区域基础设施建设时机、建设方案，统一技术标准等。

环境保护和污染治理尤其是跨界环境保护和污染治理，是具有很强的外部性的行为，为防止个别地方政府"搭便车"，必须由相关各地方政府合作解决。一是环境保护和污染治理的区域规划的编制以及各地环境保护和污染治理规划与区域规划的衔接问题。环境是一个系统，尤其是处于同一流域的地方行政区，一个地方的污染或环境破坏不仅会损害自身，还会对其他地方造成不同程度的损害，因而，最好能够将相关权力如环保规划的权力让渡给合作组织，由合作组织统一对区域环境保护和污染治理进行规划，并审查批准成员政府编制的本地规划。二是统一跨界河流的排污标准，共同确定河流交界的水质控制断面和标准，建立跨行政区交界断面水质达标交接管理机制。三是联合执法，形成各地方政府环境规制权力的相互制约。

跨界公共资源的开发、利用和保护事关相关地方的经济发展和此类资源的整体经济、社会效益的发挥，如果相关地方政府单独进行开发管理，很容易产生恶性竞争行为，破坏此类资源的整体性。为防止诸如跨界的矿山、湖泊、森林、自然风景名胜等资源的过度开发利用，避免"公用地悲剧"的发生，这类资源最好由统一的管辖权进行管理，而不是由相互分割的具有竞争性的几个独立权力主体进行分割式管理。一个可行的办法是由相关地方政府设立共同的开发和保护机构，赋予该机构一定的公共管理权和开发经营的权利，由该机构进行独立的开发和保护，相关地方政府可以按比例确定收益分成。

区域公共安全问题近年来日益受到各级地方政府的重视。公共安全尤其是重大突发公共安全事件通常具有波及范围广和共振性的特点，也就是说突发性公共安全事件的影响范围不只是局限于事件的发生地，控制不好会向周围一定范围蔓延。如一些河流或湖泊的重大污染事件的发生就不仅对发生地产生巨大危害，对整个流域都有可能产生毁灭性的影响。并且突发性安全事件一旦发生，往往会产生一系列政治、经济、社会连锁反应，许多自然灾害如洪水、地震等还会产生一系列次生灾害。所以说，许多重大公共安全事件通常会造成区域性的影响，甚至发展成区域性公共安全事件或事件本身就是区域性公共安全事件，单靠一个地方政府的作为是很难有效应对的。这就需要区域地方政府相互合作，联合编制区域突发公共安全事件应急预案，建立区域重大公共安全隐患联合排查制度和应急物资联合储备制度和统一调用机制。

第三节　行政权力横向协调与地方政府合作的选择

如果将地方政府合作看做一个过程，那么它是随着地方政府间权力的横向协调而逐渐深化的，开始可能只是松散的偶尔的交流联系，在不断的相互协调下，地方政府合作会逐渐走向制度化和组织化。在这一过程中，地方政府间权力协调的程度决定了地方政府合作的深度。

一、从完全竞争到行政区划调整：地方政府合作的连续谱

针对区域治理的不同组织形式，H. V. 萨维奇（H. V. Savitch）和罗纳德·K. 沃格尔（Ronald K. Vogel）构建出了府际合作治理的制度谱系。其中一端是正式的政府结构形式的改变，属于区域政府的模式，包括单一层级政府、市县合并、双层都市政府体制等，另一端则是不合作、逃避和区域冲突，中间则是在现有的制度安排下，采取地方政府间

协议、公私伙伴关系等治理方式。① 后来，H. V. 萨维奇和罗纳德·K. 沃格尔又提出了区域府际合作的五种组织模式：一是合并主义（consolidationist）。这种模式主张减少独立的地方政府，将权力集中于少数的大都市政府或公共机构。二是多层级政府（multitiered）。这种模式主要倡导双层都市政府，下层为负责地方性公共事务的地方政府，管辖范围较小，仅限于处理诸如警察、消防等公共事务，上层则是大都市区域政府，管辖范围较大，负责诸如交通、垃圾处理等区域性事务或活动。三是功能联合（linked functions），即鼓励现有大都市政府通过地方政府间协议的方式来提供公共服务。四是网络综合体（complex network），即由众多大型而独立的地方政府在竞争与合作的网络关系中运作，以保证民众对政府的有效控制以及政府提供的公共服务能够符合民众的偏好。五是公共选择式的（public choice），这种模式与网络综合体相类似，但在理论上反对区域公共机构对公共服务提供时的干预。② 在这五种组织模式中，地方政府间的关系是不同的，组织模式框定了组织成员的行为取向和行为模式。合作组织的连续性通常也意味着组织成员行动的连续性。两个及两个以上的组织或个体之间的关系最容易从相互间的行动中表现出来，米尔娜·P. 曼德尔（Myrna P. Mandell）就认为，合作的努力行为可以被理解成一个从松散的联系和联合到更具有持久性的结构化安排的连续统一体，即第一阶段是两个或两个以上的组织间存在联系或相互接触；第二个阶段是两个或两个以上的组织为完成某些目标断断续续的协调或政策和程序的相互调整；第三个阶段是为实现某个或某些目的，组织间采取即兴的或暂时的任务驱动型的行动；第四个阶段是两个

---

① H. V. Savitch & Ronald K. Vogel, "Regional Politics: America in a Post-City Age", in *Urban Affairs Annual Review* 45, New York: Sage Publications, 2000.

② H. V. Savitch & Ronald K. Vogel, "Paths to New Regionalism", in *State and Local Government Review*, 2000, Vol. 32, No. 3, pp. 158 – 168.

第四章 地方政府合作与行政权力横向协调

或两个以上的组织通过一种正式的安排（例如委员会、伙伴关系等），实施长期和/或常规的协调来参与有限的活动以实现某个或某些目的；第五阶段是建立相互依存并采取战略行动的某种联盟，在联盟中，各种目的被限制在一定的范围内，所有行动都发生在联盟内部，或者所有行动包括了成员组织的相继的或同时的活动；第六阶段是建立一种集体的或网络式的结构体系，在这一体系中存在着某种广泛的使命以及联合和战略性的相互依赖的行动。这一结构安排承担了广泛的任务，而任务的范围不只是限于行动上具有相互依赖性的组织的共时行动。[1]

地方政府合作与区域治理具有一定的相似性，地方政府合作同样具有制度和行动的连续性的特点，我们也可以绘制出地方政府合作的连续谱系。根据地方政府合作深度的不同，我们认为，地方政府合作是一个以完全竞争和行政区划调整为两端的连续统一体，在地方政府完全竞争和行政区划调整之间存在多种合作程度不同的合作行为和合作方式。当然，我们只是把完全竞争与行政区划调整看做是地方政府合作的极端行为，是地方政府合作的两个临界点。在现实中，一个国家内部的地方政府处于完全竞争而没有丝毫合作的状态基本是不存在的，行政区划调整则是将一个地方政府完全整合到另一个地方政府，可以看做是地方政府合作的极端形式，但性质上与地方政府合作又有所不同，用哲学术语讲就是量变到质变，实际上已经不属于地方政府合作的范畴。图 4.1 是地方政府合作连续谱，在完全竞争和行政区划调整的中间是交流与互访、合作论坛、行政协议、区域联合会、专区与共同机构、多功能大行政

---

[1] Myrna P. Mandell, "The Impact of Cllaborative Efforts: Change the Face of Public Policy Through Networks and Network Structures", in *Policy Studies Review*, Spring 1999 16: 1, pp. 4 – 17.

区[①]等各种合作形式，图中颜色由浅入深表示由完全竞争到行政区划调整地方政府合作是逐渐加深的。当然，各种合作方式并不是截然分开的，一种合作方式中也会夹杂着其他合作方式，现实中的地方政府合作基本上都是各种合作方式的综合体。另外，三角形的宽度由宽到窄，表示在现实中地方政府采用某种合作方式的数量是由交流与互访到行政区划调整是逐步减少的。

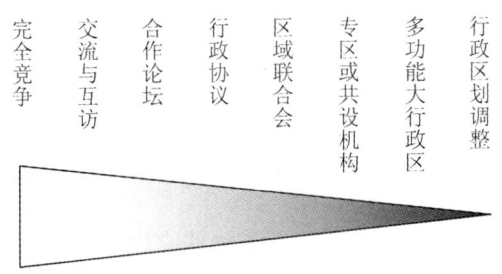

图 4.1　地方政府合作连续谱

交流与互访是地方政府间经常存在的现象，是被区域地方政府间广泛采用的一种合作方式。这种合作方式基本不涉及行政权力的协调问题，它是一种非正式合作，在时间上通常不具有行为的连续性，实际上并不能称为真正的地方政府合作，只是合作的前奏。地方政府之间的交流与互访大部分止于相互交流信息，地方领导人之间对某一问题相互交流看法，有时可能会对彼此的决策产生一定的影响。但各地方政府在行为和决策上仍然是完全独立自主的，在作出决策时可以考虑通过交流所获得的信息的影响，也可以不考虑这种影响，但通常情况下都会在获得该信息后对原有的决策进行修正或作出新的决策。不过，在某些交流与

---

① 这里的区域联合会、专区、多功能大行政区与美国的区域委员会、特别目的的政府、多重目的的政府并不完全相同，这里只是作为地方政府合作的一种方式借用这些名词，表示不同的地方政府合作形式中地方政府行政权力协调程度的不同。

互访中，地方领导人之间可能就某方面问题达成一致意见，进而签署合作协议，合作协议通常会涉及权力的实质性协调，但交流与互访本身不具有权力协调的意义。

合作论坛是地方政府有意识地寻求共同利益，增强共识和合作意识的一种方式，对于实质性的合作活动具有重要意义，它可以被看做是地方政府间交流的初步制度化，在时间上具有行为的连续性。合作论坛通常由合作各方预先设定一定的讨论专题或者综合性主题，如环境污染问题、交通问题、中小企业发展、区域发展竞争力的提高等等，并就该专题或主题进行研讨，相互交流、交换意见。合作论坛不必然意味着就相关主题达成一致，但经常会发布相关的"共同宣言"之类的合作文件；不过合作论坛本身不具有区域地方政府间之行政权力协调的意义，它只是提供了一个权力协调的平台，实质性的权力协调仍然是通过合作协议的方式进行的。合作论坛可以被看做是地方政府间合作的中间产品，一方面它是前期合作的成果，即地方政府间通过一定的交流与互访形成论坛机制；另一方面，地方政府间通过合作论坛可以某些方面或某些问题的解决签订合作协议。合作论坛一般具有一定的周期性，即每隔一定的时间就会举办一次，但合作论坛本身基本不涉及地方政府间行政权力的实质性协调，地方政府的行为和决策基本上也很少考虑其他地方政府的利益。尽管如此，由于该种合作方式本身是在一定的共同的区域意识基础上形成的，时间上又具有一定的持续性，行为上表现出一定的连续性。因而，从长远来看，这种合作方式对区域地方政府的决策具有更持续性的影响，也会在更大程度上改变区域地方政府的互动模式。

行政协议意味着地方政府合作进入到实质性合作阶段，地方政府行为及与行政协议相关的决策会受到行政协议的约束，地方政府已不能就行政协议中所约定的事项不考虑参与协议的地方政府的利益随心所欲地行为，而是要在行政协议所约定的允许范围内行动，签订协议的地方政府基本上就协议所约定的事项各自执行，但在某些事项上有可能采取联合执行的方式来实现协议的约定。行政协议已涉及行政权力的实质性协调。这里的地方政府间行政权力的协调，是通过行政协议对彼此的行政权力的行使设定一定义务的方式进行的。也就是说，地方政府就约定事项所涉及行政权力不能再完全按照自己的偏好来行使，必须要考虑到协议方地方政府的利益，按照共同的约定来行使，从而在某些权力的行使上形成一种相互制约的格局。

区域联合会是地方政府合作制度化和组织化的一种方式，地方政府间行政协调在其中频繁地发生，区域地方政府的代表就某些或某一方面的区域问题集体讨论、决策，各地方政府在区域联合会中通过代表来争取地方利益，但对某些问题的决策视角已从地方转移到综合考虑地方和整个区域，区域利益得以更多地被考虑到。行政协议是区域联合会进行实质性合作的基础，大部分的合作事项是通过行政协议的方式执行的，但成员地方政府间的某些共同事项已不再通过各自执行的方式来解决，而是采取战略性的共同决策和共同行动来处理。

专区或共设机构是地方政府合作的正式的机构化合作方式，即某些区域性的问题由专区机构或地方政府共设机构来相对独立地解决而不是由地方政府集体决策解决。专区或共设机构是相对独立于区域地方政府的专门处理某一区域问题的机构，这也就意味着某些权力或某些权力的某一及某些环节由区域性的机构相对独立行使，解决问题的视角是整个区域，问题的解决要以最有利于区域整体发展的方式由专区和共设机构相对独立行动，区域整体的利益成为主要的考虑对象。

多功能大行政区意味着更多的权力集中到大行政区[①]，区域地方政

[①] 我国已有学者提出了大行政区的设想，经典论述可参阅杨龙：《中国经济区域化发展的行政协调》，载《中国人民大学学报》，2007年第2期，第93—98页。

府的权力受到较多的限制，更多的区域问题是通过多功能行政区来集权式地处理解决的，多功能大行政区将统筹区域经济、社会发展，独立行使地方政府让渡的权力。需要说明的是，专区和多功能大行政区虽然仍可以看做是地方政府间行政权力协调的一种方式，但它们显然已经涉及权力的再配置问题，即行政权力在纵向的区域层面的配置。为了防止地方政府间的不良政治结盟对抗中央政府，危害国家利益和政治稳定，中央政府要从法律上对此予以明确规制，对专区和多功能大行政区具有审查批准的权力，必要的时候要以适当的方式直接参与其中。

地方政府合作的连续谱实际上也是地方政府间行政权力自愿性协调的连续谱，地方政府权力的行使逐渐由完全独立自主行使向越来越多的相互约束发展，以至在区域层面对行政权力进行一定限度的再配置。在此过程中，地方政府行为的外部性通过地方政府间行政权力行使中的相互制约来得以内部化，在作出行政决策时将其他地方政府的利益考虑在内，也就是将区域或两个及两个以上参与合作的地方政府作为一个整体统筹考虑资源的利用和配置，不断实现资源区域配置的帕累托改进。

二、地方政府合作机制与组织：行政权力协调的制度化和组织化形式

每一个地方政府合作都是一种交易行为，需要相互了解彼此的需要等各种信息。寻求在谈判协商中有利于自身的各种信息，同样需要保证合作约定事项得以圆满执行，而这些活动都是需要成本的，尤其是在地方政府合作事项的执行方面，地方政府间可能会相互存在欺骗和投机行为，而由地方政府间相互监督的成本是相当高昂的，最后有可能导致集体行动的失败。市场主体为了避免重复的交易所导致的高昂成本采取了企业的组织形式，用内部交易代替了外部交易，用科层制代替了市场。与此类似，相互依赖性较高的地方政府之间的重复交易也会产生较高的

交易成本，而地方政府合作机制与合作组织则是地方政府间为降低这种交易成本而采取的一种制度和组织设计，"设计一种组织方式不仅是为了减少欺诈和投机行为，而且也是为了促进协作，而协作是一种成本很高的活动，因为协作所需要的信息是稀缺的"。[1] 地方政府合作机制和合作组织的建立，使得地方政府合作由重复性的多次交易转变为具有固定场所、固定方式的交易，并逐渐深化，向科层制转变。为了避免招致与策略性谈判相联系的成本和拖延，通过等级制替换自发机制来塑造结盟关系，对具有双边（或多边）依赖性质的交易而言，权威关系（指令）比自发关系更具有适应性优势[2]。权威性的关系也就是指令或命令在其中发挥主导作用，合作组织可以用权力直接安排合作事项，省去了地方政府间搜寻信息和谈判的环节，从而节约了交易成本。

但是，地方政府合作机制和组织运行本身也是需要成本的，如办公场所与办公费用、人员安排使用及工资福利、会费等等经济成本，不过这些成本对于地方政府采用何种合作机制、建立何种合作组织的影响并不是很大。对地方政府合作机制和组织的选择行为具有决定性影响的是政治交易成本（political transaction costs），"不同的制度安排——所谓的'游戏规则'——会产生与共同决策相关的不同的政治交易成本"，[3] 这种政治交易成本在我国主要表现为地方政府行使行政权力的独立性。地方政府合作与市场主体之间的交易不同，它通常不是产权之间的交换，而是关于行政管辖权——行使行政权的权利之间的交易，包括地方

---

[1] [冰岛] 思拉恩·埃格特森：《经济行为与制度》，吴经邦等译，商务印书馆2004年版，第51页。

[2] [美] 奥利弗·E. 威廉森：《治理机制》，王健等译，中国社会科学出版社2001年版，第111页。

[3] Eric L. Krueger, "A Transaction Costs Explanation of Inter-local Government Collabration", Ph. D. disseration, University of North Texas, 2005, p. 19.

政府行使行政权的权利的放弃及相互间的交换，它涉及我们前面所论述的行政权力行使的对等约束、行政权力的转移、行政权力的让渡等协调方式，因而，地方政府合作机制与组织本质上是行政权力协调的制度化和组织化形式甚至结果。不同的合作机制和合作组织对地方政府行使权力的独立性具有不同程度的影响，从而影响到地方政府能够在多大程度上通过接受协调的权力的行使，独立自主地获得地方利益。其实对于地方政府及其相关官员来说，行使权力的独立性本身就是一种十分重要的政治利益。一般来讲，合作机制越是完善，通常意味着地方政府行使某项及某些权力的独立性程度越来越低，合作事项的控制权也逐渐更大程度地向合作组织转移。那些设立了完整的决策、执行、监督等部门的合作组织，显然要比设有决策和执行部门而缺乏区域性权威机构监督的合作组织更为完善，当然也远比只有决策部门而执行和监督都要由成员政府各自独立进行的合作组织完善。尽管随着合作机制和组织的完善，地方政府行使权力独立性随之降低，但这也通常使得地方政府合作更为有效。

三、影响地方政府行政权力横向协调的体制性因素

地方政府间行政权力的横向协调受到多种体制性因素的影响，有些因素影响协调的独立性及自由度，有些影响协调的范围和种类，有些则影响协调的效果等。

1. 纵向政府间权力关系对地方政府行政权横向协调的影响

纵向政府间权力关系对地方政府间行政权力的横向协调具有直接的制约作用。在一个国家内部，尤其是在单一制国家，首先是权力的纵向配置，而后才谈得上地方政府间行政权力的横向协调问题。地方政府只有获得了中央及上级政府授予的权力之后，才会产生被授予权力的横向

协调关系，地方政府间是不可能对其不拥有的权力进行横向协调的。中央政府及上级政府授予下级政府权力的种类和大小，决定了地方政府之间有可能协调的权力的种类和协调权限。

在美国联邦体制下，联邦体制的权力配置模式是"由下而上"。联邦政府的权力由各州政府让渡权力，联邦政府的专有权力和联邦与州政府共有权力由宪法通过列举的方式明确规定，其他权力皆由州政府保留。联邦政府和州政府只能在规定的权力范围内活动并发生关系，州政府具有广泛的自主权和自决权力，除了州政府之间涉及的政治结盟需要由国会批准外，州政府之间的不具有政治性的行政协定都不需要国会批准。对于地方政府，联邦中央政府无权直接干预成员政府以下的各级地方政府，各成员政府对地方政府只能行使监督权，不能像单一制模式那样行使直接管辖权。[①] 尽管美国地方政府从州取得权力，对州政府负责，但地方政府具有相当大的自治权，可以通过协议或各种地方政府间网络的方式进行合作解决包括消防、垃圾处理、公园等各种公共服务。

中国是单一制国家，地方政府的权力由中央政府授予，地方政府是中央政府的下属机构和在地方上的代理，中央政府在权力的纵向配置中占有绝对的主导地位，地方政府的权力范围和权限大小都由中央政府和上级政府决定。由中央高度集权向地方适度分权转变是我国地方政府间横向权力协调产生的重要前提。改革前，高度集中政治经济体制使得地方政府没有足够的自由空间来处理横向权力关系，地方政府间横向关系主要是通过其共同上级政府来解决的。地方分权改革使地方政府获得了较大的管理地方政治、经济、社会的众多权力，从而激发了地方政府的积极性，地方政府间在经济发展中形成辖区竞争，有学者将这种格局称

---

① 林尚立：《国内政府间关系》，浙江人民出版社1998年版，第49页。

第四章　地方政府合作与行政权力横向协调

为"中国式维护市场型联邦主义"①。但是，分权改革一个重要特点是非规范性和差异性，中央政府向省级地方政府分权后并没有对改革后的权力关系进行规范，省级政府向其下级政府分权后同样如此。另外，中央政府不但在财政权力方面对各省采取了不同的模式，并且通过经济特区、计划单列市、副省级城市的设立等方式直接授予省级以下地方政府较大权力，这在现实中一定程度上产生了地方政府横向权力协调的不对等性，进而造成横向协调的复杂性。不仅如此，由于中央政府对纵向分权后的横向权力关系尤其是经济方面的横向权力关系缺少必要的规范，也使得地方政府间恶性竞争不断，冲突时有发生，不但对全国统一市场的形成造成了不良影响，而且也加重了地方政府横向府际关系协调的负担。

2. 政府职能对地方政府行政权横向协调的影响

简单地讲，政府职能就是政府在社会中所承担的职责和功能，它反映了政府的实质和活动的内容。② 政府职能是行政机关实现行政权力的一种方式，它涉及两个问题：一是管什么，二是怎么管。通常来说，不同时期政府职能是不同的。单从管什么来说，我国在计划经济体制时期的政府职能存在极端泛化的问题，政府管辖了社会几乎所有的事情，并且由于资源的纵向集中化控制，地方政府间合作很少，区域间的资源配置都是通过上级政府部门调拨，上级的行政指令而不是地方政府间自愿性的合作，更不是市场主体的分散交易在资源流动和资源配置中发挥作用。改革开放初期，商品经济开始作为计划经济的补充发挥微弱的资源配置作用，政府职能仍然十分宽泛，政府依然在资源配置中发挥了基础

---

① Yingyi Qian and Barry R. Weingast, "China's Transition to Markets: Market-Preserving Federalism, Chinese Style", in *Journal of Policy Reform*, 1996, 1.

② 孙关宏、胡春雨：《政治学》，复旦大学出版社2002年版，第83页。

性作用,中央政府试图通过加强区域经济联合来改善资源配置状况。1979年,中央政府就提出了"扬长避短,发挥优势,保护竞争,促进合作"的方针;1984年,《中共中央关于经济体制改革的决定》提出:"国内各地区之间要相互开放。经济比较发达地区和比较不发达的地区,沿海、内地和边境,城市和乡村,以及各行业和各企业之间,都要打破封锁,打开门户,按照扬长避短,形式多样,互惠互利、共同发展的原则,大力促进横向经济联系。"在中央政府的推动下,各种地域范围大小不等、层次不一、相互交叉的区域协作组织大量建立,到了1987年,全国成立了区域经济合作组织100多个。① 这一时期,地方政府经济协作成为市场机制的重要替代品。也就是说,由于政府职能的广泛性,许多本应由社会和市场主体通过分散交易的方式解决的事情,只能由地方政府通过行政权力的行使来集中解决。

随着政府职能转变的深入,许多政府职能被取消或转移给社会组织,政府权力也随之归还给社会和市场,政府的权力受到限制,尤其是政府直接参与经济活动和配置资源的权力得到大幅削减,市场机制在资源配置中发挥着基础作用。但我国政府职能转变还远未完成,政府仍然管了许多不该管、管不了、也管不好的的事情,地方政府合作仍然代替市场机制在资源的区域配置中发挥着重要作用。在成熟的市场经济国家,市场机制在资源配置中发挥着主导作用,政府职能被限定在公共事务领域和对市场失灵的干预方面,因而,地方政府合作主要是关于垃圾处理、公园、图书馆等公共事务方面的合作,地方政府合作中所涉及的权力的协调也主要是这些方面的权力的协调,地方政府合作最终应该在公共资源的区域配置中发挥主导作用。

简言之,经济市场化程度越高,政府职能范围越窄,意味着政府对

---

① 张万清:《区域合作与经济网络》,经济科学出版社1987年版,第27页。

经济的直接干预越少，而政府职能范围影响地方政府合作内容与合作领域，地方政府间关于经济要素和资源流动及配置方面的合作在范围和数量上将会降低，以公共事务为主要内容的合作将会凸显，从而影响这些内容和领域所涉及的权力的协调。

3. 法制环境对地方政府行政权横向协调的影响

法制环境对地方政府合作及权力横向协调的影响主要是是否有相关的法律对地方政府合作行为予以支持或进行限制。对协议的法律效力、纠纷的解决机制、合作组织的地位进行立法，可以保证地方政府合作的有序性和有效性。另外，对于地方政府合作中的行政权力横向协调也要在法律中进行适当的限制，防止地方政府的联合对中央政府权力造成侵害，避免中央政府的宏观调控和命令遭到地方的联合抵抗而达不到必要的效果。反过来，缺少相关的法律看似为地方政府合作留下了较大的自由空间，但缺少法律也会导致地方政府在合作中难以把握权力协调的程度而无所适从，在一定程度上也会影响地方政府合作的积极性。因而，对地方政府合作进行立法是十分必要的。

例如，日本为了有效推进跨区域行政协调，就在多部法律中对此进行了较为详细的规定。1953年制定的《市村町合并促进法》，为市村町的有效整合提供法律支持。1947年实施并在1994年进行了修改的《地方自治法》对日本跨区域行政协调具有极为重要的意义。该法奠定了诸多跨区域行政协调制度的法律基础，如事务委托、设立部分事务组合、协议会、共同设立机构、广域联合、区域开发事业团等协调制度在该法中都有较为详细的规定。《地方自治法》第252条第2款规定，地方政府间通过协议可以设立协议会，第7款至第13款规定地方政府可以通过协议共同设立委员会并安排专职委员，第14款规定了事务委托；第284条第2款规定地方政府之间可以通过协议设立部分事务组合，第3款规定地方政府间可以以联合的形式处理跨区域的行政事务；第298

条规定，几个县可以共同成立对跨区域基础设施进行开发的区域开发事业团。日本还制定有《地方行政联络会议法》，并按照该法设立了地方行政联络会议。另外，为推动地方政府在道路建设、消防和环卫等方面的合作，1970年自治省（现为总务省）制定了《广域市村町圈振兴整备措施纲要》，1977年制定了《大都市周围跨区域行政圈振兴整备措施纲要》，1979年推出了《新广域市村町圈计划策定纲要》。[①] 日本出台的这些法律明确了地方政府可以采用何种合作制度以及这些制度的法律地位，为地方政府区域行政协调提供了必要的法律支持和适当的限制，有效促进了区域整合。

我国目前还没有关于地方政府合作的相关法律法规，这对地方政府合作产生了两方面的影响。消极方面的影响在于，相关法律法规的缺失使得既有的地方政府合作协议缺乏权威性和执行力，影响合作的实际效果；积极意义在于，没有法律的约束，为地方政府合作创新预留了较大的空间，有利于各地方政府在合作实践中探索出各种形式的适合当地情况的合作形式和合作机制。但随着我国地方政府合作的发展，我们应该在借鉴国外的相关法律的基础上适时地制定有关地方政府合作方面的法律法规，引导和规范区域地方政府合作的良性发展。

四、地方政府合作方式的选择

从目前来看，我国地方政府合作组织以联席会议为普遍形式，不但建立有地方最高领导人之间的联席会议，而且还有为数众多的地方政府部门间的联席会议。联席会议可以看做是广义的区域委员会的一种，联

---

① 傅钧文：《日本跨区域行政协调制度安排及其启示》，载《日本学刊》，2005年第5期，第23—36页。

第四章　地方政府合作与行政权力横向协调

席会议一般制定有合作章程，有的设有区域性常设联系机构，负责闭会期间日常的沟通联系以及合作事项的推进等工作，但大部分所谓常设机构设立在各成员单位部门内部；成员单位每隔一定的时间（通常以年为单位）就召开一次会议，由各成员方轮流承办，会务费用也由承办方承担，会议通常由成员单位的主要领导参加，就重大合作问题进行协商、谈判及作出决定，通常还会签署相关合作协议，由成员单位各自执行，但由于合作协议缺少法律规定，协议中的约定并不具有法律的强制执行性。由此我们可以看出，由于缺少独立的执行和监督部门，并且决策也不具有独立性，联席会议基本不具有独立组织的独立行为的能力，它实际上只是一个地方政府间协调的场所。而对地方政府合作产生重要影响的其实是地方政府间通过联席会议所签署的一系列合作协议，正是这些合作协议确立了集体行动的规则，对成员地方政府行使某项或某些权力的独立性施加了限制，从而使各地方政府的单独行动向集体行动转变。

从全国来看，我国不同区域的地方政府合作水平存在较大差异，总体上呈现由东向西地方政府合作深度逐渐降低的特征，并且东部、中部、西部三大区域内部不同区域的地方政府合作水平也是千差万别——这一特点可能和区域经济发展水平相关，同时受到文化、历史合作传统等因素的影响。因而，这种状况使得构建一种普适性的地方政府合作模式和机制几乎是不可能的。

现有地方政府合作的深化应该按照"边际调整"的总体思路分别有序推进，即在各区域地方政府现有合作组织和机制的基础上，逐步完善和调整其机构、机制和制度，以及合作组织和成员政府间的权力关系。上面的分析表明，地方政府合作组织和机制是地方政府行政权力协调的组织化和制度化形式，是合作活动成本的节约机制，对地方政府合作行为的选择具有重要影响。一般来说，成员单位众多的区域地方政府合作应该建立综合性的合作组织和机制，在某些方面采用较为集权的合作方式可以避免"搭便车"行为，有利于合作的开展和获得有效的合作成果。成员单位较少的区域地方政府合作，特别是一些双边合作和三边合作，信息较为完全，合作的交易成本较低，合作决策较容易达成，合作事项的执行也容易受到监督，因而，此类合作形式可以灵活多样，有时仅仅是采用合作协议的方式就已足够。

交流与互访、合作论坛、行政协议、区域联合会、专区与共同机构、多功能大行政区等合作形式为地方政府提供了"一揽子"合作选择，这些合作方式都涉及不同程度的行政权力行使的对等约束、行政权力的跨行政区衔接、行政权力的让渡、行政权力的横向转移等，同时这些合作形式也意味着参与合作的地方政府在合作事项方面的决策权、执行权要受到不同程度的相互制约。因而，不同区域的地方政府在合作时可以根据自身需要和所处理问题的性质，从"合作方式集合"中进行选择几种方式对之"区别性组合"，几种合作方式相互搭配。其实，在区域联合会、专区和共设机构、多功能大行政区等合作方式中，决策权、执行权和监督权"三权"是否完整以及"三权"分别与成员政府的相关机构之间的关系，对各合作方式的具体形式都有着重大影响。它们之间的排列组合就能够创造出诸多合作形式的"子形式"，如对于区域联合会，可以是成员政府集体决策，而执行由成员单位各自执行和监督；也可以是成员政府集体决策，执行则由区域联合会内设机构独立执行；还可以是成员政府集体决策，一些事项由区域联合会内置机构独立执行，一些决策由成员政府分别执行，同时区域联合会设立监督机构，对由区域联合会内置机构独立执行和由成员政府分别执行实施独立监督等等。至于区域地方政府选择何种合作方式，决定于各地方政府合作的事项、合作的成本、合作的收益分配等等诸多复杂的因素。

第五章 以长江三角洲地区为例的实证研究

长江三角洲地区是我国经济、社会发展水平较高、最具有经济活力的区域之一，是我国综合实力最强的区域，对我国经济发展起着极为重要的引擎作用。在长三角，地方政府间不仅存在着激烈的竞争，同样存在着较为紧密的合作，可谓地方政府竞争与合作相互交织。从合作的层次来说，既有省级政府的合作，也有市级政府之间及县级政府之间的合作，更有省级政府与市级政府、市级政府与县级政府的交叉合作；从地域上看，这一区域的地方政府合作既包括省内地方政府合作，也涵盖了省（市）毗邻地方政府之间的合作；从合作内容上看，该区域既有经济方面的广泛合作，也有公共事务方面的积极合作；从合作深度上来说，长三角区域既有松散的合作，也有较为紧密的合作。长三角区域地方政府在整个区域的资源配置中扮演了重要的角色，而整个长三角区域的资源配置状态与该区域地方政府间的权力关系状态紧密相关。实际上，由于该区域地方政府通过行政权及其行使掌控了大量资源，地方政府间因竞争所导致的相互间权力的冲突和对抗使得该区域资源配置效率较低；而在该区域地方政府合作过程中，通过对行政权力关系的较为有效的协调——具体表现为区域组织的设立和变更、政策的相互协调，资源在整个区域的配置得到了有效改进。

第一节　长江三角洲地区的发展与演变

一、上海经济区的设立

改革开放初期，为了充分发挥中心城市的作用，进一步促进横向经济联系，打破经济发展中的条块分割，国家决定选择若干区域开展区域规划的试点工作，上海经济区即是其中之一，并且是综合经济协作区。1982年12月22日，国务院发布《关于成立上海经济区规划办公室和山西能源基地规划办公室的通知》，决定成立上海经济区规划办公室。1983年3月22日，上海经济区规划办公室正式成立。上海经济区起初以上海为中心，包括长江三角洲的苏州、无锡、常州、南通和杭州、嘉兴、湖州、宁波、绍兴等10个市。1984年12月16日，国务院批准，上海经济区的范围由上海市及江浙两省九个市扩大为四省一市，即江苏、浙江、安徽、江西四个省全部和上海市。到1986年7月，福建也成为上海经济区的一部分，成为五省一市。据1985年统计，上海经济区共有省辖市40个，地区31个，县342个，全区总面积63.8万平方公里，占全国总面积的6.6%，总人口为22789万人，占全国总人口的21.8%。[1]

当时设立上海经济区的目的在于，通过经济区规划的协调打破条块分割，克服因行政体制束缚所造成的行政壁垒、流通不畅的问题，以及盲目建设、重复建设等弊端，实现政企合理分工，实现整个区域的发展。上海经济区以"统一规划，择优发展，经济联合，建制不变"和

---

[1] 张万清：《区域合作与经济网络》，经济科学出版社1987年版，第34页。

"利益均沾,荣誉共享"为区域发展方针。统一规划,就是在调查研究的基础上,打破地区和部门的界限,按照经济规律的要求对区域内的各行业作出统一的、全面的、有重点的、有步骤的发展规划;择优发展,就是从经济区内在全国经济发展中具有优势的行业和部门出发,进行重点规划,使其得到优先发展;经济联合,就是协调区域内部各行业和企业之间的产供销关系,从提高经济效益出发,按行业、按产品联合起来,发挥经济联合的优势;建制不变,就是指经济区内的省、市及下属部门、企业都不改变有来的行政隶属关系。①

上海经济区的常设领导机构为上海经济区规划办公室,它是国务院的派出机构,由国家计委代管,主要任务是进行区域规划和区域协调。时任国务院总理的赵紫阳提出,经济区的任务关键是抓好区域规划,跨省市、分行业的经济区规划。规划办公室就是要在条条和块块的规划基础上,通过协调,制定统一的区域规划。这个规划不仅包括基本建设,也要包括技术改造。要打破地区、部门的界限,各地区、各部门的规划,都要统一于这个区域规划,不能各搞各的。但建制并不变。上海经济区规划办公室的任务,就是要协调部门之间的关系,地方之间的关系和部门与地方之间的关系。根据区域规划,该列入各省、市计划的要列入地方计划,该列入部门计划的要列入各部门的计划。国家计委有最后的决定权。内联外挤,只要有了统一的区域规划,就好办了。② 可见,做好区域规划是上海经济区规划办公室的中心任务。但在1988年6月,在国务院进行机构改革过程中,国家计委撤销了上海经济区规划办公室。

---

① 张万清:《区域合作与经济网络》,经济科学出版社1987年版,第37—38页。
② 《赵紫阳总理要求上海经济区抓好区域规划和经济联合》,载《国际贸易》,1983年第11期,第3页。

除在上海设立规划办公室外，国务院各部委均设有3—4人的规划小组，各省（市）各设有2人的联络员，负责本部门或本省的规划、联合与协调及与规划办公室的联系工作。

1985年，上海经济区建立了省市长会议制度。省市长会议由上海市市长、江苏省、浙江省、安徽省、江西省、福建省省长和规划办主要负责人组成。会议每年召开一次，在各省轮流主持召开。省市长会议实行民主协商一致的原则，形成决议并共同遵照执行。上海经济区规划办公室负责为省市长会议准备议案和监督检查决议的贯彻执行情况。

另外，上海经济区还建立了银行、统计、轻工、纺织、机械仪表等多个跨省市、跨部门的行业联席会议制度，由各地有关行业的主要领导参加。其主要任务是制定行业的重点发展规划，推动经济联合，组织技术交流，总结经验，互通信息等。

在国家推动和制度及组织保障下，上海经济区取得了一定的成绩。比如，在深入调研的基础上编制了《上海经济区发展战略纲要》、《经济区城镇布局规划纲要》、《太湖流域综合治理骨干工程设计任务书》等区域规划和区域问题治理方案。据不完全统计，1985年，上海经济区四省一市签订的经济技术协作项目已超过了16000项。其中安徽、江西比上年增长四倍多，江苏、浙江增长两倍左右，上海增长一倍多。四省一市从全国各地引进的资金近30亿元。[①]

上海经济区是我国在改革开放初期计划经济仍然占主导地位时，对打破条块分割、优化资源区域配置，推进区域经济一体化的重要探索，促进了长江三角洲的融合。上海经济区规划办公室、省市长会议等合作制度与机制，体现了从权力整合尤其是规划权整合与协调的角度来解决

---

① 岳俊彦：《发展横向经济联系 突破"条块分割"——上海经济区在联合中前进》，载《社会科学》，1986年第5期，第35—37页。

地区和部门分割问题。总之，上海经济区的设立及其建立的各种制度为以后长江三角洲地区的合作发展奠定了基础，留下了许多宝贵的遗产。

二、长江三角洲经济圈的重启、扩大与发展

上海经济区规划办公室被撤销意味着国家层面积极支持的消失，上海经济区不再是国家区域规划。但该区域地方政府间的自发合作却逐渐兴起。

1992年，由最初的上海、苏州、无锡、常州、南通和杭州、嘉兴、湖州、宁波、绍兴等10个城市，再加上舟山、扬州、南京、镇江共14个市的经济协作办公室发起组织，成立长三角14城市协作办主任联席会，上海为常务主席方，定期协调长三角城市间经济合作的重大事宜，至1996年共召开了五次会议。1997年，上述14城市的市政府和新成立的泰州市共15个城市在扬州召开会议，通过平等协商，自愿组成新的经济协调组织——长江三角洲城市经济协调会，每两年召开一次会议。会议审议通过了《长江三角洲城市经济协调会章程》，并确定了其后两年的工作思路和重点，即积极推进长三角地区旅游市场和产品的联手开发和长三角商业联合发展。至此，长三角经济圈再次启动。2003年，浙江台州成为第16个成员城市。2004年开始，协调会改为年会。

2007年5月15日，长三角地区协调发展座谈会在上海召开。国务院总理温家宝亲自参加，十几个中央部委和江浙沪的一把手悉数出席。在这次会议上，长三角的范围开始从16个市扩展到两省一市。2008年出台的《国务院关于进一步推进长江三角洲地区改革开放和经济社会发展的指导意见》更进一步明确指出："长江三角洲地区包括上海市、江苏省和浙江省。"

2010年3月26日，第十次协调会会议正式吸收合肥、盐城、马鞍

山、金华、淮安、衢州为会员城市。2013年4月13日,长三角城市经济协调会第十三次市长联席会议召开,正式吸收徐州、芜湖、滁州、淮南、丽水、温州、宿迁、连云港等8座城市成为长三角城市经济协调会成员,长三角城市经济协调会会员城市扩容至30个。至此,长三角城市经济协调会成员城市包括上海市、江苏省、浙江省全境以及安徽省的合肥、芜湖等5地市。

从竞争优势上看,由于长三角位于我国东部沿海和沿江经济带的结合地区,可谓是集中了两大经济带的共同优势,是水运、航空、铁路、公路交通的枢纽,交通优势十分明显;区域内高校、科研机构云集,人力资源丰富;由于改革开放较早,上海、南京、杭州、苏州、无锡、宁波等城市组成的特大型城市群经过30年的发展,该区域已处于向工业化中后期发展的阶段。与国内其他经济发达地区比较,长江三角洲地区最突出的特点是制造业体系完整,技术力量雄厚,综合配套能力好,劳动生产率高,产品竞争能力强。[①] 该地区是我国重要的钢铁、汽车、化工、电力、机械制造业基地,已形成以上海为龙头,南京、杭州为次中心的产业分布格局和具备互补性的产业基础。另外,高新技术产业也迅速崛起,形成了多个高新技术产业基地,服务业服务体系初步形成,在三次产业分工中的比重不断提高。

庞大的城市群和良好的经济基础使得长三角地区具有较强的经济活力,并且在现阶段,该区域的中心城市上海已呈现明显的扩散效应,这使得区域内经济联系不断增强,相互间竞争与合作活动非常活跃。

---

① 麦挺:《从要素产出贡献度谈上海与长江三角洲共同发展》,载《上海经济研究》,2003年第7期,第23—30页。

三、泛长三角的初步提出

2008年初,胡锦涛在视察安徽时指出:"安徽要充分发挥区位优势、自然资源优势、劳动力资源优势,积极参与泛长三角区域发展分工,主动承接沿海发达地区产业转移,不断加强同兄弟省份的横向经济联合和协作。"在此,他第一次明确提出了"泛长三角"和"泛长三角区域发展分工与合作"问题。尽管"泛长三角"的范围还没有明确,但安徽、江西都在积极争取加盟其中,尤其是安徽省更是表达了加入泛长三角的强烈意愿。在2008年全国"两会"上,安徽的代表、委员建议国家尽快将"泛长三角"区域合作与分工确立为国家区域发展战略,具体提出要在国家发改委已经编制的"长三角发展规划"中增加"泛长三角"章节;将"构建长三角经济圈"纳入即将出台的"加快长三角地区改革开放和区域发展的指导意见"当中;在"泛长三角"的产业布局和交通设施对接上,通过政策引导来合理布局;由国家重要部门牵头,将"泛长三角"地区两省一市及周边省市集合在一起,探讨合作的切入点。

安徽如此积极地要成为长三角或泛长三角的一部分,在一定程度上表明了地方政府合作在破除行政区划壁垒中的重要作用,加入合作组织的地方与不加入合作组织的地方在接受上海经济辐射和产业转移方面的机会存在巨大不同。"就拿南京来说,尽管南京都市圈包含了安徽部分城市,但出于行政区域的考虑,南京已逐渐成为一块挡板,阻止了长三角产业向安徽的转移,使上海的辐射路径在此转了一个弯,偏向了苏北。"[①] 这无疑也在某种意义上说明了地方政府合作在资源配置上的作

---

① 徐浩程:《安徽20年叩问长三角》,载《决策》,2008年第4期,第24—26页。

用,即没有参与区域合作的地方政府与参与区域合作的地方政府在获得区域资源配置中的机会是不均等的,参与区域合作的地方政府获得了区域资源配置的优先权。地方政府及其相互合作在区域资源配置中的作用可见一斑。

虽然泛长三角的建立尚需时日,但安徽与长三角地方的双边合作却在不断深化。如安徽省与浙江省,从2002年到2005年,在不断增强的经济联系的推动下,两省党政代表团多次互访,分别在合肥与杭州举办了多种形式的经济技术合作活动。2002年两省政府签署了《关于进一步加强两省经济技术合作的协议》,两省经协办签订了《关于建立浙皖经济技术合作项目联合协调会议制度的协议》。2005年,两省政府又签署了《关于进一步加强经济技术战略合作的协议》,及能源、交通、农业、旅游、科技五个专项协议。两省协议从建立经济技术战略合作关系,全面加强农业、工业、交通、科教、旅游合作,进一步扩大能源合作,推进城市合作,拓展劳务服务和经贸合作,建立无障碍旅游区,建立合作与交流的工作机制等方面建立全面的经济技术合作框架。此外,两省政府还签署了《关于建立皖浙经济技术合作工作机制的协议》,分别成立了联络组、能源组、农业组、交通组、旅游组、科技组、中小企业组等七个工作小组,建立了皖浙两省间合作工作的长效机制。"2008年,浙江在安徽投资千万元以上项目达到2370个,比2006年和2007年分别多出1123个和527个;投资额分别是2006年和2007年的1.99倍和1.35倍;实际到位资金719.8亿元,分别比2006年和2007年增长202%和79%。安徽和浙江之间初步形成以政府为主导、企业为主体、项目为载体的高效合作机制,两省经济合作日趋深化。2009年一季度,浙商在皖投资保持较强的增长势头,同比增长61.1%。[①]"

---

① 皖浙经济合作日趋深化,http://epaper.anhuinews.com/article.aspx?articleid=1477580.

第五章　以长江三角洲地区为例的实证研究

第二节　长江三角洲地区地方政府竞争与资源配置

一、长三角地区地方政府与资源控制

政府与市场的关系是决定资源配置模式的重要因素。在长三角地区，不同的行政区域内，地方政府在其中扮演的角色存在着一定程度的差别，其作用方式也是不同的。吴柏均、钱世超研究指出，在苏南地区，地方政府基于行政权力，凭借体制变革后获得的财政收入分成权、项目审批权、融资权和对土地资源的处置权，出于经济增长和经营城市的目的，常常通过对经济资源的行政控制和准市场的配置，在私人产品经济领域，通过创造企业发展环境，降低区域内企业交易成本，促进私营企业发展。[①] 典型的例子是政府设立经济开发区，以优惠政策招商引资。或者鼓励和投资建设工业品和消费品专业市场，以带动产业发展。在公共产品领域，地方政府凭借其不断增加的公共财政能力和长期以来对公共产品的部门的经营垄断权，以政府行政管制或国有公司垄断经营的方式，通过金融机构融资，在远远超过政府预算内财力的情况下，大规模地负债经营公共产品，特别是投资建设城市基础设施等准公共产品。最终造成的结果是，区域经济演化为既不是完全依靠市场配置资源为基础的市场化经济，也不是以行政配置资源的计划经济。在微观上，基于外部经济环境和市场制度，企业自主经营和自由交易制度得到充分发挥和保护；在宏观层面，政府通过对资源的控制和很大程度的行政配

---

① 相关论述请参见吴柏均、钱世超：《政府主导下的区域经济发展》，华东理工大学出版社2006年版。

置，主导着区域经济的发展方向、空间格局和功能定位。在苏南地区的区域经济实际上形成了强大的政府经济，这部分经济主要由原有的国有企业、新成立的专营各类公共产品的政府投资经营公司和开发区经济组成，政府经济在投融资、生产经营和管理上自成体系，形成了自循环系统。特别是随着经济发展水平的提高和社会、居民对公共产品需求的增长，政府经济在经济总量中的比重和经济影响力急剧增加。

这种政府控制资源、强势介入或直接经营的经济机制在浙江民营经济发达的地区表现并不突出。但我们仍可以发现政府对土地、能源等资源的行政控制和经济垄断。规模越来越大的城市基础设施建设投资，超越自由市场经济需要的政治经济管制，特别是近年来私营经济发达地区的政府预算内和预算外财政收入大幅度增加，一个县市的年财政收入可支配收入达到几十亿元的水平，其财政预算内和预算外收入支出所产生的经济流量在地方经济总量中的比重越来越大，地方政府开始较大程度地影响地方经济格局。这种情况主要表现在以下几个方面：一是近年来这些地区居民对公共产品的需求日益迫切，由于原有的基础较差，政府在此领域的投资每年大量增加，政府及其控股企业的经济影响力也逐步增强；二是政府把城镇发展和规模扩大作为执政期内的重要目标，也开始像上海、苏南地区一样，设立投资建设公司，直接投资，参与城市建设项目，且投融资的规模快速扩大；三是由于工业化的快速推进，长三角地区的工业和商业用地日益紧张，政府通过规划指标和土地转让权的控制，既影响了地区内产业选择和企业发展，也获得了巨额的收入；四是对经济活动所产生的外部经济效应的调节，特别是在浙江私营经济发达的地区，众多私营企业的发展、市场交易规模的扩大和外地劳动力的大量流入，使社会治安、城镇与农村管理、交通运输、文化教育等问题突出，但由于社会自组织的缺失，新的社会秩序尚未形成，因此，基本上是地方政府采用强势的行政方式予以管理，这种政府在社会事务中的

第五章 以长江三角洲地区为例的实证研究

强化管理也正在日益影响经济活动。

在长三角区域,作为市场经济主体之一的地方政府,直接担当了区域经济增长的经营者的角色。它按区域利益最大化的原则主导区域内的各类经济活动,组织区域内各种生产要素投入生产,力争以最小的成本获得最大的税收和地区国民生产总值,支持或直接参与区际或国家的竞争与合作,推动本区域经济发展。

在长三角政府主导的区域经济发展中,自由的市场交易制度与政府行政管制并存、一般私人产品的竞争性经营与公共产品的垄断性经营并存,强力政府与高效市场紧密结合。这种经济体制存在的基本原因是传统的行政计划制度的功能延续和私有产权基础的缺失。在苏南地区,1970—1990年政府推动乡镇集体企业的发展,20世纪90年代以后政府建设开发区、吸引外资企业,其目的和运行机制在本质上是一样的,都是政府通过行政方式配置资源和利用行政力量动员区域内外资源,培育区域经济竞争力,促进区域经济发展。同样,浙江一些地方的政府在以私营经济为基础的市场经济中,发挥其主导作用,其基础仍然在于计划经济体制下政府具有的对一些基础性经济资源的垄断权和行政处置权。因此,这些行政权力体系和资源的垄断控制格局不变,特别是如果土地制度不改变,经济资源和集体产权和私有产权不能得到充分保护,公共产品的投资和经营体制不改变,随着经济的发展和城市化进程的加快,土地资源短缺的日趋紧张,社会对公共产品的需求的日益增加,政府在区域经济中的作用和影响力将持续增强。[①]

有学者对长江三角洲地区的市场化程度进行了测量。在市场对经济资源的支配程度方面,江苏、上海和浙江都比较高,分别达到

---

① 参见吴柏均、钱世超:《政府主导下的区域经济发展》,华东理工大学出版社2006年版,第7—9页。

62.88%、56.84%和69%。这样的结果主要在于长三角非国有经济的发展对经济总量的贡献。上海的市场化程度较江苏和浙江较低的原因在于上海国有经济比重较高，上海市政府产权比率达66.58%，同时财政收支占GDP的比例分别为10.94%和13.69%，都明显偏高。在市场主体的经济决策的自主程度和分散程度方面，各省市都明显偏低，江苏、上海、浙江分别为38.12%、37.66%、38.9%。虽然政府对经济的垄断程度不断放松，但仍然存在很多产业进入的壁垒和不必要的行政性管制。市场机制发育方面，长三角整体水平为55.2%。从具体指标来看，产品市场发育比较成熟，要素市场发育程度江苏、上海和浙江分别为42.73%、44.65%和43.23%，由于行政性垄断分割，两省一市的地区壁垒仍然较高。[①] 长三角地区市场化程度的测算结果，在一定程度上表明政府在资源配置中仍然占据着重要的地位，市场对经济资源的支配程度和市场主体的经济决策的自主程度和分散程度的数值说明，长三角区域地方政府不仅直接支配着大量的资源，而且通过各种行政手段准强制性或诱导性地使这些由市场主体掌握的资源，按照政府的偏好来配置。

二、长三角地区地方政府竞争及其资源配置效应

正是由于长三角区域地方政府对资源配置中的重要作用，几乎成为与市场并驾齐驱的力量，各地方政府不但对资源通过行政权力进行直接强制性配置，而且还通过运用市场机制来干预资源的配置。从竞争这个角度来看，除了市场对社会资源进行有效配置之外，长江三角洲各级政府在社会经济资源的配置过程中充当了重要角色，从而使得整个区域的

[①] 洪银兴、刘志彪：《长江三角洲地区经济发展的模式和机制》，清华大学出版社2003年版，第84—85页。

第五章　以长江三角洲地区为例的实证研究

竞争超过了以往任何时期的激烈程度。①

比如在优惠政策上，江浙沪为了吸引外资在土地和税收政策上竞相压价。一般成熟的开发区用于基础设施的投入和土地出让金应在10万元/亩以上，但近年来长江三角洲地区出让金普遍从15万元/亩下跌至5万元/亩左右；在税收方面，早已突破"两免三减半"的企业所得税优惠底线。由于土地资源和税收均是政府掌握的调节工具，具有强势政府传统的苏南各市在"争夺外资战"中略占上风。②

在基础设施建设上，2002年10月开始，虹桥国际机场所有国际航班东移至浦东国际机场。虹桥机场定位转向国内化甚至支线化，这使得苏州、昆山、吴江的IT产业遭受重创。而上海张江工业园的上升势头也由此迅速盖过了苏南诸开发区。昆山从上世纪80年代开始，就把近在咫尺的虹桥机场当做昆山投资环境一个重要组成部分，苏州则专门修建了到虹桥的机场路，是工业园区的配套工程。国际航班远移浦东，使苏州、昆山到机场的路程增加两个小时。这种情况迫使苏南重新考虑自己建设国际机场，而这又导致苏州和无锡为机场的选址争吵不休。在竞争的情况下，公路对接也存在问题，江浙修到上海的路，一到与上海接口的地方就成为"断头路"；其他公用设施也存在重复建设问题，如江苏省吴江市盛泽镇已经修建好从太湖引入饮用水到盛泽的全程管道，距浙江省嘉兴市仅十里之遥，嘉兴却不能接过水去，同样，嘉兴已修建好直通至海的排污管，盛泽也不能利用，仍须重建一条③；在港口方面，洋山深水港受自然条件的限制，一年中经历大风大雨气候的时间通常长达一个月左右，并且不可作业天数都集中在外贸出口旺季，但由于宁波

---

① 张兆安：《大都市圈与区域经济一体化——兼论长江三角洲区域经济一体化》，上海财经大学出版社2006年版，第208页。
② 姜德波：《地区本位论》，人民出版社2004年版，第152页。
③ 新望：《长三角隐忧》，载《中国改革》，2004年第5期，第21—28页。

和上海没有对之达成共识，上海则抛弃了宁波原本为上海准备的北仑港，花费巨额成本再建了一个自己的洋山港。

在经济发展战略上，江苏省提出了沿江开发战略，浙江省提出了环杭州湾发展战略。而江浙两省规划的南京都市圈、苏锡常都市圈、环太湖都市圈、萧绍宁经济带，实际上都是江浙沪相互竞争的表现，各地方都想通过自己的规划和都市圈建设壮大自己的实力，更多地吸引资源，在竞争中占据先发优势。在人力资源和户籍问题上，上海只对高学历和有钱人开放。上海几乎所有的招聘广告上都标明必须有上海户口。此外，上海在外地产品的进入上设置的障碍也比江苏浙江两省要多很多。

在长三角地区，由于地方政府的强力主导，地方政府间竞争使得区域内产业分布格局出现以行政区划为界的分散同构的特征，资源的流动在地方利益本位的前提下受到地方政府的强力干预。上个世纪初的时候，荣氏家族在无锡办了"三新"系列的许多工厂，但公司总部还是搬到了上海。上世纪80年代中期，苏南的几个主要城市都办了自行车厂，目的是向上海的"永久"、"凤凰"叫板，但后来因为经营不善，基本都成建制地并入了上海两家自行车厂。企业间的兼并重组，是很正常的事，也纯粹是企业自己的事。而现在，"春兰"要把总部搬上海，苏沪之间必须先商量一个税收的分成办法。[①] 地方政府把本地企业看做是自己的"私有财产"，将政府利益与企业利益绑在一块，混淆了"裁判员"和"运动员"的角色，阻止了企业的自由迁徙。这就很难在市场机制的作用下，形成合理的产业横向和垂直分工及产业集群，从而必然降低整个地区的经济效益和资源配置效率。

在经济发展过程中，江苏、浙江和上海三个地区经济关系日益紧密，相继建立了各种产业协作关系，与此同时，产业同构化也是一个相

---

① 新望：《长三角隐忧》，载《中国改革》，2004年第5期，第21—28页。

第五章 以长江三角洲地区为例的实证研究

当突出的问题。形成这样的产业分工格局是我国制度变迁过程中的突出现象，其原因是复杂的。可能与市场化改革的程度和市场机制不完善有关，可能与该地区经济发展水平接近有关，更可能与转轨过程中形成的地方政府间竞争有关。[①] 在江浙沪三省市 36 种工业行业中的前 9 位主要工业行业中，除了先后排序各有不同外，1997 年江浙沪三省市之间有 5 个行业相同（电子、电气、化工、普通机械、纺织）；江浙之间有 7 个行业相同（另加上食品、非金属）；江沪和浙沪之间有 6 个行业相同（分别加上交通和服装）。相隔 5 年之后的 2002 年末，江浙沪三省市之间已有 7 个行业完全相同（加上交通、非金属）；江沪和浙沪之间各有 8 个行业完全相同（分别加上服装和黑色金属）。另据统计，在长三角的 15 个城市的"十五"计划中，有 12 个市把电子通讯业列为支柱产业，有 11 个市选择了汽车零配件制造业；有 8 个市选择了石化工业。[②] 表 5.1 显示，尽管江浙沪三省市工业结构相似度呈下降趋势，但总体上相似度仍然很高。

表5.1 长三角两省一市工业结构相似系数

年份	1987 年	1988 年	1989 年	1990 年	1991 年	1992 年	1993 年	1994 年
浙江/上海	86.72	86.70	86.35	83.24	80.90	77.72	66.67	68.68
上海/江苏	92.82	92.40	91.39	89.18	88.46	86.55	79.88	80.19
浙江/江苏	97.80	97.55	97.37	97.62	96.80	96.91	96.02	96.47
年份	1995 年	1996 年	1997 年	1998 年	1999 年	2000 年	2001 年	2002 年
浙江/上海	79.54	75.99	74.79	76.71	74.22	76.15	71.54	71.10
上海/江苏	85.78	82.18	81.61	85.55	84.19	86.00	84.55	85.00
浙江/江苏	97.22	97.11	96.73	96.00	95.07	93.69	93.00	91.37

---

① 洪银兴、刘志彪：《长江三角洲地区经济发展的模式和机制》，清华大学出版社 2003 年版，第 105 页。

② 纪晓岚：《长江三角洲区域发展战略研究》，华东理工大学出版社 2006 年版，第 160 页。

资料来源：郑恒：《长江三角洲地区产业同构根源剖析》，载《嘉兴学院学报》，2005年第1期，第56—61页。

此外，在长三角地方政府竞争的背景下，同一个公司或企业往往因用地规模、优惠待遇的享受期限，为追求连续享受不同区域的优惠政策而投资于不同地区生产同一产业领域的产品，这对于跨国公司或全球大企业等投资主体来说，表现更为明显。全球500强企业中有不少在浙江、江苏、上海各开发区都有投资生产[1]，表5.2正反映了这种情况。长江三角洲区域的这种产业分布和投资现象集中反映了地方政府行为对资源的地域空间配置影响。研究还表明，长三角从1978年到2004年期间，经济增长的速度明显高于消费增长的速度，消费对经济增长的推动作用在不断降低，而投资增长的速度高于经济增长的速度，这表明长三角地区的经济增长主要靠投资推动，特别是政府直接投资成为最重要的推动力之一。[2]

长三角地区地方政府间的竞争还导致区域公共资源过度使用的问题。如在太湖地区，流域面积仅占全国面积的0.38%，各种污水排放量却高达32亿吨/年，为全国的10%，大大超过了环境的承载能力。太湖被污染如此严重的重要原因就在于长三角地区城市工业污水和生活污水排放量的急剧增加，而同时却缺乏共同的环境规制和统一的治理。

---

[1] 郑恒：《长江三角洲地区产业同构根源剖析》，载《嘉兴学院学报》，2005年第1期，第56—61页。

[2] 刘志彪、郑江淮：《长三角经济增长的新引擎》，中国人民大学出版社2007年版，第458页。

表 5.2　在两个以上长江三角洲经济技术开发区投资的全球 500 强企业

所投资的开发区	日本三菱物产	日本三菱商事	日本伊藤忠商事	日本丸红	英国石油	日本日立	德国西门子	美国惠普	美国杜邦	法国阿尔法特	日本三菱电机	法国罗纳普朗克
闵行		☆				☆					☆	
金桥		☆	☆			☆	☆	☆		☆		☆
漕河泾	☆							☆	☆			
南通			☆	☆								
昆山	☆	☆	☆							☆		
苏州工业园				☆	☆	☆				☆		
杭州								☆			☆	☆
萧山			☆									
宁波	☆	☆	☆	☆								
大榭					☆							

资料来源：郑恒：《长江三角洲地区产业同构根源剖析》，载《嘉兴学院学报》，2005 年第 1 期，第 56—61 页。

第三节　长江三角洲地区地方政府合作与行政权协调

尽管长三角地区地方政府之间存在着激烈的竞争，但地方间政府合作也几乎没有中断过，并且，随着近几年长三角经济发展的加速，地方政府间合作也越来越紧密，合作领域不断扩大，合作机制正逐步完善，行政权力协调力度不断加大，合作成效也日益显著。正如前面理论部分所指出的，地方政府间行政权力的调整往往表现在区域组织的设立、变更和相互间政策的协调，长三角地区行政权力的协调就表现为不同层次区域组织的成立，以及相互间通过行政协议的签订来对政策进行协调。也就是说，长三角地区区域组织的设立、通过行政协议的签订所进行的政策协调等等，其本质是对相互间权力关系的协调。

一、长三角地方政府合作组织与机制：行政权力协调的组织化和制度化表现

目前长三角地区政府合作存在四个层面的合作机制：一是沪苏浙主要领导会晤机制；二是"沪苏浙经济合作与发展座谈会"；三是长江三角洲城市经济协调会；四是长三角各城市政府职能部门之间的协调会。

1. 沪苏浙主要领导会晤机制

上海、江苏、浙江党政主要领导会晤机制建立于2004年，三省市党政主要领导每年都举行会晤，商议、提出长三角区域合作的要求和方向。如在2005年，三省市主要领导提出了综合交通、科技创新、环保、能源四个重点合作领域，并由三省市政府分头实施。2007年，两省一市主要领导又提出，充分发挥区域优势、进一步深化区域合作，在合作中要进一步突出重点、深化内涵、完善机制、有序推进；在继续加强交通、能源、科技和环保四个平台建设的基础上，重点在统筹基础设施，打破市场壁垒，联手环保治理，加强行业组织合作，以及共建长三角创新区域、共同推进现代服务业等方面进一步加强合作；重点要加强信息系统一体化等五个方面的调研，进一步完善与提升三个层次的区域协调机制，推进长三角地区的合作向全方位、深层次发展，共同推动长三角在科学发展和改革开放上走在全国前列，打造辐射作用更大的世界级城市群。

2. 沪苏浙经济合作与发展座谈会

2001年开始，沪苏浙两省一市政府为了加强省市间和长三角地区

的战略合作与协调发展，建立了由常务副省（长）参加的"沪苏浙经济合作与发展座谈会"制度，座谈会每年召开一次，按浙江、江苏、上海的顺序轮流承办，形成了"高层领导沟通协商、座谈会明确任务、联络组综合协调、专题组推进落实"的工作机制。2001年以来，座谈会在省市层面上组织开展了交通、信息、旅游、环保、人力资源、规划、信用、自主创新、能源、海洋等领域的对话交流和合作项目推进，并在许多领域签署了合作协议。

3. 长江三角洲城市经济协调会

长江三角洲城市经济协调会是长三角区域地方政府合作的核心组织和机制，其前身是1992年建立的长江三角洲协作办（委）主任联席会议，1997年升格为长江三角洲城市经济协调会。

（1）长江三角洲城市经济协调会组织机构

协调会的成员单位是上海、无锡、宁波、舟山、苏州、扬州、杭州、绍兴、南京、南通、泰州、常州、湖州、嘉兴、镇江、台州16个城市的市政府。各城市的市长或分管市长代表各城市参加协调会工作。

协调会设常任主席方和执行主席方。常任主席方由上海市担任；执行主席方由各成员城市轮流担任，轮值期为一年。

协调会办公室是协调会的常设办事机构，负责日常工作，办公地点设在上海。

协调会办公室的成员单位是协调会成员城市的协作部门。各城市的协作部门的领导或分管领导作为办公室成员、各城市协作部门分管处室的负责人担任协调会办公室联络员，代表各城市参与协调会办公室工作。

协调会办公室主任由上海方担任，副主任由南京、杭州、宁波方担任；协调会办公室设总干事一名，干事若干名，是协调会日常工作人员；协调会办公室内设联络、专题、财务等若干工作部门，负责相关工作。协调会成员城市的协作部门为协调会在各城市的联络、办事机构。

专题组是协调会立项的合作专题实施机构，成员单位根据协调会市长会议批准的立项要求，由各成员城市的相关职能部门和单位组成，这些部门和单位的负责人代表各城市参与专题组工作。各专题组组长由专题牵头单位领导担任。

（2）长江三角洲城市经济协调会职责功能

协调会的主要职责任务是，贯彻落实中央精神，根据"沪苏浙主要领导座谈会"的战略部署，按照各城市发展的需求，批准协调会工作计划，批准设立有关专题工作，批准有关经费预算、决算，批准有关职务任免，协调解决实际问题，推进城市间合作项目实施，评估有关工作成效。

（3）长江三角洲城市经济协调会制度安排

第一，四个层次的议事协商制度。

长江三角洲城市经济协调会形成了每年一次的市长会议高层决策机制；每季度一次的办公室工作会议常务工作协商机制；每年四次的办公室主任重大事项会商机制；不定期的专项工作专题会议研究机制。

第二，实行轮值和常任相结合的运作制度。

协调会实行年度执行主席的轮值制度，体现各城市平等参与区域合作公共事务的精神，也有利于发挥各成员城市积极性和创造性，保持协调会组织的活力，共同把持组织的话语权，反映地方利益。同时，协调会也实行了由上海担任常任主席的制度。

2004年第五次市长会议把原来协调会的常设联络处改建为办公室，由各成员城市的协作部门代表担任办公室成员，负责协调会的日常工作，协调会从务虚为主向务实转变。办公室的建立，使协调会具备了成为从事长三角城市间合作工作的职能性组织的条件，能开展常规的信息交流、事务磋商、计划落实、协同执行，保障了市长会议决策的贯彻。

第三，合作专题制度。

从1997年第一次市长会议开始，到2003年第四次市长会议期间，协调会重点在"旅游"、"商贸"、"科技"、"产权"、"信息"等领域开始，开展城市间的合作，逐渐建立了合作专题工作制度，目前形成了"立项、资助、协调、评估"四个环节的推进举措。

立项。立项程序是由项目发起单位申报，办公室工作会议讨论初审通过，征求成员城市相关主管部门和市领导意见同意，提交每年度的协调会市长会议审议通过，签订《城市合作协议》确立。

在立项过程中，立项选题是重点，关系到工作能否开展起来，能否收获实效。立项选题主要遵循三条原则：一是两省一市领导关注、成员城市共同需求是必要的前提，征求成员城市意见同意率要达到70%以上。二是有实施途径的共识、有牵头组织部门的积极性、有必要的经费支撑是条件基础。三是合作项目有限数量、有限目标，一年内能初见成效，让成员城市共享实惠。

资助。协调会从2004年开始对项目前期的论证、项目实施中的协调进行专项资金资助。实行年初预拨资金启动工作，年终验收核销余额的执行办法。2004年以来协调会开展的十多个合作专题，每个都得到了30万至50万元的资助，每个合作研究课题也得到了10万元的资助，有力地保障了项目实施。

协调。合作项目立项后，办公室实施全程跟踪，落实各城市的责任单位、配套经费，协调进度；平时除了定期督促专题组按年度计划开展工作以外，根据专题组提出的要求，办公室成员单位及时报告分管市领导，帮助协调有关部门解决矛盾。

评估。对当年立项的合作专题坚持开展年度工作鉴定验收，根据评估结果决定、核销当年资助总额；对需要继续深化的项目，提出继续立项的意见。

(4) 几次会议的主要内容

第一次会议于 1997 年 4 月在扬州召开。会议由杭州市牵头的旅游专题和上海市牵头的商贸专题为长三角区域经济合作的突破口，审议通过了《长江三角洲城市经济协调会章程》。

第二次会议于 1999 年 5 月在杭州召开。会议确定要在区域科技、推进国企改革和资产重组、研究筹建国内合作信息网络和旅游商贸等专题方面进一步加强合作。

第三次会议于 2001 年 4 月在绍兴召开。会议提出，合作的工作重点要深化专题合作活动，完善运行机制；研究区域发展课题，引导合作方向；加强沟通协调，扩大联合与协作。

第四次会议于 2003 年 8 月在南京举行。会议通过了《关于以承办世博会为契机，加快长江三角洲城市联动发展的意见》和《关于接纳台州市加入长江三角洲城市经济协调会的决定》；会议还举行了长三角合作项目签约仪式，共签订项目约 30 个，投资总额近 172 亿元。

第五次会议于 2004 年 11 月在上海举行。会议讨论通过了《长江三角洲城市经济协调会章程修正案》、《关于设立长江三角洲城市经济协调会专项资金的提案》、《关于充实长江三角洲城市经济协调会常设机构的提案》、《关于设立信息、规划、科技、产权、旅游、协作专题工作的提案》；16 个成员城市签署了《长江三角洲地区城市合作协议》。

第六次会议于 2005 年 11 月在南通举行。会议以"促进区域物流一体化，提升长三角综合竞争力"为主题，交流探讨了实现长三角区域物流一体化对策、措施，通过了《长江三角洲城市经济协调会章程修正案》，调整充实了协调会办公室组织机构，增设了港口、通关、人才等合作专题，设立了"一卡通"互通工程、诚信制度协调建设、区域教育合作、协调会功能建设等合作调研课题，签署了《长江三角洲地区城市合作（南通）协议》。

第五章　以长江三角洲地区为例的实证研究

第七次会议于 2006 年 11 月在泰州市召开。会议主题为"研究区域发展规划，提升长三角国际竞争力"，审议通过了"交通卡互通"、"高校毕业生就业"、"长三角资料信息中心筹建"三项合作专题，签署了《长江三角洲地区城市合作（泰州）协议》。

第八次会议于 2007 年 12 月在常州市召开。会议重点围绕"落实沪苏浙主要领导座谈会精神，推进长三角协调发展"的主题和完善区域合作机制等问题进行了研讨，签署了《长江三角洲地区城市合作（常州）协议》，商定在港口、旅游、交通、环保、信息等方面进一步深化合作。

第九次会议于 2009 年 3 月在湖州召开。会议批准继续深化"长三角世博会主题体验之旅"、"协调会自身建设"两个合作专题，新设"长三角金融合作"、"长三角医疗保险合作"两个专题和"长三角会展合作"课题；16 个成员城市领导共同签署了《长江三角洲地区城市合作（湖州）协议》。

第十次会议于 2010 年 3 月在嘉兴召开。会议审议通过了"关于修改长三角协调会章程"的提案，新增加了合肥市、马鞍山市、淮安市、盐城市、衢州市、金华市等六个城市，使长三角城市经济协调会成员达到了 22 个。会上，各城市领导围绕"用好世博机遇、放大世博效应，推进长三角城市群科学发展"主题作了发言，并对长三角医保合作、异地养老、金融合作、会展合作、园区共建合作、物流整合提升等六个合作专题进行了交流讨论。会议还决定，将着力加强长三角各城市城镇体系、产业布局、重大基础设施的规划、政策和项目的对接，加快长三角地区一体化发展。22 个城市领导共同签署了《长江三角洲地区城市合作（嘉兴）协议》。

第十一次会议于 2011 年 4 月在镇江召开。22 个会员城市共同签署了《长江三角洲地区城市合作（镇江）协议》，商定在农业、港口、旅游、交通、环保等方面进一步深化合作。新设"长三角高端商务旅游产品开发"、"以长三角互联网终端应用推动前沿技术开发"、"上海'两个中心'建设背景下长三角港口发展"、"构建长三角城市生活幸福圈"、"长三角中心城市治理交通拥堵"、"长三角进沪客运大巴快捷通行"、"长三角城市知识产权协作"、"探索建立长三角地区产业转移与承接利益分享机制"、"高速交通发展中长三角经济区域空间结构塑造"九个专题。

4. 长三角各城市政府职能部门之间的协调会

从 2000 年开始，三省市和 16 城市政府各职能部门之间的合作协调机制也广泛建立起来。据统计，专业领域内的合作机制达 30 多个，如长三角港口管理部门合作联席会议、长三角农林渔业局长联席会议、长三角信息合作联席会议、长三角旅游高层联席会议、长三角妇联主席联席会议、长三角物流发展联席会议、长三角对外宣传联席会议等等。这些专业领域内的合作机制成为省市间、城市间开展专题合作的实施主体和基础保证，如长三角港口管理部门合作联席会议，其主要任务就在于形成完善的沟通协调机制，促进长三角地区港口的联动发展。

二、长三角地区地方政府合作中的政策协调

通过长三角地区地方政府的积极合作，长三角地区在各个领域都取得了重要进展，资源区域性配置进一步优化，带动了整个长三角整体竞争力的提高。

1. 在消除市场壁垒方面的合作

要推进长三角区域经济一体化，促进商品和经济要素在区域内的自由流动，更大程度地发挥市场在资源配置中的作用，必须要消除市场壁

垒，长三角区域地方政府在这方面开展了卓有成效的合作，有效推进了市场政策的一体化。

2003年4月10日，苏浙沪三地工商管理部门在杭州签署的一份合作会议纪要提出：一要在市场准入方面一视同仁。三省市共同探索建立和完善市场准入制度，实现政策信息共享，减少设限，畅通准入通道，为企业注册提供方便，实现市场准入一视同仁，并尽可能为三地企业进入本地市场创造便利条件。二要帮助民营企业跨区发展。三省市充分发挥区域经济的比较优势，鼓励民营企业的跨省投资，引导民营资本跨区域流动；充分发挥个私协会的纽带作用，为三地民营企业的联络交流建立桥梁；积极组织商贸洽谈，人才引进，努力营造统一宽松的投资环境和政策环境。三要支持三地市场强强联合对外拓展。积极促进三地市场合理配置资源，降低流通成本，扩大市场占有率和辐射面。积极支持三地大型市场联合对外拓展，鼓励实行强强联合，市场重组，优势互补。四要共享三省市著名商标一切优惠政策。在省际开通三省市著名商标保护"直通车"，实现著名商标的重点保护。确定三省市著名商标拥有各省市著名商标同等待遇，享受各省市著名商标的一切优惠政策。五要建立市场平等竞争机制。进一步加强政策的统一性和协调性，努力消除地方保护主义的干扰，鼓励和促进企业的跨地区竞争，为市场主体营造一个公开、公平、公正的市场环境。六要建立打假维权合作机制。三省市工商部门积极发挥职能，建立紧密的打假维权网，加大三地企业打假维权力度。建立三地工商部门办案协作机制，同时建立跨区域经济违法案件专项联动查办机制，实行企业黑名单警示通报制度，对有不良警示记录的企业进行三地联动公示，限制和禁止已经吊销企业执照的负责人跨省、市办厂和异地经营。三省市工商部门还建立了协商议事制度、日常联络制度以及对口合作制度。明确建立苏浙沪三省市工商部门主要领导定期会晤机制，确定各业务处室与对口部门建立专项工作协作关系。

2007年12月，苏浙沪工商促进长三角地区联动发展合作会议召开，会上联合签署了《苏浙沪工商行政管理联席会议备忘录》，建立了工商行政管理联席会议制度，每半年召开一次。会议还出台了《公司股权出资登记试行办法》和《苏浙沪三省市外商投资企业登记注册合作交流六项措施》。前者允许企业以股权作价出资，从而降低了企业战略重组的成本，对于推动长三角地区的企业做大做强具有重要意义；后者将统一和规范外资企业登记注册条件和程序，明确外资企业在苏浙沪三省市间跨省市设立分公司、办理跨省市迁移的登记注册条件和程序，统一外资企业登记注册申请材料的审查标准，在登记注册条件、时限、方式等方面在长三角地区逐步给予外国投资者相同的待遇，消除三省市工商局在外资准入方面的政策差异。会议还发布了两个重要文件，即"长三角地区工商一号、二号文件"，提出在长三角地区实施统一的市场准入政策，打造统一的大市场格局，包括统一的市场准入政策、统一的市场执法标准和统一的市场法制环境，并在十个方面逐渐推进落实，主要包括研究制定市场准入的政策条件、程序方式和服务措施，并促进地区之间的规范统一；市场主体基础信息互联互通；市场监管信息共认共享；市场监管措施联动；消费者权益保护异地受理处置；行政执法协作与支援；商标行政保护联合行动和著名商标互认；广告监管信息互通；统一合同行政指导行为；经纪人资质相互认定。①

2008年9月，苏浙沪工商行政管理促进长江三角洲联动发展第二次合作会议在南通召开，共同签署了"长三角工商第3、4、5号文件"。三地工商签署的公平交易（经济检查）执法协作协议，要求苏、浙、沪地区工商部门建立健全"异地受理机制"、"重点企业重点商品

---

① 吴洁瑾、陆玫、叶建华：《长三角发布"一号文件"，长三角市场一体化正式启动》，载《东方早报》，2007年12月3日，第A1、A15版。

第五章 以长江三角洲地区为例的实证研究

保护机制"、"打击传销执法区域协作机制",加强三地工商部门之间的执法协作与支援。合同监管合作协议则要求三地工商部门建立"合同监管工作联动制度",通过加强区域之间合同监管的协作关系,在案件联合预警、查处等方面建立协调、配合和协查机制,在格式条款备案、拍卖监管等方面开展联动监管,提高合同监管效果。通过建立"合同示范文本资源共享制度",构建长三角地区统一的合同示范文本数据库,对一些重要的合同示范文本实行统一制订、发布和推广。商标品牌监管合作协议要求三地工商部门建立"重点驰、著名商标保护名录",根据商标被侵权的有关情况,将被侵权严重的驰、著名商标列入重点保护名录,由三省市予以重点保护;建立"长三角商标保护联动机制",进一步建立完善跨区域商标案件的"协办制度"、"督办制度"和案件处理结果的"抄告反馈"制度,同时明令禁止他人将驰名商标擅自用做企业名称;打造"长三角品牌",进一步赋予知名企业无形资产。

长三角两省一市工商行政管理部门的以上三次重要会议,通过签订协议和共同文件的方式对工商行政管理的诸多权力进行了约束、规范和对接,对长三角地区市场壁垒的消除具有里程碑式的意义。除此之外,长三角区域地方政府还对具体事项和具体领域的市场壁垒通过签署协议的方式予以消除,逐步推进市场一体化。如 2003 年 3 月,两省一市工商部门在上海签订了《长三角地区消费者权益保护合作协议》,在受理消费者异地申(投)诉、开发互联互通的消费维权网络平台、开展流通领域商品质量监测等方面开展紧密合作。2003 年 8 月,两省一市"长三角质量技术监督合作互认会议"召开,共同签署了《长三角质量技术监督合作互认宣言》,推进技术标准一体化。2003 年 11 月,两省一市质量技术监督部门签署了《长三角食用农产品标准化互认(合作)协议》。2004 年 3 月,两省一市质量技术监督部门在苏州召开计量合作互认工作会议,共同制定了《长三角计量器具型式批准证书或样机试验合作证书互认管理办法》、《长三角计量技术人员证书互认管理办法》。

为了破除人才流动壁垒，促进区域人才市场建设，推进人才市场一体化，实现人才共享，长三角地区地方政府不仅在这方面签订了很多合作协议，而且建立了相应的合作制度。2003年4月，江浙沪三省市和19个城市人事部门（包括南京、苏州、无锡、常州、镇江、扬州、泰州、南通、杭州、嘉兴、湖州、宁波、绍兴、舟山、台州15个城市人事局，以及温州、金华人事局和丽水、衢州人事劳动社保局）共同签署了《长三角人才开发一体化共同宣言》。2003年7月，签署了《关于建立长江三角洲紧缺人才培训中心合作协议书》。上海、南京、苏州、杭州、宁波、湖州等六个城市共同发起成立"长江三角洲紧缺人才培训服务中心"，人员在各地分别培训，统一教材和考试标准，最后由政府统一颁给《长三角紧缺人才培训证书》。上海和宁波签署了《关于沪甬两地开发异地人才服务合作协议书》和《关于沪甬合作开发专业技术能力考试协议书》，两市对部分考试项目建立统一的职业资格认证标准、统一的考试大纲，实施统一的考试，颁发统一的证书。2004年6月，沪苏浙建立了"长三角人才一体化联席会议制度"，成立了联席会议办公室，明确了工作制度、工作机构和工作计划。与人才市场和政策一体化相联系，在教育方面沪苏浙于2003年签订了教育交流合作协议，互认教育方面的有关认可和评估，另外还签订了《长三角高校毕业生就业工作合作组织合作协议书》。

其他行业的市场壁垒也大多通过签署相关合作协议的方式进行了规范和消除，如旅游和建筑、金融等行业。在旅游方面，2001年5月，苏浙沪成立了两省一市经济合作与发展座谈会旅游专题组，2003年则又建立了区域旅游教育、区域法规两个专题组；2001年沪杭签订了《关于沪杭旅游合作框架协议》；2002年南京和扬州签订了共同推进旅游市场一体化协议；2003年发表了《长三角旅游城市合作宣言》；2003年浙江桐乡会议议定了苏浙沪三地旅游政策法规一体化运作作重点。在建筑业方面，2003年6月起，苏浙沪特种设配施工企业凭本地许可证在长三角区域任何地方从事特种设备安装、改造、维修都不必重新审批。金融方面，苏浙沪地区的股份制商业银行与外资银行可办理异地贷款业务。

另外还值得注意的一个方面是长三角产权交易一体化合作。在长三角，苏浙沪产权交易管理机构很不统一，江苏的产权交易市场由财政系统管理，浙江由上市办管理，上海由国资办管理，管理机构的差异导致协调难度很大，但这方面的合作还是有所进展。早在2000年，上海市就开始牵头组建长江流域产权交易共同市场；2005年10月，《长三角区域产权市场交易规则》出台，为配合这一文件的实施，上海联合产权交易所牵头成立了"长三角区域产权市场专业标准委员会"，并设立了利益协调委员会和监督委员会，以解决在标的的发布、竞价到成交过程中参与者的利益冲突和对违规操作成员单位提出处罚意见等问题。长三角产权一体化对于实现生产要素在区域中合理流动和资源优化配置意义重大，但这方面的合作尚需要进一步深化。

2. 基础设施建设与管理方面的合作

近年来，长三角在具体的跨行政区基础设施项目建设上取得了巨大进展，已建或在建的重大基础设施有杭州湾跨海大桥、上海国际航运中心（洋山港）、沪—崇（明）—苏大通道、宁杭高速公路、苏嘉杭高速公路、润扬大桥、苏通大桥、崇海大桥、沪杭高速铁路等等。除此之外，长三角地区各地方政府还在基础设施管理方面建立了区域合作机制和合作组织，通过对基础设施管理权的协调来推进管理的一体化。

2003年6月，苏浙沪两省一市建立了"长三角道路运输轮值协调委员会"。协调委员会由三省市交通厅（局）道路（陆上）运输管理局

（处）主要负责人组成，主席由三省市轮值担任，每年轮值一次。协调委员会会议每年举行1—2次，由轮值省召集，遇有临时需要协调的道路运输管理方面的重大问题，可召开协调委员会临时会议予以解决。它的作用是在遵循优势互补、互惠互利的前提下，协调长三角道路运输发展战略，制定长三角道路运输总体规划纲要，协调区域政策、法规，统一市场准入条件，协调市场监管工作，促进道路运输资源跨区域整合，推进道路运输产业的规模化、网络化建设。协调委员会通过决议案制度，对关系区域运输产业发展的重要事项达成协议并予落实。

2003年8月，长三角签订《长三角道路运输一体化发展议定书》。2004年7月，浙江、江苏、上海两省一市的运政稽查工作负责人建立了"长三角地区道路运输稽查联席会议制度"。联席会议将及时分析长三角地区运政稽查形势，制定中长期稽查合作规划；对成员单位提出的议案或工作建议进行研究，制定相应的对策，对地区内联合稽查行动进行统一部署；联席会议还将协调解决涉及本地区运输稽查工作问题，促进部门协作配合，全面推进长三角地区道路运输稽查工作。

通过长三角道路运输轮值协调委员和联席会议制度的建立，以及运输一体化议定书的签署，长三角在一定程度上打破了道路运输规划、发展战略和道路运政工作按照不同的行政区划实行属地管理的局限，在一定程度上实现了路政管理权力的对接和融合。

在港口管理方面，2006年9月，长三角建立了"长三角港口管理部门合作联席会议制度"。2007年7月，长三角港口管理部门合作联席会议第二次会议建立了港口规划与建设、港口市场监管、港口安全与环保、港口信息与培训四个合作工作小组，开始由对话交流式合作向项目式合作转变。

在大通关与检验检疫方面，长三角沪苏浙甬皖赣六局联席会议制度，在建立执法依据、标准、要求、程序四统一的行政执法与通关运作一体化机制架构，支持发展口岸与内地检验检疫直通模式和关检联动直通，推进口岸物流通关全面提速，建立区域内进出口企业互认机制，提升局际间信息化联通应用水平和加强局际间协调合作等六个方面达成了共识。此外，在长三角区域内还实行了进出口企业互认机制，进出口企业注册、登记、备案、认证认可，可以在一地办理，长三角区内互认互通；建立进出口企业情况、信用评价电子档案及互通共享机制，增强了检验检疫执法、监管的针对性和有效性。

3. 公共服务领域的合作

环境保护方面，2008年8月，江浙沪两省一市通过了《关于太湖水环境治理和蓝藻应对合作协议框架》；2009年12月长三角环保合作第一次联席会议上苏浙沪环保部门签署了《长江三角洲地区环境保护合作协议（2009—2010年）》。气象方面，2004年5月建立了长三角16城市气象局长协调会制度，共建长三角气候生态环境监测网。文化方面，2003年10月两省一市文化厅（局）长建立了每年召开一次的联席会议制度，2004年8月签署了《关于加强长三角文化合作的协议》；2004年6月，长三角十多个城市的图书馆签署《图书馆讲座资源共建共享协议书》。知识产权方面，2003年4月，16城市签订了《省际间专利行政执法协作协议》并每年召开一次工作会议，2003年11月签订《长三角十六城市加强知识产权保护倡议书》。2004年8月，建立了长三角16城市统计局长联席会议制度，正式启动了"长三角城市统计合作交流网络"，实现长三角城市间统计数据的有效传输与共享。

三、长三角次经济圈地方政府合作组织与政策协调

长三角地区除了在整个地区层面建立了一定的合作机制体系外，还存在南京区域经济协调会、杭州都市经济圈市长联席会议、浙东经济合

作区市长联席会议等次经济圈合作组织和机制。

第十二次会议于2012年4月在台州召开，22个成员城市共同签署了《长江三角洲地区城市合作（台州）协议》。

第十三次会议于2013年4月在合肥召开，22个成员城市并共同签署《长三角城市合作（合肥）协议》、《长三角城市环境保护合作（合肥）宣言》；接纳芜湖、连云港、徐州、滁州、淮南、丽水、宿迁、温州八个城市为协调会成员，成员城市扩展为30个。

1. 南京区域经济协调会

南京区域经济协调会是在国家发展有计划的商品经济和经济体制改革过程中自发形成的跨省的区域性经济组织。1986年，由南京市发起成立南京区域经济协调会，协调会由南京市担任常务主席，合肥市、南昌市担任常务副主席，南京区域经济协调会联络处常设在南京市。至2005年，协调会共有南京、镇江、扬州、泰州、淮安、合肥、马鞍山、芜湖、淮南、铜陵、安庆、黄山、滁州、六安、宣城、巢湖、池州、南昌、九江、景德镇20个成员市组成。协调会成立20年来，分别在南京、南昌、合肥、镇江、芜湖、淮南、马鞍山、铜陵、九江、扬州、安庆、滁州等12个城市共举行了十五届市长联席会议。政府间广泛开展了多领域的合作，在促进以企业为主体的联合协作、培育和完善区域大市场、发挥区域综合优势等方面发挥了重要的积极作用。协调会通过科学的规划来指导联合协作，通过对口部门、行业为依托的网络来保障联合协作，通过确定工作专题来进一步深化联合协作，取得了许多可喜的成绩。

南京区域经济协调会从成立至今，其发展历程大体可分四个

阶段：①

第一阶段从1986年至1991年，是全面冲破行政区域、地域界限的束缚，实施区域经济联合的阶段。南京区域经济协调会于1986年6月成立。当时既有国家大力发展横向经济联合的政策引导，也有苏皖赣三省政府的全力支持，更有区域内各地市加强联合协作，冲破行政区划的分割，加快发展区域经济的迫切要求，这就为南京经济区的成立提供了重要条件。在这五年中，区域内成立了60多个行业性网络组织，建立了100多个商业、物资联合体，形成了包括熊猫电子、南汽等86个具有特色和优势的区域性企业集团和企业群体。这些区域性市场的形成，有效地加速了各种生产要素的合理流动，增强了各市之间经济技术联系的紧密程度。

第二阶段从1992年到1996年，是巩固合作成果，调整协作方式，加快区域经济发展的阶段。党的十四大提出了建立社会主义市场经济体制的经济体制改革目标，这对区域经济开发工作也产生了深刻的影响。一方面在计划经济向市场经济全面转轨变型时期，政府对区域经济发展的调控与管理方式，也进入了转变的过渡时期和适应期；另一方面部分国有大中企业由于经济效益下降，而转变了经营思路，收缩了区域性投资。在这期间，南京区域经济协调会采取了积极的应对措施，对区域经济工作进行调整，以巩固已取得的成果。在这一时期，区域内各市主要以政府搭台、企业唱戏的形式，大力开展招商引资的联合协作活动。如南京的金秋恳谈会、合肥的金秋经贸洽谈会、安庆的黄梅戏艺术节、镇江的金山艺术节、铜陵的青铜文化节、淮南的豆腐文化节、马鞍山的吟诗节、九江的庐山国际旅游节等等，这些活动既推动了当地的对外开放

---

① 参见南京市经济协作办公室网站（http://jxb.nj.gov.cn/cps/site/jxb/2007/qyjj2—1.htm）。

和经贸发展，也促进了区域内各市的交流与协作。

第三阶段从1997年到2001年，是总结经验，开拓思路，创造性地发展区域经济的阶段。在这期间，协调会联络处发挥了积极的作用，积极牵头组织各种活动。1999年在马鞍山市召开的第十届会议，首次邀请了47家上市公司以及12家区域内著名大企业的负责人参会；2001年在铜陵召开的第十一届会议，邀请了几十位区域内知名民营企业家参会。这样由政府牵头，企业以自己的实力与院校的科研成果相结合，并积极参与区域经济开发，标志着南京区域经济进入了一个崭新的发展阶段。

第四阶段从2002年至今，区域工作从虚实结合，逐步走向以实为主的新阶段，专题合作领域得到了不断拓宽。在这期间，专题合作领域不断得到拓宽。中国长江网站自2002年10月正式开通以来，长江沿岸和南京经济区先后有34个城市或地区参与网站的共建，对各市招商引资，深化信息合作，推动南京区域经济发展，提高区域信息化程度等方面发挥了积极的作用。2003年，在九江召开的第十二届市长联席会议，签订了《南京区域十九城市（九江）旅游合约》。通过19城市的共同努力，在合作营销、互为市场、构建合作平台、建设无障碍旅游区等方面，全区域的旅游合作取得了实质性进展。2007年12月，该区域成员单位签署了《南京区域物流合作与港口互动发展框架协议》和《南京区域现代物流联盟合作协议》，20个城市将共同构建有利于区域物流一体化发展的区域物流公共信息平台；积极推动区域各城市机场间货邮，进行铁路和公路直达班点班线网络建设；共同研究区域内配送车辆的远程监控、区域互助、停靠作业以及在市区通行的具体措施；加快推进区域内城市智能运输管理系统、全球卫星定位系统以及基础地理信息系统建设。2009年10月，则又签署了《推动泛长三角合作、促进区域协调发展备忘录》。

2. 浙东经济合作区市长联席会议

浙东经济合作区是地域相连的宁波、绍兴、舟山、台州四市（一个计划单列市三个地级市），遵循平等互利原则，自愿组合的跨地区、开放型的区域经济联合组织。浙东经济合作区市长联席会议是浙东经济合作区最高协调机构，它脱胎于1986年创建的浙东四地市协作联谊会，1988年升格为浙东四地市市长、专员联席会议，1994年改称为浙东经济合作区市长联席会议。市长联席会议每年在四市轮流举行。由各市市长率团出席，主要研究和商定区域经济合作的方针、政策、原则，总结一年来合作区的工作，明确下年度主要工作目标，为区内各行业跨地区合作创造条件，联手统筹整合，优化区域发展环境，推进经济合作与发展。合作区设秘书长、副秘书长各四名：由四市政府秘书长、协作办主任分别担任。轮值主席方政府秘书长为执行秘书长。每年召开二至三次秘书长工作会议，对市长联席会议负责，主要研究办公室提交的重要事项，讨论并落实召开市长联席会议的各项筹备工作。会议由执行秘书长召集。

浙东经济合作区市长联席会议办公室为合作区常设办事机构，于1998年2月成立，办公地点设在宁波市。办公室在合作区秘书长、副秘书长的直接领导下，负责处理市长联席会议闭会期间的日常联络、协调工作；督促合作发展规划及市长联席会议商定事项的落实；协助秘书长、副秘书长督查、了解贯彻市长联席会议精神和各专业组活动情况，及时向四市市长、秘书长及有关部门汇报；组织调研、出访考察及搜集需提交市长联席会议讨论的重要事宜等。

市长联席会议根据区域经济发展需要，下设若干专业组，现已成立交通、旅游、金融、外经贸、商贸、水产、工业、科技、公安、港务、环保11个专业组，随着合作领域的扩大，将成立新的专业组。每年由各专业组牵头单位召集成员单位。不定期举行会议，研究贯彻落实市长联席会议精神，制定加强行业、专业之间合作的措施，并在每年市长联席会议上向大会作一年来工作和下年度主要任务的汇报。

在浙东经济区市长联席会议制度框架下，不仅在一些具体项目上取得了重要的合作成绩，而且签订了一些重要的合作协议。如在具体项目上，上三、甬台温高速公路等多条高速公路、桥梁等建成；宁波慈溪斥巨资向绍兴汤浦水库购水，现购水协议已正式签订；2005年实现了甬绍台三市公交"一卡通"；宁波—舟山港一体化建设取得突破性进展，"宁波—舟山港"名称正式启用。2005年，合作区港口货物吞吐量达到3.88亿吨，同比增长18.6%；集装箱531万标箱，同比增长29.7%。签订的重要协议主要有《浙东经济合作区交通合作发展规划》（2001）、《浙东经济合作区旅游合作发展规划》（2001）、《浙东经济合作区公安工作协作章程（试行）》（2001）、《浙东经济合作区公安机关海上治安协作协议》（2001）、《浙东经济合作区公安专业组信息协作意见》（2002）、《浙东经济合作区公安机关边缘警务协作意见》（2002）、《宁波舟山进一步加强经济合作框架协议》（2004）、《台州——衢州实施"山海协作"工程，加强经济技术合作协议书》（2004）、《2004年绍兴——衢州山海协作工作指导性意见》、《浙东经济合作区票据业务合作备忘录》（2004）、《舟山从宁波姚江引水协议书》（2006）。这些具体项目的建设和合作协议的签署为浙东经济区打破行政壁垒，提高区域整体竞争力，实现经济要素跨行政区自由流动提供了重要的硬件设施和软制度保障。

3. 杭州都市经济圈合作发展协调会

杭州都市经济圈是省内跨地级市的经济区，它以杭州市区为核心，包括市域内五县（市）和海宁、桐乡、德清、安吉、绍兴、诸暨六县（市）的经济区域。该经济区合作的基本原则为"优势互补、互惠互利、联动发展、共同繁荣"，正在逐步建立以政府为主导、市场为纽带、企业为主体、项目为载体的互惠互利机制。

杭州都市经济圈在短短几年内已经建立了较为完整的合作组织和机制，并在不断深化。2007年5月，杭州、湖州、嘉兴、绍兴四城市的市长在杭州召开杭州都市经济圈市长联席会议第一次会议，会议审议通过了《杭州都市经济圈合作发展协调会章程》，建立了跨地区、开放型的地方政府合作组织——杭州都市经济圈合作发展协调会。杭州都市圈协调会设常务主席方和执行主席方，常务主席方由杭州市担任，执行主席方由杭州、湖州、嘉兴、绍兴四城市轮流担任。

市长联席会议是杭州都市圈协调会的最高协调机构，每年举行一次，分别由杭州、湖州、嘉兴、绍兴四城市轮流举行。市长联席会议由常务主席方主持，由执行主席方承办。市长联席会议的主要任务是研究和商定涉及杭州都市经济圈合作发展的有关重大方针、政策、原则和需要协调解决的重大问题；批准工作报告；批准设立专业委员会；批准有关职务任免等。

杭州都市圈协调会下设办公室，负责处理市长联席会议闭会期间日常工作。主要职责是开展调查研究，制定年度工作计划，并组织实施；督促、检查市长会议精神的贯彻执行情况及各专业委员会的活动情况，并进行评估；会同专业委员会确定合作专题，收集整理合作发展项目，做好协调、沟通和联络工作；组织召开工作会议，总结经验，交流信息、提出建议等。

根据合作发展需要，经办公室会同牵头城市提议，经市长会议批准，可设立专业委员会。专业委员会原则上按行业或专业设立，在杭州都市圈协调会领导下组织开展专题合作交流活动，协调解决专业合作发展问题。目前已设立产业、规划、教育、人力资源和社会保障、信息、农产品、交通、会展和节庆、环保、旅游、宣传、金融、商贸、统计等专业委员会。

2008年5月，杭州都市经济圈市长联席会议第二次会议在湖州市召开，会议原则通过了《杭州都市经济圈发展规划》，审议并原则同意将《规划》按有关程序上报浙江省政府批准实施；2009年6月，杭州都市经济圈市长联席会议第三次会议在嘉兴召开，四地市长会上共同签署了《推进杭州都市经济圈一体化行动纲要》，根据《纲要》，四地围绕基础设施、区域市场、区域旅游、产业布局、生态环境、民生保障"六个一体化"目标，积极推动四城市"规划共绘、交通共联、市场共构、产业共兴、品牌共推、环境共建、社会共享"。

杭州都市经济圈是省内经济区，协调起来相对容易，因而，在杭州都市经济圈合作发展协调会的合作框架下，该区域已经取得了许多重要进展，经济要素流动的自由度有所提高，资源的区域配置效率有所改善。例如，在国家和浙江省的部署下，杭州市与周边六县（市）形成合力迅速建成了杭宁高速、104国道、沪杭甬高速、杭金衢高速等对接项目，杭州与周边县（市）的联系显著增强。与此同时，杭州市与六县（市）间自主开展的基础设施对接和共建共享也已开始，如海宁市农业对外综合开发区从下沙开发区接入自来水、天然气，与下沙实现道路对接等。但临平与海宁许村道路的全面对接，余杭与安吉山川道路同步拓宽，萧山临江与绍兴滨海两个开发区基础设施的共建共享等，还有待进一步协调实施。

通过杭州、湖州、嘉兴、绍兴四市地方政府间的合作，产业分工和发展正在逐步合理化。杭州周边六县（市）通过接轨杭州，积极承接杭州产业转移获得了快速发展。在钱江新城拆迁过程中，海宁农业对外综合开发区承接了大量的杭迁企业，目前已落户企业的70%是由杭州迁入，杭迁企业产值在农业对外综合开发区占到了80%；2003年至2006年6月，桐乡吸引了109个杭资项目，投资总额达到31亿元，单体投资规模近3000万元；2002年至2006年，杭州企业到德清投资达

87.8亿元,其中工业投资64.5亿元,占德清引进内资的75%以上;诸暨承接了杭州的造纸、链条、铸造等产业以及萧山的包装业转移。与此同时,周边六县(市)一些龙头企业为寻求更高发展平台,开始把总部或研发、销售等部门迁到杭州。但目前合作的产业领域还比较有限,来自政府部门和电信、供水、供电、金融等垄断性部门的阻碍经济要素自由流动的障碍还比较多,仍需要四市政府间通过积极合作来予以解决。

四、长三角地方政府合作的资源配置效应

长江三角洲地区经济发展中的政府主导决定了该区域经济发展中的障碍必须通过地方政府之间的权力协调才能解决。我们看到,长三角地方政府通过建立各种合作组织、机制以及签订合作协议,相互间对行政权力进行了一定程度的规范、对接以及最低限度的让渡,减少了区域间的市场壁垒,市场机制的作用得到更好的发挥,提高了资源的流转效率和区域配置效率,尤其是在公共资源的配置方面,长三角地方政府间通过各类基础设施规划和管理权力的衔接,使得基础设施的布局更加合理,从而不仅大大提高了公共资源整体性的经济社会效益,而且对其他经济要素的合理流动和优化配置也起到了积极的促进作用。

长三角存在产业同构的同时,苏浙沪之间的产业差异化程度和产业分工的合理化程度也在不断提高,包括同一产业内部的分工甚至同一行业的产品的差异化程度都有所提高,苏浙沪产业发展和聚集越来越趋向于专业化。尽管长三角各地方工业结构存在某种程度的趋同性,但总体上呈下降趋势。图5.1显示,浙江与江苏的结构相似系数最高,自1987年以来一直高于0.9,呈缓慢下滑态势,从1987年的0.978降至2000年的0.914,下降了7.0%,但目前已逼近0.9的水平。上海与江苏的相似系数居中,自1990年以后就低于0.9,呈先降后升再降的态势,从

1987年的0.928降至2002年的0.850,下降了8.4%,1995年以后趋于平稳。浙江与上海的数值在三者之中最低,呈先降后升再降的态势,从1987的0.867降至2002年的0.711,下降了18%,1994年以后均在0.7—0.8之间波动。并且,即使存在产业同构,但并等同于产品同构。如传统机械工业中,上海以大型机械设备为主,浙江偏重的是机械零部件。又如纺织业中,江浙是我国最大的生产基地,但江苏擅长毛纺业,浙江则偏重化纤原料。同样以轻纺为本地支柱产业的绍兴县与海宁市,前者偏重服装面料的织造,后者则侧重工业用布的织造。再如机电产业中,杭州萧山区着力于汽车零部件的规模化生产,昆山市偏重于中档机电一体化产品的开发与生产,永康市为全球小五金类机电产品的制造王国,武义市则是全球工业用传动链条的最大生产基地。在高新技术产业中,上海的优势在于科技研发,江苏的优势在于IT制造,而浙江将重点放在生物医药和软件领域。如果从三次产业到细分产业Ⅰ、Ⅱ、Ⅲ,再到产品结构,则2002年长三角地区产业结构相似系数(均值)由0.97到0.89、0.82、0.65,再到0.48,整个下降趋势非常明显(见图5.2)。从时间上来看,表5.3显示,长三角地区产品层次的结构相似系数也是在不断降低的。①

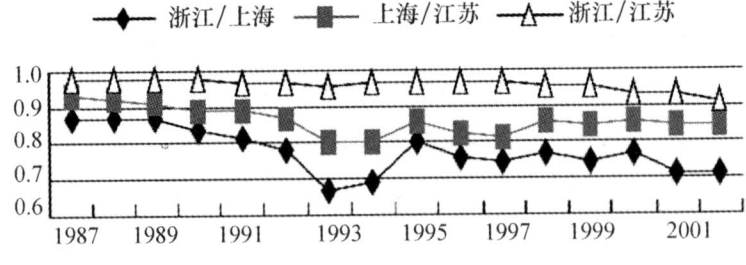

图5.1 长三角历年工业结构相似系数走势

---

① 邱风、张国平、郑恒:《对长三角地区产业结构问题的再认识》,载《中国工业经济》,2005年第4期,第77—85页。

第五章 以长江三角洲地区为例的实证研究

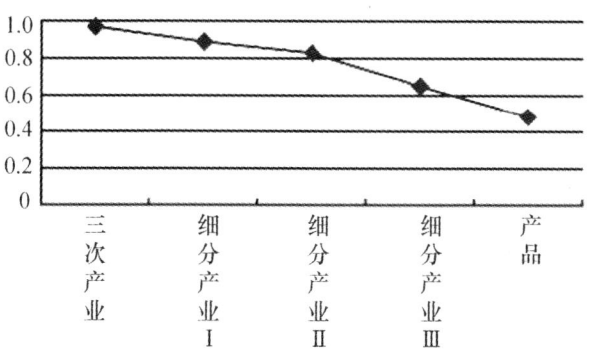

图 5.2　2002 年长三角地区不同层次产业结构相似系数

注：◆ 表示结构相似系数平均值。

表 5.3　长三角地区产品层次的结构相似系数

年份	上海/江苏	上海/浙江	江苏/浙江	均值
1995	0.388	0.409	0.609	0.469
1996	0.323	0.366	0.497	0.395
1997	0.496	0.443	0.612	0.517
1998	0.436	0.452	0.640	0.509
1999	0.469	0.367	0.563	0.466
2000	0.457	0.368	0.598	0.474
2001	0.522	0.307	0.649	0.493
2002	0.477	0.348	0.604	0.476

资料来源：图 5.1、5.2，表 5.3 均见邱风、张国平、郑恒：《对长三角地区产业结构问题的再认识》，载《中国工业经济》，2005 年第 4 期，第 77—85 页。

另有学者研究指出，浙江、上海与江苏之间的制造业结构差异呈现出明显的梯度变化，上海与浙江之间的结构差异最大，从 1998 年的 0.517 至 2002 年的 0.617；江苏与上海的结构差异次之，从 1998

年的 0.421 到 2002 年 0.453；而浙江与江苏的制造业结构最为雷同，从 1998 年的 0.279 到 2002 年的 0.44。1998 年、2000 年与 2002 年的长三角三省市专业化指数显示（表 5.4），各省市相对专业化指数总体上是呈上升趋势，即各省市日益实现与兄弟省市不同的产业分工。上海正在以制造业占主体的格局慢慢转向以服务业占主体的产业格局转变，劳动密集型、一般资本密集型的制造业行业将向周边地区转移，上海市只保留部分技术资本密集型、港口型、都市信息型的极少数制造业行业；从时间趋势上看，江苏和浙江两省的相对专业化指数也是上升的，说明伴随着一体化的进展，两个不对称的大小省正通过跨地区间的产业转移来逐步实现自身的专业化分工。制造业结构上的差异意味着使得各省市都朝自己有竞争优势的产业方向发展。同时，上海市将一些本身不具竞争力的行业转移到周边省市，从而在总体上降低了其制造业的平均集中率。从数量上，这部分转移主要是向浙江省转移。① 从就业比例和产值比例来看，长三角地区的产业结构已经形成了这样一种格局，即上海以生产者服务业为主，其周边城市则以制造业为主；同时，随着商务成本的不断提高及其构成变化，对交易成本敏感而要素成本不敏感的生产者服务业不断在上海聚集，制造业比例随之转移到上海周围城市，导致制造业在周边城市的聚集，与上海的生产者服务业形成一种协同定位。②

---

① 范剑勇：《长三角一体化、地区专业化与制造业空间转移》，载《管理世界》，2004 年第 11 期，第 77—84 页。

② 刘志彪、郑江淮：《长三角经济增长的新引擎》，中国人民大学出版社 2007 年版，第 181 页。

第五章 以长江三角洲地区为例的实证研究

表 5.4 1998—2002 年长三角各省市的相对专业化指数变化

	1998	2000	2002
上海	0.437	0.454	0.512
浙江	0.354	0.321	0.404
江苏	0.258	0.273	0.272

资料来源：范剑勇：《长三角一体化、地区专业化与制造业空间转移》，载《管理世界》，2004 年第 11 期，第 77—84 页。

在地方政府主导经济发展的背景下，长三角区域地方政府间合作可能通过两种方式对长三角产业结构的合理化产生了作用：一是长三角地区通过地方政府合作限制了地方政府在区域市场中的消极作用，行政权力运行规则逐渐统一，行政一体化程度逐渐提高，长三角区域内的市场壁垒减少和降低，从而使市场一体化程度不断提高，市场机制在产业竞争和资源配置的作用越来越大。通过市场竞争的作用，长三角地区的产业分工以及产业内部的分工逐步趋向合理化，市场竞争尤其在长三角地区的产品层次的差异性方面发挥了主导作用。二是地方政府间合作直接导致了在某种程度上的产业转移和产业结构优化。如截至 2010 年年末，长三角 16 个城市已累计为 6.75 万人次办理了异地就医结算，共受理医疗费用 1.28 亿元，支付医保基金 9102 万元。苏、浙两省共有 8 个城市已突破省际范围、与上海正式开展了对点异地就医结算工作。[①] 再如 2003 年，浙江省就提出了"接轨上海"的发展战略，出台了《中共浙江省委、浙江省人民政府关于主动接轨上海积极参与长江三角洲地区合作与交流的若干意见》，对接轨上海的重要意义、基本原则、接轨的重

---

① 《长三角城市经济协调会第十一次市长联席会议召开》，见 http：//www.gov.cn/jrzg/2011—04/01/content_ 1836644. htm。

要领域和工作重点都提出了具体要求。其实，早在1992年嘉兴市就在浙江省率先提出接轨上海战略，相继制定了《关于全面接轨上海战略的实施意见》、《关于进一步促进接轨上海和扩大对外开放的若干政策的意见》、《关于全面接轨上海融入长三角进一步加强国内经济合作的意见》等等政策文件，为嘉兴接轨上海提供了政策保证。在产业方面，嘉兴提出要围绕上海市民餐桌消费需求，鼓励上海工商企业来嘉兴市投资效益农业，建设一批为上海配套的"菜篮子"基地，发展汽车零配件等加工型产业，为上海支柱产业配套，鼓励更多的上海大型商贸企业来嘉兴设立连锁机构，兴办大型商业设施等等。杭州市也与上海加强合作，与上海签署了《关于进一步推进沪杭经济合作与交流的协议》，出台了《杭州市2003年接轨上海工作重点及工作计划》；并且杭州市在制定"十一五"规划时，注重与上海市"十一五"规划和国家长三角地区区域规划相衔接，在发展目标、政策目标与手段，重大基础设施布局、产业结构调整、区域发展方向等方面与上海进行衔接。浙江省的其他各城市如湖州等也都提出了接轨上海的计划，出台了各类支持文件。这与上文提到的上海近几年向浙江的大量产业转移、浙江制造业的快速发展是相吻合的。

在基础设施方面，通过规划的对接、管理模式的对接、合作建设等地方政府间合作措施的推行，长三角基础设施建设和管理显现了初步的网络化和一体化，公共资源在长三角跨区域配置得到逐步优化。比如，长三角先后建成了沪宁、沪杭、沪甬、乍嘉苏、宁杭、沿江等高速公路，完成了对原有国道、省道以及包括长江和运河在内的主要航道的拓宽和改造工作。沪宁高铁也即将完工，沿海大通道、城际轨道交通正在酝酿和规划。另外，上海、无锡、杭州三市已率先实现了公交"一卡通"。再如，2007年，靖江和如皋在垃圾处理方面实现合作，靖江市的生活垃圾将以每吨36元的价格送往如皋垃圾焚烧发电厂处理。两市突破行政区域限制，实现环境基础设施的共用，无疑提高了公共资源的利用效率。

第四节　深化长江三角洲区域地方政府合作的政策建议

一、长三角地方政府合作中的不足

长三角地区通过地方政府合作促成了地方政府权力的协调和融合，减轻了行政区划的束缚，改进了市场主体的制度环境，货物、服务、人员和资本在区域内流动自由程度得到提高，各类资源配置都在不同程度上得以优化。但是，就目前来看，长三角地方政府合作还存在诸多不足。

1. 行政权力协调的组织化、制度化程度低

从目前长三角已有的沪苏浙主要领导会晤机制、沪苏浙经济合作与发展座谈会、长江三角洲城市经济协调会、各职能部门的联席会议制度来看，该区域似乎有着层次较为分明的合作机制，但这些合作机制具有明显的非正式性，组织化程度不高是其主要特点，也是其主要缺陷。

长三角目前的合作机制其主要功能在于交流和协商，即通过会晤、座谈和联席会议对区域性的问题或双方、多方所关注的问题交换意见，对于能否达成共识并不是其考虑的主要问题，制定强制的执行性决策更不是其主要功能，即基本上是只协商谈判，不进行决策。这种非正式制度的典型特点是不具有强制约束性，通常会出现执行的困难。政府之间的合作协议很多只是框架性的共识，缺乏具体实施措施与之配套，使得这些共识的落实效果大打折扣。并且，长三角区域地方政府合作中的议题选择和协商还存在着"谈得来就谈，谈不来可以不谈"的问题，该

区域还不存在一个整体性的合作框架协议和合作事项的时间表，许多共识大都是由地方领导人的个人承诺来保障的，有可能导致"人走政息"的情况出现，导致合作缺乏连续性。这些问题归结到一点就是长三角区域合作的组织化程度太低，过于松散，合作组织不具有独立的决策、执行和监督职能，致使其缺乏必要的权威性。现有的合作组织中的常设机构人员大多是由各地方政府相关人员兼任，其所起到的作用基本上只是日常的联系和协调，不具有独立的职能。在这种情况下，地方政府间签订的合作协议都是采用由成员地方政府及其职能部门各自执行的方式来落实实施，很容易出现"会上签共同协议，会下各打各的算盘"的情况。其根源在于各地方政府及其职能部门的权力在合作中仍然保持了完全的独立性，没有形成区域性的或准区域性的管辖权，必然难以形成高效的决策、执行和监督体制。

2. 政策一体化方面的合作还比较欠缺

地区行政壁垒问题，说白了就是各不同地区不同层次的地方政府的行政权力的冲突而导致的政策冲突问题。政策冲突意味着各地方在市场等方面的游戏规则的差异，这种游戏规则方面的差异会给市场主体造成不同程度的交易成本，从而在不同程度上阻碍经济要素的自由流动，进而影响到资源的优化配置。因而，政策一体化应该成为地方政府合作的核心内容。有学者就指出，一个统一协调的有效的竞争规则，对建立长江三角洲地区一体化发展的机制来说之所以重要，是因为根据欧共体创建和欧盟运行的实际经验，如果没有它的支撑，就无法在长江三角洲地区大市场范围内，协调各地区政府的行为，就无法使区域内的市场主体进行充分的、有效的、公平的市场竞争，就无法防止市场竞争被各地区

第五章　以长江三角洲地区为例的实证研究

行政权力和垄断势力扭曲以及实现大市场范围内的资源有效配置。①

目前的长三角地方政府合作在一些具体项目上尤其是交通基础设施方面合作较有成效，铁路、公路、水路等项目规划和建设出现了一定程度的整合，初显网络效应，并在产业转移中发挥了重要作用。但在政策一体化方面还有待进一步提高。在工商行政管理方面，两省一市的工商行政管理部门通过签订工商1、2、3、4、5号文件，大大改善了长三角的区域市场环境，不过这五个文件的执行情况尚需要评估，以有利于采取进一步的措施，提高市场环境质量。在金融方面的合作将直接影响长三角区域的投融资环境，但长三角在这方面的合作进展缓慢，政策对接力度不大。另外，像招商引资政策、港口管理、服务业区域标准规范等等方面的政策一体化也都需要大力推进。

3. 公共服务领域的合作亟待加强

随着长三角地区各城市之间经济联系的拓展和不断增强，必须加强相互间公共服务领域的合作才能更好地实现整合发展，避免公共服务基础设施的重复建设和浪费，实现规模经济，提高区域整体竞争力。其实许多公共服务和经济要素的流动和配置具有直接的关联，如社会保障的异地转续问题就直接作用于劳动者的跨区域流动。

公共服务领域方面的合作已有所探索，如医疗费异地报销问题。2008年3月，嘉兴社保局与上海市松江区医保中心签订了医疗费用代办报销服务协议。2008年8月，浙江杭州和上海已经签署《关于沪杭两地委托结报对方参保人员医疗费的协议》，双向推动两地间常住人员的医保异地报销。2008年8月中下旬，浙江省湖州市和上海签署医疗保险代报销服务协议。目前，长三角地区实现医保互通的城市已达九

---

① 洪银兴、刘志彪：《长江三角洲地区经济发展模式和机制》，清华大学出版社2003年版，第Ⅶ页。

个。另外，江苏、浙江部分地级市内部也在积极探索医保异地报销问题，如江苏南通市区和其所辖六个县市实现了医保异地互通，参保人可在此范围内异地刷卡就医，实现医保的"同城待遇"；常州市则通过提取医保金的方式，部分实现"同城待遇"；杭州市已和金华、湖州等地的近20家医院"点对点互通"。尽管在某些方面已有所探索，但先行合作的这些领域仍然需要深化。整体上来说，长三角公共服务领域的合作亟待强化，包括社保转续、环境治理、垃圾处理、城镇供排水、供电、通信、防洪抗旱减灾体系、疾病预防控制、突发性公共安全事件的应急等等。

二、长三角地方政府合作的进一步深化

长三角地区要想在全球化的背景下，进一步提高在全国乃至全球中的区域竞争力，实现《国务院关于进一步推进长江三角洲地区改革开放和经济社会发展的指导意见》中提出的"科学发展、和谐发展、率先发展、一体化发展，把长江三角洲地区建设成为亚太地区重要的国际门户、全球重要的先进制造业基地、具有较强国际竞争力的世界级城市群，为我国全面建设小康社会和实现现代化作出更大贡献"的总体要求，必须将本区域地方政府合作推向深入。

1. 合作组织和机制的提升：构建长江三角洲区域委员会

南京区域经济协调会是与南京经济区内部各城市之间的经济联系的紧密性和发展程度基本相适应的，而浙东经济区、杭州都市经济圈属于省内经济区，加上经济区的成员单位比较少，在浙江省政府的推动和指导下，相互间比较容易达成合作，其现有的合作机制相对于其发展程度来说也是比较有效的。然而，就整个长三角区域而言，现有的合作组织和机制已与长三角区域的经济体一化发展趋势和整体经济发展水平不相

第五章 以长江三角洲地区为例的实证研究

适应,需要进一步深化合作层次,提升合作组织和合作机制。

在中国,如果没有强有力的中央政府的主导作用,不对现行的行政关系和地方政府权力结构作出一定的调整,那么可以肯定,在现有行政格局条件下推进地区经济一体化可能并不比欧盟经济容易整合,长江三角洲地区是不可能通过一些简单的行政会议和宣言就可以一下子全面联合起来的。[①] 长三角合作组织和机制的提升本质上涉及的是地方政府权力的协调和再配置问题,核心措施是地方政府权力向区域组织的适当集中,既有充分的民主又有必要的集中。对此,我们提出构建"长江三角洲区域委员会"的建议。长江三角洲区域委员会将整合既有的沪苏浙主要领导会晤机制、沪苏浙经济合作与发展座谈会、长江三角洲城市经济协调会,甚至各职能部门的联席会议制度等合作机制,并加以提升,在组织架构上主要由决策部门、执行部门和监督咨询部门组成,具体为:决策部门由各层级的理事会组成;执行部门为"执行局";监督部门为"监督咨询局"。图5.3描述了长江三角洲区域委员会主要的组织结构和流程图。

(1) 决策

决策机构包括"长三角区域理事会"、"长三角市长理事会"、苏浙沪各职能部门专业理事会和城市各职能部门专业理事会。"长三角区域理事会"由苏浙沪两省一市的省(市)长和一位中央政府代表组成,该理事会在中央政府有关政策的指导下确定整个区域合作的总体框架、年度总体任务,对涉及两省一市及整个区域层面的重大合作问题进行协商、表决,对"监督咨询局"提出的议案和建议进行讨论表决,每年至少召开两次会议,表决采取一致同意原则。"长三角市长理事会"由

[①] 刘志彪:《协调竞争规则:长三角地区经济一体化的重要基石》,载《南京政治学院学报》,2002年第4期,第44—48页。

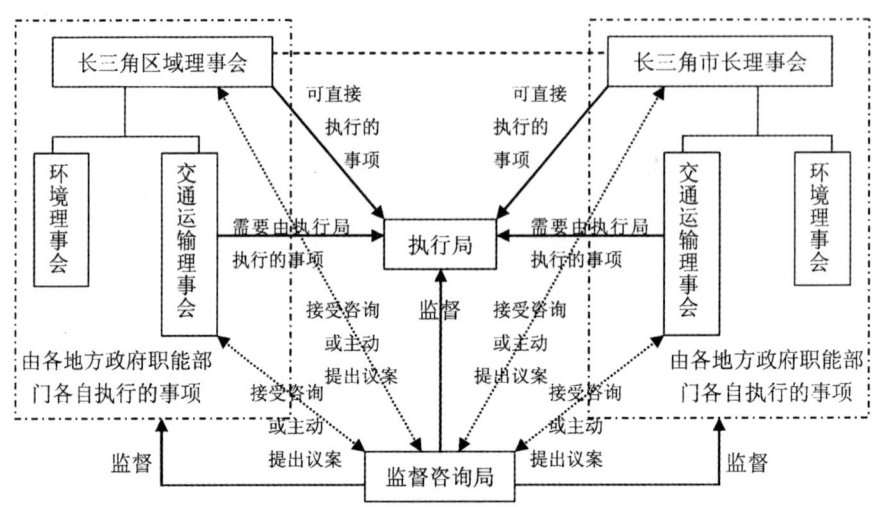

图 5.3 长江三角洲区域委员会主要的组织结构和流程图

现有的 22 个城市的市长组成，其他城市可以申请加入，该理事会在"长三角区域理事会"已达成共识的事项上就城市之间的事务进行决策，并独立对各城市拥有控制权的而不需要通过省级政府的事项进行决策，对"监督咨询局"的提案和建议进行表决，每年至少召开两次会议，表决采取全体城市三分之二多数通过的原则。"长三角区域理事会"与"长三角市长理事会"不是领导关系，具有相对独立性。"长三角区域理事会"下设必要的由省级政府各职能部门厅局长组成的专业理事会，如环境理事会、交通运输理事会、信息化理事会、招商引资协调理事会等等，这些专业理事会对"长三角区域理事会"负责，在"长三角区域理事会"达成共识的领域对专业事项进行讨论、决策和制定具体实施办法，对"监督咨询局"的相关提案和建议进行表决，每年至少召开三次以上会议，表决采取一致通过原则；"长三角市长理事会"下设必要的由市级政府各职能部门厅局长组成的专业理事会，二者的关系及职能与"长三角区域理事会"和下属的专业理事会相同，每年至少召开三次以上会议，表决采取全体成员单位的三分之二多数通过。

（2）执行

长三角区域层面的执行机构为"执行局"。"执行局"设主任一名，由各省（市）政府副秘书长轮流专职担任，副主任两名，未轮值为主任的其他两位省（市）政府副秘书长即为副主任。"执行局"内设办公室、研究室、财务科和执法科，相关人员采取社会招聘的方式任用。办公室负责日常行政事务以及与相关地方部门沟通、协调；研究室主要对执行策略进行研究；财务科主要管理会费和项目基金；执法科负责具体执法工作。

"执行局"主要执行涉及长三角区域整体的事项和决策，属委托执行，并分别就委托事项对委托的决策机构负责。决策机构一旦委托"执行局"执行涉及整个区域事务的决策，即视为同时将在各地方的必要和足够的相关执行权力授予"执行局"，使其拥有在各地方执行的权力，直至事项完成而自动取消。"执行局"一方面要执行"长三角区域理事会"和"长三角市长理事会"作出的可以直接执行的决策，另一方面也要执行各专业理事会所作出的需要"执行局"在区域层面整体执行的决策事项。

需要特别说明的是，各理事会所作出的决策大部分还是在"监督咨询局"的监督下由各地方政府相关职能部门各自执行。也就是说，在执行方面既有整合执行，也有分散执行。

（3）监督咨询

监督咨询由"监督咨询局"负责。"监督咨询局"一方面要负责"执行局"的执行工作和日常工作，并提出改进建议，撰写监督报告并向委托执行的决策部门提交；另一方面，"监督咨询局"也同时监督由各地方政府职能部门各自执行的决策事项，撰写监督报告并向"长三角区域理事会"或"长三角市长理事会"提交。"监督咨询局"的另一项职能为咨询职能，一方面接受各理事会的委托撰写提案，另一方面可以主动提出提案和建议，交由各理事会表决。

从上可以看出，"长江三角洲区域委员会"的组织和机制设计主要对原有的合作机制进行了三个方面的改进：一是改进了原有机制的"只协商不决策"的缺陷，加强了区域决策的权威性，从而在决策环节保证了地方政府合作的有效开展；二是改进了执行环节，原有的合作机制基本上采用各自执行的方式来实施合作协议或具体事项，改进后的执行采用区域层面的整体单独执行和各地方政府职能部门各自分散执行相结合的方式，从而保证了执行的有效性；三是改进了监督环节，原有的合作机制缺乏区域监督环节，往往造成各地方政府职能部门在各自执行合作协议时出现投机行为，改进后的监督增设了专门的监督机构，不但对区域层面的整体执行进行监督，而且对合作事项中由地方政府职能部门各自执行的部分进行监督，从而保证了合作事项的执行效果。总之，"长江三角洲区域委员会"的组织和机制设计既充分发挥了民主，使各地方政府的利益要求得到充分的考虑，又有适当的集中，从而保证决策和执行的效率；既有分散执行，又有整体执行，再加上集中监督，保证了执行的效果。

2. 通过合作协议加强相互间权力协调

从国外地方政府合作的经验来看，地方政府合作协议在地方政府合作中发挥了重要的作用，但究竟发挥多大作用，关键问题在于协议的执行情况。在"长江三角洲区域委员会"的区域组织框架下，预计长三角地方政府间合作协议将会发挥更大的作用。这是因为，在这一框架下，无论合作协议由区域执行机构来集中执行还是由各地方政府职能部门分散执行，都会由区域性的专门监督机构进行监督，从而保证合作协议的有效实施。

地方政府间除具体的共建项目可以签订合作协议外，应将合作协议的签署主要集中在三大方面的合作：一是对阻碍经济要素跨行政区自由流动的规范性文件、政策、措施的清理；二是规范地方政府对市场干预的相关权力；三是对基础设施管理和公共服务进行跨行政区衔接。

对阻碍经济要素跨行政区自由流动的规范性文件、政策、措施的清理，实际上就是要取消和限制地方政府的某些越位权力，实现区域共同市场。关于经济要素流动无障碍的情况，通过市场的力量，产业布局以及产业结构调整会得以自动实现，并且这种产业布局和产业调整是一种符合经济规律的合理的产业布局和调整，在此基础上的区域经济发展才是更高水平的、健康的发展。区域合作组织一方面要通过合作协议的方式减少资源流动的障碍，另一方面要积极地保证这些协议的履行；区域合作组织要成为资源自由流动的促进和保障力量，而不是利用获得的权力增加新的障碍。《国务院关于进一步推进长江三角洲地区改革开放和经济社会发展的指导意见》明确提出，长三角要"建立统一开放的产品、技术、产权、资本、人力资源等各类市场，实现生产要素合理流动和资源优化配置"，清理阻碍经济要素流动和商品自由流动的规范性文件、歧视性政策和措施是实现这一要求的关键。长三角在这方面已有较为深入的合作，今后的工作在于将已有的合作协议进行细化并进一步拓宽清理范围，制定具体的行动方案、时间表以及年度目标。

规范地方政府对市场干预的相关权力，主要是对行政审批权、招商引资权以及对当地企业尤其是国有企业的补贴扶持、兼并重组等进行规范，统一市场规则和竞争秩序，防止歧视性政策和恶性竞争的发生。比如在本地企业的扶持等方面，虽然长三角民营经济发展迅速，民营经济总量很大，但国有经济在长三角仍然占有重要地位，尤其是一些大型国有企业及垄断性国有企业对当地经济发展具有举足轻重的作用，因而，地方政府也往往给予这些企业更多的政策照顾，而对本地的非国有企业也会采用财政补贴等方式给予政策支持，在企业兼并重组、异地投资、总部搬迁、招标等各方面进行干预，从而导致竞争环境的不公，影响资源的流动和配置，长三角应在这方面加强合作。

对基础设施管理和公共服务进行跨行政区衔接，在于实现管理和服务的一致性，本质在于各管理主体的权力的衔接，形成一体化的管理模式，从而降低市场主体和民众在不同行政区进行经济活动的交易成本。长三角的"大通关"合作是这方面的典型代表。目前，长三角地区应重点在社会保险、教育、科技、文化等方面加强合作，率先实现区域内的基本公共服务均等化甚至"同城化"；重点在城市规划、基础设施建设规划进行紧密衔接，发挥城市发展、基础设施利用的协同效应；重点对港口、机场、公路进行整合管理，尽早实现管理一体化，提高公共资源的配置效率和利用效率；做好湖泊、河流流域周围的产业调整目录和产业规划的共同编制工作，在总量控制的前提下，共同制定排污标准，共同确定河流交界的水质控制断面和标准，建立跨行政区交界断面水质达标交接管理机制，实施联合执法，建立区域性的环境监测网络，加强环境治理力度；对区域性突发公共安全事件加强联防联控方面的合作等等。

3. 通过联合兴办开发区促进落后地区的发展

《国务院关于进一步推进长江三角洲地区改革开放和经济社会发展的指导意见》提出，长三角要"积极探索互利共赢的财政政策，有序推动异地联合兴办开发区"。联合举办开发区无疑是进行产业转移，促进落后地区发展的一种重要的地方政府合作方式。上一章所提到的江苏的宿迁苏州工业园、江阴靖江工业园等通过管辖权共享或全部转移的方式实现了有效的合作。但笔者认为，联合兴办开发区，进行收益分成的合作方式，适合于仍处在行政区经济发展阶段的区域，或者说适合于对口支援性质的合作。通过经济发达地区与经济落后地区联合举办开发区，不仅有利于解决经济及落后地区的财政困难，带动当地其他产业的发展，而且有利于为当地培养高素质的管理人才，提高企业管理水平和政府公共管理水平。

但是，对于处于经济一体化加速发展的区域，这种合作方式还是少用为妙，这种合作方式有可能对区域的经济一体化造成不良影响。因为联合兴办开发区实际上产生的是一种产业转移和资源配置的效果，通过联合举办开发区并从中获利，地方政府实际上就如同市场主体一样，地方政府的此类行为完全是一种市场化的营利行为。通过联合举办开发区所进行的产业转移成为地方政府获利的工具，其后果将会是加剧地方政府对产业转移的控制，产业将按照政府的偏好进行转移，从而阻碍产业按照经济规律实现转移和合理布局，其最终结果必将是对资源的区域配置效率的损害。

第六章　结　论

地方政府合作在我国区域经济发展和跨界公共问题的治理中正在发挥越来越重要的作用。本书的研究表明，中国地方政府经由行政权力及其行使，直接和间接控制、支配着大量的资源，正是地方政府对资源的直接和间接控制，使得地方政府可以在某种程度上按照自己的偏好来配置资源，从而也就使得地方政府有必要并且能够通过合作来内部化因地方政府竞争所导致的资源配置负效应，即由资源配置的辖区化、碎片化和高成本化向区域化、整合化和低成本化转变。也就是说，地方政府合作可以在一定地域范围内和一定程度上实现资源的优化配置。

不过，地方政府合作通常不是地方政府之间对资源的直接配置，而是通过行政权力的相互自愿性调整——包括行政权力行使的对等约束、行政权力的跨行政区衔接、行政权力的让渡、行政权力的横向转移——来实现资源的跨行政区优化配置的，地方政府间行政权力的相互自愿性协调构成了地方政府合作的权力基础。

地方政府合作的程度受到地方政府间行政权力协调程度的影响，可以通过深化地方政府间行政权力的协调程度来深化地方政府合作的程度，从而不断改进资源的跨行政区的配置状态。深化地方政府合作的程度，实际上就是要逐步降低参与合作的地方政府在合作事项方面的决策权、执行权、监督权的独立性和自由度，提高参与合作的地方政府在合作事项所涉权力方面的相互制约程度，甚至形成相对独立于参与合作的

第六章 结 论

地方政府的区域管辖权。

由于我国不同区域的地方政府合作水平存在较大差异,构建一种普适性的地方政府合作模式和机制几乎是不可能的。因而,深化我国地方政府合作应该对现有的合作组织和机制进行"边际调整";同时,交流与互访、合作论坛、行政协议、区域联合会、专区与共同机构、多功能大行政区等多种合作方式,是一个以完全竞争和行政区划调整为两端的地方政府合作连续谱系。在这一连续谱系中,地方政府所涉及的合作事项方面的权力的行使,逐渐由完全自主行使向越来越多的相互约束发展,以至在区域层面对行政权力进行一定限度的再配置。区域地方政府可以根据自身的需要和解决问题的性质,从"合作方式集合"中选择几种方式对之"区别性组合"。

另外,由于不同层级地方政府具有不同的资源控制、支配权限和辖区范围,每一级别的地方政府之间的合作所协调的内容和对资源的配置效应存在着不同程度的差异。也正是因为各层级地方政府的权限范围不同,跨省的低层级地方政府之间的合作通常需要上级政府合作与之配合,高层级的地方政府合作可以为低层级地方政府合作提供必要的制度环境,因而,存在跨省的低层级地方政府合作的区域,应该建立从省级到市级乃至县级政府间的健全的合作机制体系。

从我国经济发展趋势来看,经济区域化发展非常明显,通过地方政府间合作的"组团式"发展在其中占据着重要地位,不但许多较大、经济实力较强的城市政府积极组织以自己为中心的城市经济圈,而且经济实力较弱的各层级政府也在积极寻求广泛的合作,主动加入区域地方政府合作组织,凸显了地方政府合作解决跨行政区公共问题、改进区域资源配置效率的独特魅力。为进一步发挥地方政府合作的重要作用,中央政府可以适时制定鼓励地方政府合作的相关政策,对地方政府合作进行相关立法,为地方政府合作创造良好的政策和法制环境,促使地方政府通过自愿性的行政权力的协调来实现区域市场的一体化,提高区域协调的组织化程度,在中央政府的参与下,赋予区域组织适当的权力,提高区域组织协调的权威性。

就区域公共问题的治理角度而言,地方政府合作的兴起是我国地方政府对日益增长的跨界棘手问题和区域经济一体化的反应,是一种不通过上级政府的单一权威,而是通过相互间自我调适的方式来解决问题的治理形式。具体来讲,地方政府合作扮演了两种角色:一是扮演了促进和维护区域市场和区域经济一体化的重要角色。一方面,地方政府在合作中对那些阻碍一体化进程的权力及其运作的对等约束、行政权力的跨行政区衔接,抑制了地方政府竞争中某一地方政府针对其他地方政府的行政权力的不规范行使和滥用,从而消除行政壁垒对资源跨行政区流动的阻隔和配置的扭曲;另一方面,地方政府间通过不同程度的权力让渡所形成的合作组织和机制,成为积极推动区域市场和区域经济一体化的力量;这种积极的推动作用决定于各地方政府让渡给合作组织的权力的大小。这两个方面的最终结果则是参与合作的地方政府行为的日益规范,对区域市场的不当干预越来越少,市场机制将在资源配置中发挥越来越大的作用,促使地方政府向"有限政府"转变。二是扮演了治理跨界公共事务的角色。一方面,通过地方政府合作,财政资源等被直接配置到跨界公共事务中去,解决了由于分割管理所导致的资源投入不足的问题;另一方面,地方政府在合作中通过对行政权力的自愿性的相互调整,形成各地方政府对跨界公共事务的管理权的相互制约,使得各地方政府在公共事务的治理中达到"权力共有,责任共担,利益共享"的状态,解决了对具有整体性的公共事务分割治理的弊端,有利于跨界公共事务的有效治理。

其实,地方政府合作看似是地方政府对相互间权力关系和利益关系的协调,但就我国现阶段来看,其反映的更深层次的问题则是区域经济

第六章 结 论

发展中的政府与市场的关系。现阶段，各地方政府为了地方利益相互间一方面展开制度竞争，另一方面则在经济要素和各种资源方面直接展开竞争。地方政府间的制度竞争和直接争夺资源的竞争，使得地方政府在行政辖区内部的市场环境得到不断改善，政府职能范围不断收缩，政府权力运作不断规范，即通过一系列的自我规范和约束，在地方行政辖区内部，政府的活动边界正逐步受到自我限制，市场力量逐步壮大，各类市场正逐步完善，市场边界得以扩展。总体来讲，地方政府在行政辖区内部市场建设方面发挥了积极作用，地方政府对辖区市场的"掠夺之手"受到约束，更多地发挥了"扶持之手"的功能。但就政府与市场的关系而言，地方政府在其辖区内部基本上已经形成了维护市场型的政府行为模式，市场机制在地方行政辖区内的资源配置过程中正在发挥越来越重要的作用。不过，各地方政府为了赢得竞争优势，在改善本地市场环境的同时，又存在着利用行政权力分割区域市场的行为，阻碍了区域共同市场乃至全国统一市场的形成。地方政府对区域市场的不当干预扭曲了市场机制在资源区域配置中的作用，资源的区域配置过多地体现了地方政府的偏好，经济主体在某种程度上很难在市场规律的引导下对资源流向和组合进行合理选择，从而导致资源区域配置的低效率。

现阶段的地方政府合作大多体现了维护区域市场的行为取向，在合作过程中对各地方政府针对区域市场的权力滥用进行了必要的不同程度的自我限制和约束，促使各行政辖区异质化的市场和公共政策向某种程度的同质化转变，在整个区域层面优化了政府与市场的关系。地方政府竞争与地方政府合作之间的张力对于进一步理清政府与市场的界限，加快政府职能转变，使得市场在资源配置中发挥更大的作用具有极为重要而积极的作用。地方政府合作对资源的配置作用之要义，不在于地方政府间通过合作对资源进行直接配置来改善资源的区域配置状态，而是通过相互间的合作，对各地方政府阻碍资源通过市场机制在区域层面配置的行为进行自我限制和规范，这一过程实质上减小了而不是增大了地方政府在资源的区域配置中的作用，在一定程度上纠正了政府的越位和错位，市场得以在区域层面发挥其正常的资源配置功能；同时，在存在市场失灵的区域性公共物品和公共服务领域，各地方政府通过合作则加强了政府的作用，弥补和改善了政府缺位状态，为区域经济活动提供了必要的公共服务环境的支撑。总之，地方政府合作有利于区域共同市场的形成和区域整体竞争力的提高，从而在更加协调的政府——市场关系的基础上促进区域经济协调发展。

参考文献

一、图书著作

［冰岛］思拉恩·埃格特森：《经济行为与制度》，吴经邦等译，商务印书馆 2004 年版。

［德］柯武刚、史漫飞：《制度经济学：社会秩序与公共政策》，韩朝华译，商务印书馆 2000 年版。

［加］罗伯特·L. 比什、埃里克·G. 克莱豪斯：《加拿大不列颠哥伦比亚省地方政府》，孙广厦、皇娟译，北京大学出版社 2006 年版。

［美］A. 爱伦·斯密德：《财产、权力和公共选择》，黄祖辉等译，上海三联书店、上海人民出版社 1999 年版。

［美］C. E. 林德布鲁姆：《市场体制的秘密》，耿修林译，江苏人民出版社 2002 年版。

［美］K. 加尔布雷斯：《权力的分析》，陶远华、苏世军译，河北人民出版社 1998 年版。

［美］塔尔科特·帕森斯：《社会行动的结构》，张明德、夏遇南、彭刚译，译林出版社 2008 年版。

［美］埃莉诺·奥斯特罗姆：《公共事务的治理之道》，余逊达、陈旭东译，上海三联书店 2000 年版。

［美］奥利弗·E. 威廉森：《治理机制》，王健、方世建等译，中

国社会科学出版社 2001 年版。

［美］彼德·布劳：《社会生活中的交换与权力》，孙非、张黎勒译，华夏出版社 1988 年版。

［美］丹尼尔·W. 布罗姆利：《经济利益与经济制度》，陈郁等译，上海三联书店、上海人民出版社 2006 年版。

［美］丹尼斯·C. 缪勒：《公共选择理论》，杨春学等译，中国社会科学出版社 1999 年版。

［美］丹尼斯·朗：《权力论》，陆震纶、郑明哲译，中国社会科学出版社 2001 年版。

［美］菲利普·库珀：《十一世纪的公共行政：挑战与改革》，王巧玲、李文钊译，中国人民大学出版社 2006 年版。

［美］罗伯特·阿格拉诺夫、迈克尔·麦圭尔：《协作性公共管理：地方政府新战略》，李玲玲、鄞益奋译，北京大学出版社 2007 年版。

［美］罗纳德·J. 奥克森：《治理地方公共经济》，万鹏飞译，北京大学出版社 2005 年版。

［美］迈克尔·麦金尼斯：《多中心体制与地方公共经济》，毛寿龙、李梅译，上海三联书店 2000 年版。

［美］迈克尔·麦金尼斯：《多中心治道与发展》，毛寿龙译，上海三联书店 2000 年版。

［美］曼瑟尔·奥尔森：《集体行动的逻辑》，陈郁等译，上海三联书店、上海人民出版社 2004 年版。

［美］曼瑟尔·奥尔森：《权力与繁荣》，苏长和译，上海人民出版社 2005 年版。

［美］乔·B. 史蒂文斯：《集体选择经济学》，杨晓维等译，上海三联书店、上海人民出版社 1999 年版。

参考文献

[美] 文森特·奥斯特罗姆等:《复合共和制的政治理论》,毛寿龙译,上海三联书店1999年版。

[美] 文森特·奥斯特罗姆等:《美国地方政府》,井敏、陈幽鸿译,北京大学出版社2004年版。

[瑞典] 埃里克·阿姆纳、斯蒂格·蒙丁:《趋向地方自治的新理念?》,杨立华等译,北京大学出版社2005年版。

[希腊] 尼科斯·波朗查斯:《政治权力与社会阶级》,叶林、王宏周、马清文译,中国社会科学出版社1982年版。

安树伟:《行政区边缘经济论》,中国经济出版社2004年版。

薄贵利:《近现代地方政府比较》,光明日报出版社1988年版。

陈瑞莲:《区域公共管理导论》,中国社会科学出版社2006年版。

陈占彪:《行政组织与空间结构的耦合——中国行政区经济的区域政治经济学分析》,东南大学出版社2009年版。

陈振明:《公共管理学——一种不同于传统行政学的研究途径》,中国人民大学出版社2003年版。

关山、姜洪:《块块经济学——中国地方政府经济行为分析》,海洋出版社1990年版。

管跃庆:《地方利益论》,复旦大学出版社2006年版。

郭培章、宋群:《中外流域综合治理开发案例分析》,中国计划出版社2001年版。

郭茜琪:《制度视角:从产业同构走向产业分工——长三角区域产业资源整合研究》,中国财政经济出版社2008年版。

何显明:《市场化进程中的地方政府行为逻辑》,人民出版社2008年版。

洪银兴、刘建平:《公共经济学导论》,经济科学出版社2003

年版。

洪银兴、刘志彪：《长江三角洲地区经济发展的模式和机制》，清华大学出版社 2003 年版。

胡家勇：《一只灵巧的手：论政府转型》，社会科学文献出版社 2007 年版。

胡书东：《经济发展中的中央与地方关系》，上海三联书店、上海人民出版社 2001 年版。

胡兆量、韩茂莉：《中国区域发展导论》，北京大学出版社 2008 年版。

黄丙志：《中国统一市场经济学》，华东理工大学出版社 2006 年版。

黄丽：《国外大都市区治理模式》，东南大学出版社 2003 年版。

纪晓岚：《长江三角洲区域发展战略研究》，华东理工大学出版社 2006 年版。

姜德波：《地区本位论》，人民出版社 2004 年版。

景体华等：《2003—2004 年：中国区域经济发展报告》，社会科学文献出版社 2004 年版。

景体华等：《2004—2005 年：中国区域经济发展报告》，社会科学文献出版社 2005 年版。

李青等：《政府职能转变过程中的区域经济管理模式》，经济管理出版社 2001 年版。

李善同、侯永志：《中国区域协调发展与市场一体化》，经济科学出版社 2008 年版。

李文良：《中国政府职能转变问题报告：问题、现状、挑战、对策》，中国发展出版社 2003 年版。

林尚立：《国内政府间关系》，浙江人民出版社 1998 年版。

林水波、李长晏：《跨域治理》，台湾：五南图书出版有限公司 2005 年版。

刘大志：《地方政府竞争与资本形成》，中山大学出版社 2008 年版。

刘君德：《中国行政区划的理论与实践》，华东师范大学出版社 1996 年版。

刘君德等：《中外行政区划比较研究》，华东师范大学出版社 2002 年版。

刘亚平：《当代中国地方政府间竞争》，社会科学文献出版社 2007 年版。

刘志彪、郑江淮：《长三角经济增长的新引擎》，中国人民大学出版社 2007 年版。

鲁永：《行政区域经济》，人民出版社 2002 年版。

马斌：《政府间关系：权力配置与地方治理》，浙江大学出版社 2009 年版。

马伊里：《合作困境的组织社会学分析》，上海人民出版社 2008 年版。

毛传新：《区域开发与地方政府经济行为》，东南大学出版社 2007 年版。

聂方红：《主导与博弈——转型时期地方政府经济行为分析》，国防科技大学出版社 2007 年版。

欧信宏、史美强、孙同文、钟起岱：《府际关系：政府互动学》，台湾：国立空中大学 2004 年版。

戚本超等：《2007—2008 年：中国区域经济发展报告》，社会科学文献出版社 2008 年版。

荣跃明：《区域整合与经济增长——经济区域化研究》，上海人民出版社 2005 年版。

上海财经大学区域经济研究中心：《2003 中国区域经济发展报告——国内及国际区域合作》，上海财经大学出版社 2003 年版。

沈荣华：《行政权力制约机制》，国家行政学院出版社 2006 年版。

沈荣华：《中国地方政府学》，社会科学文献出版社 2006 年版。

施用海、高耀松、章昌裕：《世界都市圈与中国区域经济发展》，商务出版社 2006 年版。

史美强：《制度、网络与府际治理》，台湾：元照出版有限公司 2005 年版。

舒庆、周克瑜：《从封闭走向开放——中国行政区经济透视》，华东师范大学出版社 2003 年版。

舒庆：《中国行政区经济与行政区划研究》，中国环境科学出版社 1995 年版。

宋彪：《分权与政府合作——基于决策制度的研究》，中国人民大学出版社 2009 年版。

孙兵：《区域协调组织与区域治理》，上海人民出版社、格致出版社 2007 年版。

陶希东：《转型期中国跨省都市圈区域治理——以"行政区经济"为视角》，上海社会科学院出版社 2007 年版。

童中心：《失衡的帝国》，贵州人民出版社 2000 年版。

汪宇明：《中国省区经济研究》，华东师范大学出版社 2000 年版。

王川兰：《竞争与依存中的区域合作行政》，复旦大学出版社 2008 年版。

王绍光：《分权的底线》，中国计划出版社 1997 年版。

吴柏均、钱世超：《政府主导下的区域经济发展》，华东理工大学出版社2006年版。

吴强：《政府行为与区域经济发展》，经济科学出版社2006年版。

谢庆奎：《中国地方政府体制概论》，中国广播电视出版社1998年版。

辛向阳：《百年博弈——中央与地方关系100年》，山东人民出版社2000年版。

徐邦友：《中国政府传统行政的逻辑》，中国经济出版社2005年版。

杨光斌：《中国经济转型中的国家权力》，当代世界出版社2003年版。

杨宏山：《府际关系论》，中国社会科学出版社2005年版。

杨龙：《中国区域经济发展的政治分析》，黑龙江人民出版社2004年版。

于刃钢、戴宏伟：《京津冀区域经济协作与发展——基于河北视角的研究》，中国市场出版社2006年版。

张紧跟：《当代中国地方政府间横向关系协调研究》，中国社会科学出版社2006年版。

张康之：《公共行政中的哲学与伦理》，中国人民大学出版社2004年版。

张康之：《任务型组织研究》，中国人民大学出版社2009年版。

张可云：《区域大战与区域经济关系》，民主与建设出版社2001年版。

张万清：《区域合作与经济网络》，经济科学出版社1987年版。

赵永茂、孙同文、江大树：《府际关系》，台湾：元照出版有限公司2001年版。

周克瑜:《走向市场经济——中国行政区与经济区的关系及其整合》,复旦大学出版社1999年版。

周黎安:《转型中的地方政府——官员激励与治理》,格致出版社、上海人民出版社2008年版。

周平:《当代中国地方政府》,人民出版社2007年版。

周伟林:《中国地方政府经济行为分析》,复旦大学出版社1997年版。

朱启才:《权力、制度与经济增长》,经济科学出版社2004年版。

朱荣林:《走向长三角:都市圈经济、宏观形势与体制改革视角》,学林出版社2003年版。

David Marsh, *Comparing Policy Networks*, Open University Press, 1998.

Helen Sullivan, Chris Skelcher, *Working Across Boundaries: Collaboration in Public Services*, Palgrave Macmillan, 2002.

Linden M. Russell Matthew, *Working Across Boundaries: Making Collaboration Work in Government and Nonprofit Organizations*, Jossey-Bass, 2002.

Martha Derthick, *Between State and Nation: Regional Organizations of The United States*, The Brookings Institution, 1974.

Michael M. Beyerlein (Ed.), *Complex Collaboration: Building The Capabilities For Working Across Boundaries*, Elsevier Ltd., 2004.

Perri 6, Diana Leat, Kimberly Seltzer and Gerry Staker, *Towards Holistic Governance: The New Reform Agenda*, Palgrave, 2002.

Tharsi Taillieu (Ed.), *Collaborative Strategies and Multi-organizational Partnerships*, Leuven-Apeldoom Garant, 2001.

David Y. Miller, *The Reginal Governing of Metropolitan America*,

Westview Press, 2002.

David K. Hamilton, *Governing Metropolitan Areas: Response to Growth and Change*, Garland Publishing, Inc., 2002.

二、期刊杂志

［俄］O. B. 切尔科韦茨：《区域经济一体化的政治因素》，载《国外财经》，1999 年第 2 期。

［德］Carsten Herrmann-Pillath：《政府竞争：大国体制转型的理论分析范式》，载《广东商学院学报》，2009 第 3 期。

［法］Sandra Poncet：《中国市场正在走向"非一体化"?》，载《世界经济文汇》，2002 第 1 期。

卞谦：《资源与权力——市场经济条件下权力的实质及其合理配置》，载《广西公安管理干部学院学报》，2002 第 1 期。

蔡林慧：《我国行政审批制度改革现状及难点分析》，载《南京师大学报（社会科学版）》，2003 年第 6 期。

陈国权、李院林：《论长江三角洲一体化进程中的地方政府间关系》，载《江海学刊》，2004 第 5 期。

陈瑞莲：《论区域公共管理的制度创新》，载《中山大学学报（社会科学版）》，2005 第 5 期。

陈瑞莲：《论区域公共管理研究的缘起和发展》，载《政治学研究》，2003 年第 4 期。

陈剩勇、马斌：《区域间政府合作：区域经济一体化的路径选择》，载《政治学研究》，2004 年第 1 期。

范剑勇：《长三角一体化、地区专业化与制造业空间转移》，载《管理世界》，2004 年第 11 期。

傅钧文：《日本跨区域行政协调制度安排及其启示》，载《日本学刊》，2005年第5期。

高伟生、许培源：《区域内地方政府合作与竞争的博弈分析》，载《企业经济》，2007年第5期。

郭茜琪：《论地方政府在市场化进程中的诺斯悖论行为》，载《学术界》，2008年第2期。

郭茜琪：《区际交易拓展：对政府与市场分野的思考》，载《中南大学学报（社会科学版）》，2008年第3期。

何晓星：《论中国地方政府主导型市场经济》，载《社会科学研究》，2003年第5期。

何渊：《洲际协定——美国的政府间协调机制》，载《国家行政学院学报》，2006年第2期。

洪银兴：《论我国转型阶段的统一市场建设——兼论区域经济一体化的路径》，载《学术月刊》，2004年第6期。

洪远朋、陈波：《地方利益与中国经济发展》，载《财经论丛》，2001年第4期。

金太军、沈承诚：《区域公共管理趋势的制度供求分析》，载《江海学刊》，2006年第5期。

金太军：《从行政区行政到区域公共管理》，载《中国社会科学》，2007年第6期。

李长晏：《新区域主义与府际合作治理策略》，载《地方政府、第三部门与永续发展学术研讨会论文集》，台湾：国立暨南国际大学，2006年11月。

李国友：《政府自身特殊利益问题初探》，载《社会主义研究》，1999年第5期。

李军杰：《反思地方政府间竞争》，载《中国经贸导刊》，2006年第 16 期。

李郁芳、郑杰：《论政府行为外部性的形成》，载《学术研究》，2004 年第 6 期。

刘彩虹：《区域委员会：美国大都市区治理体制研究》，载《中国行政管理》，2005 年第 5 期。

刘君德：《中国转型期凸现的"行政区经济"现象分析》，载《理论前沿》，2004 年第 10 期。

刘文祥、郑翠兰：《区域公共管理主体间的核心关系探讨》，载《中国行政管理》，2008 年第 7 期。

刘祖云：《政府间关系：合作博弈与府际治理》，载《学海》，2007 年第 1 期。

吕志奎：《洲际协议：美国的区域协作管理机制》，载《太平洋学报》，2009 年第 8 期。

麻挺松：《相对收益与地方政府间的合作绩效》，载《江汉论坛》，2005 年第 10 期。

麦挺：《从要素产出贡献度谈上海与长江三角洲共同发展》，载《上海经济研究》，2003 年第 7 期。

彭彦强：《区域经济一体化、地方政府合作与行政权协调》，载《经济体制改革》，2009 年第 6 期。

邱风、张国平、郑恒：《对长三角地区产业结构问题的再认识》，载《中国工业经济》，2005 年第 4 期。

芮国强、郭风旗：《区域公共管理模式：理论基础与结构要素》，载《江海学刊》，2006 年第 5 期。

舒庆、刘君德：《中国行政区经济运行机制剖析》，载《战略与管理》，1994 年第 6 期。

汪伟全、许源：《地方政府合作的现存问题及对策研究》，载《社会科学战线》，2005年第5期。

王川兰：《从二分到合作：区域经济发展中的公共行政结构与范式》，载《学术月刊》，2007年第5期。

王健等：《"复合行政"的提出——解决当代中国区域经济一体化与行政区划冲突的新思路》，载《中国行政管理》，2004第3期。

王瑞敏：《由乱而治：中国人民银行与地方政府的关系》，载《现代商业》，2008年第8期。

王廷惠：《外部性与和谐社会的制度基础》，载《广东经济管理学院学报》，2006年第1期。

吴蕾：《地方政府间税收合作的博弈分析》，载《华南师范大学学报（社会科学版）》，2007年第2期。

夏涌、何旭东：《地方政府生产性投资膨胀的机制及其治理》，载《地方财政研究》，2006年第12期。

肖建忠：《地方政府行为的横向博弈模型》，载《中国地质大学学报（社会科学版）》，2003年第3期。

谢庆奎：《中国政府的府际关系研究》，载《北京大学学报（哲学社会科学版）》，2000年第1期。

辛子波、张日新：《地方政府干预地方银行行为分析》，载《财经问题研究》，2001年第12期。

熊冬洋：《对税收竞争中地方政府行政权力滥用的思考》，载《税务与经济》，2009年第3期。

徐传谌、秦海林：《地方政府合作机制新探》，载《江汉论坛》，2007年第6期。

杨爱平、陈瑞莲：《从"行政区行政"到"区域公共管理"》，载

《江西社会科学》，2004 年第 11 期。

杨爱平：《论区域一体化下的区域间政府合作》，载《政治学研究》，2007 第 3 期。

杨龙、彭彦强：《理解中国地方政府合作——行政管辖权让渡的视角》，载《政治学研究》，2009 年第 4 期。

杨龙：《地方政府合作的动力、过程与机制》，载《中国行政管理》，2008 第 7 期。

杨龙：《中国经济区域化发展的行政协调》，载《中国人民大学学报》，2007 年第 2 期。

杨颖、杨虎涛：《政府竞争模型述评》，载《学习与实践》，2006 年第 6 期。

姚莉：《论社会困境的治理模式》，载《新疆社科论坛》，2007 年第 1 期。

叶必丰：《长三角经济一体化背景下的法制协调》，载《上海交通大学学报（哲学社会科学版）》，2004 年第 6 期。

叶必丰：《我国区域经济一体化背景下的行政协议》，载《法学研究》，2006 年第 2 期。

于立深：《区域协调发展的契约治理模式》，载《浙江学刊》，2006 年第 5 期。

喻少如：《区域经济合作中的行政协议》，载《求索》，2007 年第 11 期。

张进铭：《论中国经济发展中的政府主导及其弊端》，载《经济评论》，2007 年第 6 期。

张军、高远、傅勇、张弘：《中国为什么拥有了良好的基础设施?》，载《经济研究》，2007 年第 3 期。

张明军、汪伟全：《论和谐地方政府关系的构建：基于府际治理的新视角》，载《中国行政管理》，2007年第11期。

赵成根：《转型期的中央和地方》，载《战略与管理》，2000年第3期。

郑恒：《长江三角洲地区产业同构根源剖析》，载《嘉兴学院学报》，2005年第1期。

郑江淮等：《国际制造业资本转移：动因、技术学习与政策导向》，载《管理世界》，2004年第11期。

周光辉：《当代中国政治发展的十大趋势》，载《政治学研究》，1998年第1期。

周黎安：《晋升博弈中政府官员的激励与合作》，载《经济研究》，2004年第6期。

周立：《渐进转轨、国家能力与金融功能财政化》，载《财经研究》，2005年第2期。

周业安、冯兴元、赵坚毅：《地方政府竞争与市场秩序的重构》，载《中国社会科学》，2004年第1期。

周业安：《政府主导的经济增长可持续吗》，载《理论前沿》，2009年第6期。

周业安：《中国制度变迁的演进论解释》，载《经济研究》，2000年第5期。

周义程、胡晓芳：《区域政府：概念界说及其建设构想》，载《理论与现代化》，2006年第5期。

朱光磊、张志红：《"职责同构"批判》，载《北京大学学报（哲学社会科学版）》，2005年第1期。

朱秋、刘大志：《资本形成过程中的地方政府竞争》，载《中国改革》，2005年第3期。

朱锡平、刘鸿翔：《区域形成机制、区域合作秩序与区域协调的基础》，载《美中经济评论》，2007年第2期。

朱颖俐：《区域经济合作协议性质的法理分析》，载《暨南学报（哲学社会科学版）》，2007年第2期。

Alan Di Gaetano, Elizabeth Strom, "Comparative Urban Governance: An Integrated Approach", in *Urban Affairs Review*, Vol. 38, No. 3, January 2003, pp. 356-395.

Charles M. Tiebout, "The Pure theory of Expenditures", in *The Journal of Political Economy*, Vol. 64, No. 5. (Oct., 1956), pp. 416-424.

David K. Hamilton, "Developing Regional Regimes: A Comparison of Two Metropolitan Areas", in *Journal of Urban Affairs*, 2004, Volume 26, Number 4, pp. 455–477.

Eric L. Krueger, "A Transaction Costs Explanation of Inter-local Government Collabration", Ph. D. disseration, University of North Texas, 2005.

Frances Frisken, Donld F. Norris, "Regionalism Reconsidered", in *Journal of Urban Affairs*, Vol. 23. No. 5. pp. 467-478.

Gabriella Montinola, Yingyi Qian, and Barry R. Weigast, "Federalism, Chinese Style: The Political Basis for Economic Success in China", in *World Politics*, October, 1995, pp. 50-81.

H. V. Savitch & Ronald K. Vogel, "Paths to New Regionalism", in *State and Local Government Review*, 2000, Vol. 32, No. 3, pp. 158-168.

Herman L. Boschken, "Institutionalism: Intergovernmental Exchange, Administration-Centered Behavior, and Policy Outcomes in Urban Agencies", in *Journal of Public Administration Research and Theory: J-PART*, Vol. 8,

No. 4, Oct. , 1998, pp. 585-614.

John T Crocker, "Organizational Arrangements for The Provision of Cross-boundary Transport Infrastructure and Services", Ph. D. dissertation, Georgia Institute of Technology, 2007.

Jon Pierre, "Models of Urban Governance: The Institutional Dimension of Urban Politics", in *Urban Affairs Review*, Vol. 34, No. 3, January 1999, pp. 372-396.

Julie Cencula Olberding, "Does Regionalism Beget Regionalism? The Relationship between Norms and Regional Partnerships for Economic Development", in *Public Administration Review*, Vol. 62, No. 4, Jul. -Aug. , 2002, pp. 480-491.

Keeok Park, "Friendsand Competitors:Policy Interactions between Local Governments in Metropolitan Areas", in *Political Research Quarterly*, Vol. 50, No. 4, Dec. , 1997, pp. 723-750.

Manoj K. Shrestha, "Decentralized Governments, Networks and Interlocal Cooperation in Public Goods Supply", Ph. D. dissertation, Askew School of Public Administration and Policy, 2008.

Marshall W. Meyer, "China's Second Economic Transition: Building National Markets", in *Management and Organization Review*, 2008, pp. 3-15.

Myrna P. Mandell, "The Impact of Cllaborative Efforts: Change the Face of Public Policy Through Networks and Network Structures", in *Policy Studies Review*, Spring 1999, pp. 4-17.

Paul R. Dommel, "Intergovernmental Relations, in Managing Local Government", in *SAGE Publication*, Inc. 1991.

Philip A. Russo, Jr. , "In Search of Intergovernmental Coordination: The

A-95 Project Notification and Review System", in *Publius*, Vol. 12, No. 2, Spring, 1982, pp. 49-62.

Richard Briffault, "The Local Government Boundary Problem in Metropolitan Areas", in *Stanford Law Review*, Vol. 48, No. 5, May, 1996, pp. 1115-1171.

H. V. Savitch & Ronald. K. Vogel, "2000. Paths to New Regionalism", in *State and Local Government Review*, 32(3), pp. 158-168.

Simon A. Andrew, "Institutional Ties, Interlocal Contractual Arrangements, and The Dynamic of Metropolitan Governance", Ph. D. dissertation, Askew School of Public Administration and Policy, 2006.

Thomas J. Plunkett, "Structural Reform of Local Government in Canada", in *Public Administration Review*, Vol. 33, No. 1, Jan. -Feb., 1973, pp. 40-51.

Yingyi Qian and Barry R. Weingast, "China's Transition to Markets: Market-Preserving Federalism, Chinese Style", in *Journal of Policy Reform*, 1996, 1, pp. 149-185.

后　记

在南开大学学习的三年将是我终生难忘的时光。南开不仅给予我知识，还进一步塑造了我的品格，"允公允能，日新月异"的南开精神以及南开人的质朴、平和、谦逊、务实、坚毅、创新无不深深地影响着我。感谢南开大学所给予我的新的起点。

此书的完成凝聚了太多人的关爱与支持，说它是"集体"努力的结果一点也不为过。我首先要感谢我的导师杨龙教授。三年来，杨老师在学习和生活上给予我悉心指导和诸多帮助，是他带领我走进了地方政府合作这一广袤的研究领域，并一直指导我在这方面的研究不断走向深入。从我入学算起，杨老师主持了好几十次的关于地方政府合作方面的探讨，每次探讨都使我获益颇多，让我在理论水平上不断提升。

感谢周恩来政府管理学院的朱光磊、常健、沈亚平、孙晓春、程同顺、金东日、吴志成、高永久、谭融、柏桦、徐行、张光等诸位教授，他们精彩的授课开阔了我的视野，丰富了我的学识，并将对我今后的研究产生积极而重要的影响。

感谢清华大学的韩冬雪教授、天津师范大学的吴春华教授、南开大学的常健教授和孙晓春教授等，在博士论文的答辩过程中，他们对论文提出了非常中肯的建议，他们富有启发意义的分析使我受益匪浅。

后 记

感谢邓艾教授、李艳、郭海英、罗国亮、秦伟江、李慧勇、张磊、徐阅、陈小鼎、江依妮、赵荣华、赵聚军、张传斌、符晓薇、郭薇、舒博、王晓雪、刘志松、卢红妍、闫章荟、刘伟伟等诸位同窗和好友，与他们的观点的碰撞使我受益匪浅，难忘一起走过的求学时光。

感谢我的舍友，哲学系的李琦，商学院的乔石、蒲明，历史学院的朱军献、程方，周恩来政府管理学院的张伟兵、杨文斌、王兆辉，我们曾经一块聚餐、聊天、游玩，互敬互让，关系融洽，宿舍里总是充满了欢声笑语，为我们紧张的博士生活增添了许多欢乐。

在学期间，我获得了2009年度"通用汽车·中国发展研究青年奖学金——博士论文奖学金"，在此对中国发展研究基金会和通用汽车公司的慷慨资助谨表谢忱！对参与奖学金评选的专家学者深表谢意！

感谢我的家人，没有他们坚定的支持和自始至终的鼓励，我是很难完成学业的。他们总是在我沮丧和失落时给我鼓励，在我痛苦和忧伤时给我安慰，也正是他们在我成功时分享我的喜悦，才使我感觉到成功的圆满。感谢家人所给予我的无私的爱，我爱我的家人！

我要特别感谢我现在的工作单位——华东政法大学政治学与公共管理学院的诸位领导及同事。学院领导对青年教师关爱有加，在青年教师的学习、工作和生活等方面给予了许多照顾和支持，为我们营造了一个和谐、轻松的工作环境与氛围，使我们能够在此安心工作、开心生活。

感谢曾经一起居住的好友兼同事严海兵、李汉卿，我们在学习、工作和生活上互帮互助，一起度过了两年多的快乐时光。

感谢中央编译出版社领导和责编，对本书的出版所给予的支持和付出的辛苦。

总之，从对地方政府合作几乎一无所知，到以此为选题完成博士论文，并在博士论文的基础上修改成书，在这个历程中，师长和朋友们给了我关爱和支持，让我有了学术上的成长和收获。今日付梓，感谢之余，仍心存忐忑，才疏学浅，谬误难免，恳请学界前辈及同侪批评指正。

彭彦强

2013 年 7 月修于上海

图书在版编目(CIP)数据

中国地方政府合作研究:基于行政权力分析的视角/彭彦强著.
—北京:中央编译出版社,2013.8
ISBN 978-7-5117-1713-9

Ⅰ.①中…
Ⅱ.①彭…
Ⅲ.①地方政府–合作–研究–中国
Ⅳ.①D625

中国版本图书馆 CIP 数据核字(2013)第 168068 号

中国地方政府合作研究:基于行政权力分析的视角

出 版 人	刘明清
出版统筹	薛晓源
责任编辑	盛菊艳
责任印制	尹 珺
出版发行	中央编译出版社
地 址	北京西城区车公庄大街乙 5 号鸿儒大厦 B 座(100044)
电 话	(010)52612345(总编室)　(010)52612335(编辑室)
	(010)66161011(团购部)　(010)52612332(网络销售)
	(010)66130345(发行部)　(010)66509618(读者服务部)
网 址	www.cctphome.com
经 销	全国新华书店
印 刷	北京瑞哲印刷厂
开 本	787 毫米×1092 毫米　1/16
字 数	240 千字
印 张	18.75
版 次	2013 年 8 月第 1 版第 1 次印刷
定 价	65.00 元

本社常年法律顾问:北京市吴栾赵阎律师事务所律师　闫军　梁勤
凡有印装质量问题,本社负责调换,电话:010-66509618